巢湖学院 2022 年学科建设质量提升工程（精品著作）项目（项目编号： kj22xjzz03）

婚姻交换诸因素的制度影响与控制

汪开明◎主编

九 州 出 版 社
JIUZHOUPRESS

图书在版编目（CIP）数据

婚姻交换诸因素的制度影响与控制 / 汪开明主编.
-- 北京 ：九州出版社，2024.4
ISBN 978-7-5225-2774-1

Ⅰ．①婚… Ⅱ．①汪… Ⅲ．①婚姻制度－研究－中国
Ⅳ．①D669.1

中国国家版本馆CIP数据核字(2024)第068888号

婚姻交换诸因素的制度影响与控制

作　　者	汪开明　主编	
责任编辑	李　荣	
出版发行	九州出版社	
地　　址	北京市西城区阜外大街甲 35 号（100037）	
发行电话	(010) 68992190/3/5/6	
网　　址	www.jiuzhoupress.com	
印　　刷	北京佳益兴彩印有限公司	
开　　本	710 毫米 ×1000 毫米　16 开	
印　　张	15.5	
字　　数	278 千字	
版　　次	2024 年 4 月第 1 版	
印　　次	2024 年 4 月第 1 次印刷	
书　　号	ISBN 978-7-5225-2774-1	
定　　价	78.00 元	

前　　言

众所周知，自 20 世纪开始，中国就处于剧烈的社会变迁与转型之中。伴随着这种社会变迁与转型，中国人的婚姻家庭生活也发生了显著变化。尤其是自新中国成立以来，特别是自 20 世纪 70 年代末我国实行改革开放政策，及至进入 21 世纪后，很多中国人，尤其是青年人的婚姻观念与婚姻实践都发生了巨大变化。无论城市还是乡村，也不论是社会名人或是普通社会民众，人们对于婚姻的体验以及对婚姻目的与意义的理解都发生了很大变化。本书就是在这一宏伟广阔的社会变迁与转型背景下，就国家与社会针对婚姻的各种正式制度与非正式制度对诸多婚姻交换因素产生的影响进行分析探讨，以期获得对婚姻本质的进一步理解。

婚姻关系的本质其实是一种交换关系，这种交换关系贯穿于整个婚姻过程。从婚姻的缔结开始，一直到离婚，各种各样的交换就一直在以各自不同的方式持续不断地进行着。本书以皖中 W 市 S 镇一个自然村落 F 村为例，通过个案研究、文本分析等定性研究方法，就国家的婚姻家庭法律、政策等各种正式制度，以及婚姻家庭道德伦理、风俗习惯等非正式制度对人们婚姻交换诸因素的控制进行研究。本书的大致内容框架为：

一、将婚姻视为从男女双方及其家庭缔结婚姻开始，一直到婚姻关系存续期间，再到离婚等三个阶段的全过程。在整个婚姻过程中，每一个阶段都会存在各种类型的交换，而上述交换的顺利与否往往直接决定一桩婚姻能否得以缔结、婚姻关系是否和谐稳定以及男女双方最终是否离婚。

二、本书将影响婚姻交换的各种因素分为财产因素与非财产因素两大类，着重分析这些财产因素与非财产因素对婚姻交换产生的各种影响。前者如婚姻缔结阶段的彩礼与嫁妆，以及结婚后的夫妻财产制等；后者如男女双方家庭的社会地位及其所属的社会阶层，以及男女自身的年龄、相貌、职业、受教育程度等。不同的财产因素与非财产因素不但对于婚姻的缔结以及婚姻关系的维系发挥着非常重要的作用，而且在离婚时同样起着十分重要的作用。

三、本书将控制婚姻交换因素的各种制度分为正式制度与非正式制度两大类，分析讨论这些制度如何对婚姻交换的诸因素进行控制。具体来说：首先，本书在第三章详细分析了婚姻交换的阶段以及影响婚姻交换的主要因素。其次，本书分别在第四章和第五章就一般婚姻交换中的财产因素与非财产因素及其制度控制进行讨论。其中，在第四章关于婚姻缔结阶段财产因素的交换中，本书主要分析了"彩礼"和"嫁妆"两种最常见的财产因素及其制度控制。在婚姻关系存续期间，本书重点讨论了"夫妻财产制"与"家务劳动"这两种影响夫妻婚姻关系的具有一定财产性质的因素。第五章主要分析讨论了影响婚姻交换关系的其他几种非财产因素及其制度控制，主要包括爱情、社会地位与身份、性与子女以及时间与空间等因素。第六章主要集中讨论了离婚阶段的各种交换因素及其制度控制。最后，第七章对本书主题进行总结。

自人类社会产生以来，婚姻就随之出现。由于家庭是社会的基本组成单位，而婚姻是组成家庭的一个重要前提条件，为确保社会秩序的稳定，国家和社会总是会基于不同的目的并采取种种手段与方式对婚姻进行各种控制。国家与社会对人类婚姻进行控制一般通过两种制度来进行，一是通过国家正式制定的婚姻家庭法律与政策等正式制度；二是以各地的风俗民情以及通行于大部分社会的道德伦理等各种非正式制度。研究发现，控制人类社会婚姻的正式制度与非正式制度不仅其来源与表现形式不一样，而且其控制的方式与后果也都不同。在人类社会漫长的婚姻史上，在控制婚姻家庭的各种正式制度与非正式制度中，有的制度会随着社会的变迁与转型而变化，其中有的甚至会短暂到"昙花一现"的程度；而有的制度虽历经千年而不改，不论社会背景与历史条件如何变化，这些制度都表现出了长盛不衰的生命力，始终发挥着调整人类婚姻交换的重要作用。在控制人类婚姻交换的过程中，随着社会情势的变化，各种正式制度与非正式制度总是相互博弈，彼此作用，二者共同塑造了人类社会丰富多彩的婚姻生活。

最后，特别需要说明的是，本书在写作过程中参阅、引用了大量的现有研究文献资料，在书中都以注释及参考文献的形式——注明，作者在此对他们表示感谢。

目　　录

第一章 导　论

第一节　研究背景

　　随着中国改革开放进程的逐步深入以及市场化与城市化的飞速发展，当代中国的社会变迁与转型也逐渐加快。在此过程中，中国人的生活方式与思想观念都发生了深刻变化。其中，在中国人的婚姻家庭生活中所发生的一系列变化巨大；众多国人的婚姻家庭观念与婚姻生活实践都发生了巨大变化。无数中国人不但在现实生活中既亲身体验了又亲眼见证了自己或他人婚姻家庭生活所经历的种种变化，而且还在电视、网络及报纸杂志等各种媒体上获悉了从影视体育明星、商界富豪等社会名人到普通社会民众等各类人群婚姻家庭生活中的幸与不幸。尤其是进入千禧年后，在中国，以"爱情""婚姻"等为关键词的各类演绎婚姻家庭生活的影视剧，以及各类以"相亲"或"爱情"等为名称或内容的反映人们爱情、婚姻与家庭生活的电视栏目或网络节目等都一直牢牢吸引着公众的眼球，并引发了社会热议。"保卫爱情""保卫婚姻"或"保卫家庭"等"战斗"意味十分强烈的措辞频频出现在媒体上或者公众的口中，所有这一切既形象地表达了当代中国人在爱情、婚姻与家庭生活中出现的各种危机与问题，又微妙地暗示了社会公众对爱情、婚姻与家庭问题存在的诸多怀疑与焦虑。

　　可以毫不夸张地说，在剧烈变迁与急剧转型的当代中国社会，没有哪一个社会问题能够像婚姻家庭问题一样会引起数量如此之多的社会公众关注与集体情感共鸣。这是因为，一方面，婚姻家庭生活其实就是我们每一个人自己的日常生活，我们每个人都身处婚姻家庭生活之中，对它们有着最为深刻与直接的感受；另一方面，作为一种自人类社会产生以来就一直存在的全人类共同的生活方式，婚姻家庭总是存在于特定的时代与社会背景之中，而当人们所处的时代与社会背景发生变化时，其婚姻家庭生活必然会发生相应的改变，作为生活于婚姻家庭之中的我们每个人，在这些变化中显然都无法置身事外。

当代中国社会婚姻家庭状况所发生的各种变化几乎涉及从婚姻缔结一直到离婚的各个阶段。婚姻中每一阶段所发生的种种变化都与当代中国社会的变迁与转型密切相关。这些变化折射出以国家的婚姻法律、家庭人口政策等形式表现出来的正式制度和以社会习俗、大众舆论、风土人情以及道德伦理等为主要表现形式的各种非正式制度之间存在的巨大张力。

首先，在婚姻缔结阶段，自新中国成立以来，在国家制定颁布的第一部《婚姻法》中，婚姻自由原则在法律上就已经正式得以确认。新中国成立后，甚至早在新中国成立之前，随着"西学东渐"，在当时国内的一些大城市中，很多青年男女就已经在践行婚姻自由原则，并通过自由恋爱而走向婚姻。在新中国成立后的很长一段时间里，虽然当时的《婚姻法》明确规定了婚姻自由原则，并严禁父母包办婚姻，禁止买卖婚姻和借婚姻索取财物等，可在现实生活中，尤其在广大的农村地区，父母包办子女婚姻的习俗却一直存在。但自从改革开放后，随着中国农村社会所发生的巨大变化，特别是随着无数农村年轻人走出乡村，或外出求学工作，或去城市打工经商，延续了几千年之久的父母包办子女婚姻的习俗才终于发生了根本变化；越来越多的年轻人开始自由恋爱，能够为自己的终身大事做主。某种程度上，新中国成立后，年轻人的"爱情婚姻"终于取代了延续几千年的"包办婚姻"。此外，在婚姻缔结阶段，由男方向女方支付的彩礼，无论在具体形态上、经济价值上或是功能上都发生了巨大变化。而一度决定一桩婚姻是否得以缔结的很多其他因素，典型的如作为婚姻当事人的男女所具有的城镇非农业户口，或者干部、工人或大学生等各种原来在婚姻缔结中起着关键作用的独具中国特色的身份等非财产因素，也都随着中国社会的发展以及国家有关政策的实施而发生了相应的变化。

但与此同时，在婚姻缔结阶段，一方面，以自由恋爱为主要形式的爱情婚姻虽然已经取代了以"父母之命，媒妁之言"为主要形式的"包办婚姻"；另一方面，热恋中的男女依然会对另一方家庭的社会地位以及对方的身份、职业和经济收入等充满热切期待。"找一个有钱人"或"嫁入豪门"依然是不少女孩子的梦想。因此，尽管爱情婚姻已然成为婚姻的主流形式，但"门当户对"的婚姻观在婚姻市场上依然占据着一个十分重要的"市场地位"。特别是随着中国社会经济的持续发展，人们生活水平的普遍提高，婚姻当事人，特别是男方及其家庭的财产因素在看似浪漫的爱情婚姻中依然发挥着重要作用。很多情况下，在婚姻市场上，男方及其家庭优越的社会经济地位总是能够更加容易缔结一桩婚姻。在部分经济条件落后的农村地区，价格日益攀升的彩礼正日益成为农村贫困家庭未婚男性缔结婚姻的巨大障碍；在大城市，日渐高涨的房价也让很多收入不高的男青年只能"望婚兴叹"。但与此同时，具有讽刺意味的是，在当代中国社会中，尤其在大城市，却有一些经济条件十分优越的青年男女因为各种主客观原因而不愿跨入婚姻的殿堂，他／她们或主动或被动地成为人们口中所谓的"剩男"和"剩女"。

其次，在婚姻关系存续期间，人们因社会的剧烈变迁与急剧转型而发生的思想观念与行为方式的变化对婚姻关系也产生了重大影响。这些影响既有积极的一面，也有消极的一面。一方面，人们在婚姻关系存续期间更加注重婚姻中的爱情或感情因素，强调家庭中的民主与夫妻关系的平等，这些都会对夫妻婚姻生活的和谐以及家庭关系的稳定产生积极影响。但是，另一方面，社会转型过程中出现的各种情势也对正常的婚姻家庭生活产生了相当大的冲击。例如，"婚外情"就导致很多的家庭走向解体。而婚姻法律对离婚的宽松规定更是使得一些年轻夫妻一言不合就能够轻易离婚。此外，随着我国城市住房制度的改革，因为买房问题，一些夫妻甚至通过假离婚的方法以规避政府的限制购房政策，住房制度的改革就以这种不经意的、始料不及的黑色幽默方式对婚姻家庭产生了某种消极影响。婚姻关系存续期间一系列社会因素及个人因素的变化，使得不同的婚姻当事人对婚姻采取了大相径庭的态度，并决定了婚姻的最终结局——或使婚姻持续下去，或使婚姻走向解体。总之，在婚姻关系存续期间，一方面，婚姻和谐与家庭稳定是国家与社会所希望的，因为这是国家与社会稳定的基础；但另一方面，越来越高的离婚率以及频繁爆发的家庭矛盾与纠纷却使得国家与社会大失所望，以至于人们最终喊出了"保卫婚姻"或"保卫家庭"等"战斗"意味十分强烈的口号。

最后，离婚方面的变化也非常之大。近年来，婚姻自由原则走向极端，结婚是这样，离婚也是这样，以"无过错"离婚为代表的宽松的离婚法使得夫妻离婚能够轻松得以实现，导致全社会的离婚率逐渐攀升。此外，当代社会中导致人们离婚的原因也远远多于传统社会，因婚内"出轨"而离婚、因性生活不和谐而离婚等早已经不再是当事人羞于说出口之事。总之，离婚的自由主义在当代中国社会表现得淋漓尽致，现代生活的"麦当劳化"在人们的婚姻实践中也得到一定程度的体现，部分年轻人中盛行的"闪婚"与"闪离"足以让传统思想浓厚的人目瞪口呆，惊诧莫名。

男女之间的婚姻关系一直被人们视为一种交换关系。"婚姻从其外表形式上是男女两性的生理结合，从本质上则是男女两性的社会结合。无论从生理角度还是从社会角度上看，在任何一个婚姻中都有某种交换存在，包括情感、生理、经济、政治、文化等各种交换，这也就决定了交换价值能够在婚姻择偶中起着稳定的协调作用"[1]。事实也正是如此，一般情况下，在一个婚姻中，从婚姻缔结开始到婚姻关系存续期间，以至于一直到离婚阶段，各种因素的相互交换就一直在男女双方及其家庭之间持续不断地进行，各种交换的顺利与否决定了一桩婚姻能否缔结、婚姻关系是否和谐稳定等。

常见的婚姻交换因素既包括婚姻中男女当事人自身的个体因素，如双方的身材相貌与健康状况、职业收入、文化程度、人品性格、性与爱情等；又包括婚姻双方当事人各自所属的家庭因素，如双方家庭的社会地位和身份等。而上述这些不同种类的婚姻交换因素既受到国家的婚姻家庭法律与政策等正式制度的规范控制，又受到以风土人情、习俗惯例、道德伦理等为表现形式的各种非正式制度的制约。在各种婚姻交换因素中，一些交换因素会随着社会的转型与变迁，以及时代的发展与变化而发生相应的改变；而另一些婚姻交换因素在不同的时代与社会背景下却变化缓慢，继续"顽强地"在人们的婚姻生活中发挥着自己一以贯之的交换作用。

本书正是在上述社会背景下，以皖中 W 市 S 镇 F 村为例，以该村自 20 世纪 60 年代末 70 年代初开始至现在这半个多世纪的时间内人们的婚姻生活为研究对象，通过个案研究、文本分析等定性研究方法，分析各种婚姻交换因素（财产与非财产）及其发展变化，并在此基础上，讨论各种正式制度与非正式制度对诸多婚姻交换因素的各种控制，具体呈现当代中国人婚姻观念与婚姻实践的各种变化，以期能够进一步理解婚姻的本质。

第二节　问题意识

关于婚姻的界定有很多种，在现实生活中，婚姻的类型也多种多样。就婚姻的现实表现或日常呈现而言，婚姻终归只是人们的一种生活方式，是个人对其世俗生活的一种选择。一个人既可以根据自己生活的实际情况选择结婚，也可以选择独身。此外，婚姻还是与家庭紧密相连的一种生活方式；这也是我们中国人经常将"婚姻"与"生活"和"家庭"这三个词语连在一起表述的重要原因。众所周知，"婚姻生活"或者"婚姻家庭"，再或者"婚姻家庭生活"等是我们中国人都耳熟能详且能够随口说出的几个日常用语。作为一种生活方式，婚姻实际上是个人生命周期中一种特定的重大生活事件。在正常情况下，婚姻总是夫妻之间或夫妻二人的婚姻，

---

[1] 潘允康. 试论婚姻的交换价值 [J]. 社会科学战线，1985，4：139.

是夫妻二人"互为一体"的一种生活状态。婚姻一般情况下会伴随着已婚男女的一生，除非其中的一方死亡，或者是双方离婚，否则，婚姻就是结婚以后夫妻二人共同的生活经历与生命体验，是双方相伴相依的一种较为常态的生活方式。

在关于婚姻形式与本质的诸多讨论中，婚姻是一种"契约"的观点影响较为深远。在西方社会，婚姻是一种契约的观点早就十分流行。例如，康德就认为，婚姻是"依据人性法则产生其必要性的一种契约"①。实际上，契约本来是一种市场上的商品交易形式。在汉语中，契是书契、书证的意思，约是约定的意思。契约是指在商品交易中，人们就商品的数量、质量、价款以及商品交付的时间与地点、买卖双方的违约责任等与商品交易有关的重要事项所做的一种书面约定。人们就商品交易订立契约的主要目的是为了交易双方都能遵守该约定，严格按照契约规定的条件或条款来进行商品交易。之所以如此，是因为在商品交易中，很多交易并不是一次性完成的，而是要经过很长的履行期限。即使是一次性履行的交易，也有很多并不是一手交钱，一手交货。因此，为了防止其中的一方违约，在长期的商事交易实践中，人们就想出了用订立书面契约的方式，将双方的权利义务以书面形式确定下来。一旦一方违约，另一方就可以依据事先订立的契约来追究违约方的法律责任。

从日常生活经验来看，婚姻交换与商品交易十分相似。在传统社会或父权主义时代，男女双方的婚姻完全由双方的家庭决定，例如，在中国，数千年来，"父母之命，媒妁之言"一直是男女婚姻缔结的主要方式。这种情况下，所谓婚姻契约实际上是两个家庭之间就子女的婚姻所达成的一个约定，也即我们通常所说的"婚约"。在中国传统社会中，这种"婚约"也叫"婚书"，是受法律保护的，两个家庭之间订立这种"婚约"后，如果其中一方反悔，不遵守"婚约"而悔婚的话，要承担相应的法律责任。例如《唐律·户婚》规定："诸许嫁女，已报婚书及有私约而辄悔者，杖六十。"在历史上，很多早期的国家为了彼此之间的和平相处，其统治阶层之间也存在通婚的情况，因此，这种国家之间的婚姻契约的重要性甚至可以上升到国家之间签订的"条约"的高度。

在古今中外的婚姻实践中，男女双方在结婚之前一般都会有一个定亲程序。定亲程序实际上就可以理解为是一种男女双方家庭订立婚姻契约的

①康德. 法的形而上学原理——权利的科学［M］. 沈书平，译，林荣远，校. 北京：商务印书馆，2008：95.

过程。也正因为这样，人们在研究婚姻缔结过程中男方家庭支付给女方家庭的彩礼以及女方家庭给女儿的嫁妆时，往往会用到"婚姻交换"这个词。而且，学界还就这种"婚姻交换"进行了大量研究。但在笔者看来，基于婚姻是夫妻之间一种长期的（一般是一辈子的时间）生活方式与生命历程，"婚姻交换"实际上并不仅仅局限于男女双方的婚姻缔结阶段，而是贯穿于整个婚姻关系存续期间，并一直会延续到离婚阶段。在漫长的婚姻生活中，一系列的个体与社会因素都会对婚姻关系产生各种各样的影响。换言之，在整个婚姻关系存续期间，各种各样的个体与社会因素就一直处于持续不断的交换过程之中。一旦交换不顺利，男女双方的婚姻关系就会出现问题，严重的会导致婚姻无法缔结或者使得现有的婚姻走向解体，婚姻关系也就随之结束。但即使双方处于离婚阶段，这种交换关系依然没有停止，例如，在双方关于是否同意离婚以及离婚后家庭财产的分割与债权债务关系的处理、未成年孩子的抚养等一系列问题上，与商品交换十分类似的"讨价还价"过程会一直延续到双方正式签订离婚协议或者法院的离婚判决正式生效，甚至在双方已经离婚之后，一些交换还在断断续续地进行，对已经离婚的男女或其孩子的日常生活产生或大或小的影响。

根据婚姻实践，笔者认为可以从两个方面来理解婚姻是一种交换的观点，一是从各种影响婚姻交换的因素来理解；二是从婚姻的全过程，即婚姻的缔结，到婚姻关系存续，直至离婚等各个阶段来理解。

首先，从影响婚姻交换的因素来看。本研究将婚姻交换的影响因素分为财产因素与非财产因素两大类。一方面，在现实生活中，婚姻与家庭生活事实上一直密不可分。虽然在婚姻与家庭孰先孰后的关系方面，学界观点不一，例如，韦斯特马克就认为"是婚姻起源于家庭，而不是家庭起源于婚姻"[①]。但众所周知，从日常生活经验来看，婚姻的结果是组成家庭，而家庭建立后即意味着夫妻双方要开始每天重复不断的日常生活。如果说婚姻中尚有爱情或性等非财产因素掺杂其中的话，那么，家庭生活本身则是现实主义的，或物质主义的，因此，这种婚姻家庭生活与财产因素是密不可分的。民间所谓的"结婚就是过日子"表达的正是这样的意思，因为，"过日子"恰恰与家庭日常生活的"柴米油盐酱醋茶"密切相关。也正因为这样，无论在婚姻缔结阶段中涉及的彩礼与嫁妆，还是在婚姻关系存续期间的夫妻家庭财产状况，以及离婚时双方都关心的家庭财产的分割

---

① 韦斯特马克. 人类婚姻史 [M]. 李彬，李毅夫，欧阳觉亚等，译. 北京：商务印书馆，2015：76.

及债权债务关系的处理等，各种类型的财产因素都会对男女当事人的婚姻产生相应的影响。另一方面，婚姻意味着两个来自不同家庭的男女要组成一个家庭共同生活一辈子。因此，在婚姻缔结阶段，男女双方家庭的社会地位和身份以及男女双方个人的相貌、身体健康状况、受教育程度、从事的职业、双方是否具有爱情或感情基础等一系列非财产因素等对婚姻能否得以缔结都有很大的影响。在婚姻关系存续期间，夫妻在婚后的漫长岁月里要终日面对，食共桌，寝同床，双方要共同担负起生儿育女以及赡养老人等一系列的义务和责任。此外，在婚后漫长的日常生活中，除了财产因素以外，双方爱情或感情的有无与增减、社会地位和身份的变化、性生活是否和谐、生育情况、性格爱好等各种非财产因素等，同样会对夫妻二人的婚姻产生各种影响。而在离婚时，关于未成年孩子的抚养与教育有时候也是决定夫妻是否离婚的一种非财产因素；当然，夫妻离婚时有关未成年孩子的抚养与教育同时也涉及财产因素。

其次，本研究尝试从婚姻的全过程来理解婚姻交换。详言之，上述各种财产与非财产的交换因素在男女双方的婚姻缔结阶段、婚姻关系存续期间，以及离婚阶段都会具有不同的表现：

第一，在婚姻缔结阶段，除了现有研究中着重分析的"彩礼"与"嫁妆"等财产因素以外，就男女双方的家庭来说，双方各自所属的家庭背景、社会地位、经济状况等各种因素都是决定一桩婚姻是否得以缔结的重要交换条件。这也是我们中国传统社会"门当户对"婚姻观的重要体现。当然，国外也是一样，婚姻的门第相当历来都是婚姻缔结的重要选项。"贵族与贵族结婚，农民和农民成亲；基督徒找基督徒，犹太人找犹太人；白人找白人，非白人找非白人"[①]。而就男女双方的个人条件来说，婚姻当事人的相貌、受教育程度、年龄、身体的健康状况、职业、个人的经济收入、爱好、性格特点等等，都同样是一桩婚姻能否顺利缔结的关键因素。当然，在这些婚姻交换因素中，有些是同质的，有些则是异质的。但即使是异质的，这些相异的品质也一定是这些品质在它们各自所属的类别中最优的，或者是比较优异的，典型的如"郎才女貌"，或者，有钱的男人即使年龄很大也可以娶到一个经济条件一般的年轻漂亮女人，等等。

第二，在婚姻关系存续期间，一系列因素依旧处于持续不断的交换过程之中。当这些因素在夫妻婚姻关系存续期间能够比较完美地进行交换时，夫妻之间的婚姻关系就会比较稳定与和谐。反之，如果这些交换因素

---

① 伊丽莎白·阿伯特. 婚姻史 [M]. 孙璐，译. 北京：中央编译出版社，2014：21.

在夫妻之间的婚姻关系存续期间交换不顺利的时候，那么，夫妻之间的婚姻关系就会面临危机，出现问题，严重的甚至会导致婚姻的破裂。一般来说，夫妻婚姻关系存续期间的这些婚姻交换因素主要包括以下几个方面。

一是夫妻之间的性行为。性，历来就是一种可用于某种交换的身体或生理资源。夫妻结婚以后，夫妻之间的性行为构成了夫妻生活的重要内容之一。在汉语语境中，基于传统的禁忌，"夫妻生活"四个字甚至就直接代替了夫妻之间的性行为，成为夫妻之间性行为的一种较为隐晦的但却是通用的表达。如果夫妻中的一方由于生理原因或其他疾病，导致不能和另一方过正常的"夫妻生活"，即意味着夫妻之间的"性交换"无法顺利达成。此外，"性交换"于婚姻关系而言还有另外一层更加重要的意义，即这种"性交换"只能发生在夫妻之间。换言之，如果丈夫或妻子与其他的异性发生性行为，即进行了不当的或者是非法的"性交换"，那么，这将构成人们通常所谓的"通奸"行为，而"通奸"在传统社会中被视为女性的一种严重犯罪行为，与人"通奸"的女性会受到较为严厉的法律制裁。在当代中国社会，这种丈夫或妻子与婚外其他异性发生的性行为通常被称为婚内"出轨"。无论是根据习俗、常见的道德伦理，还是根据婚姻法律规定，这种丈夫或者妻子与婚外其他异性所进行的"性交换"（或"出轨"）同样会对婚姻关系产生重大的不利影响。总之，在婚姻关系存续期间，性交换只能发生在夫妻之间而不能发生在夫妻关系之外的其他异性之间，这构成了婚姻关系中夫妻性交换的一个具有普适性的交换规则。

二是夫妻双方家庭及其个人的社会地位和身份。一般来说，男女双方家庭及其个人的社会地位与身份在婚姻缔结阶段就已经完成了交换，虽然会有极少数例外。例如，在现实生活中，确有一些家庭及其个人社会地位和身份悬殊巨大的男女会因为某种原因而成功缔结婚姻；但一般情况下，结婚的男女双方家庭及其个人的社会地位和身份总是十分接近才会更容易缔结一桩婚姻，这是所谓"阶层内婚制"的主要体现。"王子与灰姑娘"的故事更多的只会出现在文学作品中，或者只是人们的一种关于爱情婚姻的浪漫幻想。但即使是"门当户对"的婚姻，男女双方结婚以后，在漫长的人生历程中，在婚姻关系存续期间，夫妻一方家庭或者个人的人生际遇可能会发生很大变化。这种一方社会地位和身份的变化会对现有的婚姻关系造成不利影响，严重的也会导致婚姻关系的破裂，甚至解体。在中国的古典戏剧中，类似的例子不胜枚举。经过十年寒窗苦读的读书人，一旦中举或者考中状元，其社会地位和身份便会发生翻天覆地的变化，于是，很多人就会抛妻弃子，另觅新欢。京剧《铡美案》在中国就是这样一出家喻户晓的剧目，而剧中的主人公"陈世美"也就成了社会地位和身份发生巨大变化后就立即抛妻弃子并另攀高枝之人的经典"代称"。

三是爱情或感情。爱情或感情也是婚姻交换的一项重要因素。在传统社会的婚姻中，由于男女之间的主婚权集中于家庭或者父母，虽然个体主义与自由主义色彩鲜明的爱情对于婚姻的缔结而言无足轻重，但是，在某些时候，婚后的爱情或感情对于婚姻关系的维系还是起着非常重要的作用。毕竟，"先结婚，后恋爱"虽然不是十分理想，但比起"有婚姻，无爱情"的婚姻还是要好许多。因为爱情而结婚最早是西方社会进入启蒙时代以后的事情，是个人主义与自由主义发展的结果，是个人自由的思想观念在婚姻领域当中的一种体现。在中国，自20世纪初，随着西学东渐以及自由、平等思想观念的普及，在婚姻领域，自由恋爱、因爱情而结婚在一些受过教育的年轻人中间也逐渐成为潮流。虽然爱情在婚姻的缔结阶段看起来十分重要，因为这是两个年轻人相互吸引、彼此爱慕的结果。因此，爱情对于一桩婚姻的缔结功不可没。但是，有意思的是，在现实生活中，很多始于爱情的婚姻最后却也同样以离婚收场。原先的山盟海誓在离婚当事人看来就是一个天大的笑话。对此，离婚当事人给出的一个常见解释是"婚后我们的爱情没有了"，这其实是我们经常听到的"婚姻是爱情的坟墓"这句话的另一种表达。实际上，在现代社会的人看来，作为婚姻具有道德性的一个最重要的方面，因爱情而结婚是一种十分理想的有道德的婚姻。但是，爱情更多的是一种人类的特殊情感，它必须始终出现在男女当事人之间积极的情感与行为互动之中。如果说婚姻需要经营的话，那么，维系婚姻的爱情就需要"保鲜"。一旦结婚后，由于日常家庭生活事务的烦琐，双方的情感交流与互动就会相应变少，双方之间的爱情也就会随之减少，乃至消失，最终可能会导致婚姻的解体。在此需要注意的是，在婚姻关系存续期间，爱情固然重要，但即使爱情减少，甚至消失，可假如爱情能够成功地转化为夫妻之间的感情和父母子女之间的亲情以及对于家庭与孩子的责任，那么，即使没有浪漫的爱情，这样的婚姻关系也会继续维持下去，而不会导致婚姻破裂。

四是子女。子女是婚姻交换的又一项重要因素。中国传统社会婚姻的主要目的就是生儿育女，繁衍子嗣。即所谓"婚姻者，上以继宗庙，下以续后嗣也"。因此，中国传统社会的法律明确规定，结婚后如果女方不生育，男方及其家庭就可以"休妻"。在中国传统社会，"无后"历来都是男方或夫家单方面提起离婚的一项法定事由。但随着社会的进步和医学科学技术的发展，特别是经过现代医学科学技术的检查或检验，男方也有可能是夫妻婚后妻子不育的原因，这时候，如果再将不育的责任推到妻子身上就显得没有道理了。因此，自近现代以来，婚姻法就不再将妻子不能生育作为丈夫可以离婚的法定理由了。但是，在中国的很多农村地区，甚至在城市部分家庭里，妻子婚后不能生育依然可能会导致婚姻的解体；即便男方及其家庭不提出离婚，但是，婚后不生育的妻子在家庭及社区中的地位却很低，似乎总是感觉到"低人一等"，婚姻与家庭关系往往很不和谐。

五是住房。住房是现阶段中国社会婚姻缔结阶段中一种重要的交换因素。众所周知，自从人类社会产生以来，衣食住行一直是人们最基本的生存条件。住房在中国人的观念中尤其具有重要的意义。一般来说，在任何一个家庭中，住房都是一项经济价值最大的财产。在传统社会，家产主要包括房产与地产，但在当代中国，根据《宪法》以及其他有关法律规定，土地属于国家或者集体所有，住房可以说是家产的唯一重要内容。现实生活中，男女结婚以后，拥有自己独立的住房往往是新婚夫妇最大的愿望，是他们分家立户的重要标准。改革开放前，在中国乡村社会的普通人家中，家长一般会给即将结婚的儿子单独砌几间房子。在那段时间里，一些经济条件较好，能够为儿子砌有单独住房的家庭总是会更容易为儿子娶上媳妇。因此，从婚姻交换的角度来看，房子是一桩婚姻交换更容易达成的重要因素之一。改革开放后，特别是随着我国城镇化的发展以及住房制度的改革，无论在城市还是在农村，住房问题在婚姻交换中发挥的作用更大了。尤其是最近一些年来，随着一些大城市商品房价格的逐步攀升，越来越多收入不高的年轻人在大城市买房更加困难，并由此带来择偶困难，难以完成结婚的人生任务。在网上关于大城市房价逐年攀升的众多原因分析中，有一种戏谑的观点就认为，大城市的高房价一部分是未婚男青年未来的"丈母娘"造成的。例如，在央视某一年的春节晚会上，由蔡明主演的一个小品就以幽默的表演风格演绎了一位在大城市工作的男青年由于买不起房子而面临一段恋情可能终结的尴尬。虽然小品的最后结局以喜剧收场，即由于女儿的一再坚持，由蔡明饰演的丈母娘最终还是同意自己的女儿和小品中买不起房子的男青年继续交往下去；但是，在现实生活中，很多在大城市打拼的男青年还是会由于买不起房子而无法与自己心仪的异性达成婚姻。

在构成上述婚姻交换的各种因素中，在不同的社会条件下，这些不同的婚姻交换因素对于婚姻关系的影响是不一样的。在一定的社会条件下，一些因素的交换不畅并不会必然导致一桩婚姻的解体。例如，在传统社会中，婚前没有爱情的婚姻比比皆是，但这样的婚姻却依旧十分稳定；再比如，在当代社会中，很多大城市的年轻夫妇却主动选择不要孩子，成为所谓的"丁克"家庭。此外，某些因素在一个历史阶段是一种十分重要的婚姻交换因素，但在另外一个历史阶段或不同的社会环境下，同样的因素却不会对婚姻交换产生任何影响。

自从人类社会的婚姻现象出现以后，由于婚姻是家庭的基础，而家庭是社会的基本组成单位，且婚姻又决定着人类自身的再生产，它对于一个民族的繁衍以及国家的未来发展至关重要。因此，有史以来，国家、政府、民族、宗教等各种社会力量都试图对婚姻进行控制，而家庭（族）与个人也会对婚姻进行各种选择，由此形成了对人类的婚姻进行规范与约束的各种制度。这些制度主要包括两种形式。第一种制度是正式制度，这类制度往往表现为国家正式制定的婚姻法律法规以及政府制定的关于婚姻家庭人口的社会政策，这些法律与政策以让人们一体遵行的方式对婚姻交换进行各种控制，违反这些正式制度，即意味着婚姻交换关系会受到一定影响，有可能会导致婚姻的无效或解体。第二种制度是非正式制度，这是一种非常类似于格尔兹所谓的"地方性知识"，它们主要表现为特定时空范围内的风土人情、道德伦理、各种习俗惯例以及意识形态等。这些表现形式各异的关于婚姻的正式制度与非正式制度，对人们的婚姻观念及婚姻行为方式都发挥着特定的控制作用，在婚姻的缔结阶段、婚姻关系存续期间以及离婚等各个婚姻阶段都发挥着相应的作用。

这些种类不同、形形色色的正式制度与非正式制度对上述各种婚姻交换的财产因素与非财产因素进行着强弱不同、深浅不一的控制。在人类婚姻史上，一方面，各种有关规范婚姻的正式制度与非正式制度本身会随着社会的变迁与转型在形式与内容上发生较大变化。另一方面，这些正式制度与非正式制度在内容方面也会时而接近，甚至部分重叠与融合；时而疏远，甚至完全背离与排斥。也就是说，婚姻法律和政策文本与婚姻生活现实之间总是会存在着巨大的张力。而婚姻就是在这些正式制度与非正式制度的共同作用下处于不断的交换过程之中。当各种关于婚姻的正式制度或非正式制度比较适合时，这种交换就会很顺利，例如，一桩婚姻就能够顺利缔结，或者一桩婚姻能够和谐美满，再或者，就算是离婚，双方也能够"和离"。而当有关婚姻的正式制度与非正式制度不是很适合时，婚姻交换就会不畅，由此导致的结果，或者是一桩婚姻无法顺利缔结，或者是一桩婚姻最终会走向解体，再或者，即使是想离婚也离不了，甚或是即便离婚后双方也还是纠纷与麻烦不断，等等。

综上所述，本书将在现有有关研究的基础上，结合特定的个案，对上述影响婚姻交换的各种财产因素与非财产因素进行分析，探讨它们如何随着社会的变迁与转型而发生变化，以及为何有的婚姻交换因素会变化较大，而有的婚姻交换因素则变化较小。在上述分析的基础上，本书还将结合各种有关规范婚姻的正式制度与非正式制度的具体内容与表现形式，就其如何对婚姻交换进行影响与控制展开讨论，并结合当代中国社会变迁与转型的现实背景，就这些制度如何随着社会的变迁与转型而发生的相应变化进行分析。此外，在本书中，笔者还将结合现实案例，就正式制度与非正式制度对同一个婚姻交换因素进行规范的异同做进一步的分析讨论，指出其规范异同的主要原因与现实结果以及对婚姻交换产生哪些具体影响等。

第三节　概念界定

一、婚姻交换

婚姻交换主要是人类学、社会学等学科的研究主题。早期的人类学家对原始部落或初民社会的婚姻交换进行了大量研究。但大多数人类学关于婚姻交换的研究主要侧重于缔结婚姻的两个家庭之间的"婚姻礼物"的交换，即主要是指在一桩婚姻的缔结阶段，男方家庭支付给女方家庭的彩礼与女方家庭给新娘的嫁妆之间的交换。例如，美籍华人学者阎云翔就是在"礼物的流动"这一主题之下来研究彩礼与嫁妆的流动的（也即交换的）。在对黑龙江省下岬村"礼物流动"的研究中，虽然有很多"婚姻交换"这样的文字表述，但其研究的焦点也是集中于婚姻缔结阶段有关"彩礼与嫁妆"之间的交换。

关于婚姻是一种交换行为的研究视角主要有两种，一种是经济学视角，另一种是社会学视角。经济学视角认为，婚姻是一种与商品交换十分类似的交换关系，众多学者在研究人类的婚姻现象时，经常会用到一个与商品交换密切相关的词语"婚姻市场"，这也喻示着婚姻关系就是一种交换关系。无论当事人的结婚动机是否与金钱有关，他／她们总是会进行各种利弊分析，对婚姻的投入与产出进行比较，从而最终做出是否结婚的决定。以经济学视角研究婚姻家庭问题而著称的美国学者，诺贝尔经济学奖获得者加里·斯坦利·贝克尔认为，"一个有效的婚姻市场总是会有完全相称的婚配，高质量的男子和高质量的女子结婚，低质量的男子和低质量的女子成亲，尽管有时不相称的婚配也是重要的。一个有效率的婚姻市场还会使家庭商品的总产出最大化，所以每个人都能改善自己的婚姻，而又不使其他人的生活每况愈下"①。事实也正是如此，在现实生活中，"每个人都在寻求可以为他带来最大效用的伴侣，根据其潜在伴侣具有的特征，例

---

① 加里·斯坦利·贝克尔. 家庭论 [M]. 王献生，王宁，译. 北京：商务印书馆，1998：130.

如智力、教育、健康、实力、生育能力、身高、道德情操以及宗教信仰等等，来评价其在市场或家庭中的价值"①。

社会学视角也认为婚姻关系就是一种交换关系。社会学视角在研究婚姻交换时往往和经济学视角结合在一起，社会交换理论受经济学理论的影响很大。在研究婚姻交换问题时，社会交换的理论前提是，在择偶中，择偶的双方及其家庭都是理性的，都希望通过交换有形或无形的资源实现双方的互惠。

本研究认为，婚姻行为是一种交换行为，而这种交换在夫妻整个的婚姻家庭生活过程之中持续不断地进行，它始于婚姻的缔结，贯穿于婚姻关系存续期间，终于婚姻中一方当事人死亡或者双方的离婚，也即夫妻双方在离婚过程中同样存在一系列的交换。详言之，本书所涉及的"婚姻交换"主要指婚姻全过程的交换，即从婚姻的缔结开始，一直到婚姻的终结，即双方当事人的离婚，期间，各种财产因素的与非财产因素的交换一直都在进行。良好与顺畅的交换可以有效地促成婚姻的缔结以及婚后夫妻婚姻关系的稳定与和谐。相反，当各种交换无法顺利进行时，婚姻或是无法缔结，或是无法继续维持下去，以至于夫妻离婚。尽管人们希望婚姻是一辈子，但现实情况却是，婚姻是一个十分复杂的动态变化的过程，各种婚姻交换因素也处于动态的变化过程中。在这个不断变化的过程中，各种各样有关婚姻的正式制度与非正式制度对相应的婚姻交换因素都会产生或大或小的影响，决定着婚姻交换能否顺利进行下去。

二、制度：正式制度和非正式制度

（一）制度

在汉语语境中，制度是一个十分常见的词汇。虽然人们对制度一词的基本意思早已达成共识，但不同学科对"制度"一词的具体界定却众说纷纭。在汉语中，从词源上来说，《说文解字》对"制"的解释为"制，裁也。从刀，从未"，即裁断、切割的意思。后引申为制作、规划、制定的意思，并进而引申为约束、规定、法度等意思。"度"在中国古代是计算长短的标准和量具，后来也逐渐被引申为法度之意。

在长期的使用过程中，"制""度"二字被人们所连用，并组成汉语中的一个常见词语"制度"，用来表示规范、法度、规定或制定法度、规定

---

① 康娜. 论婚姻的属性——以关系契约为视角 [J]. 中华女子学院学报，2010，3：6.

等意思。《现代汉语词典》（修订本）对"制度"一词的解释是："1. 要求大家共同遵守的办事规程或行动准则，如工作制度、财政制度等。2. 在一定历史条件下形成的政治、经济、文化等方面的体系，如社会主义制度、封建宗法制度等"①。

如前所述，制度一词的基本意思就是指用以约束人们的规范、规则等，最典型的如法律制度，即以成文法律形式表现出来的各种法律规范或法律规则。制度一词在英文中有几种表达。一是 Institution，指公共团体、机构等，其隐含的意思也是指公共团体或机构正是在一系列制度的规范与约束下才有可能得以正常运转。二是 System，指制度、系统、体系等。在社会学中，制度是一个十分重要的概念。社会学的创始人之一涂尔干（即 E. 迪尔凯姆）在界定社会事实的基础上认为，社会学实际上就是一门关于制度及其产生与功能的科学。涂尔干认为，"一切行为方式，不论它是固定的还是不固定的，凡是能从外部给予个人以约束的，或者换一句话说，普遍存在于该社会各处并具有其固有存在的，不管在个人身上的表现如何，都叫作社会事实"②。从上述涂尔干对"社会事实"的含义界定来说，制度实际上也可以看作是一种"社会事实"，因为无论是正式制度还是非正式制度，这些制度最大的功能就是能够以各种有形或无形的方式从外部对人们的行为起到一定的约束作用。苏力认为应该从功能主义的角度来界定制度，即制度是指，"在给定的社会条件下，针对共同体或组织机构的某一常规性问题而实际采取的功能性应对措施之结合"③。

自从人类社会出现以来，尽管婚姻的形式各异，但男女之间的婚姻关系却一直是一种普遍存在的社会关系，也是人类共同体面临的一种常规性问题，与每个人都密切相关。男女之间的婚姻关系不但与男女个体的各种自身因素有关，而且与家庭、社会、国家与民族以及宗教等众多因素有关。为了规范人类的婚姻关系，人们在长期的婚姻历程中自发形成或有意制订了一系列制度，这些制度既包括以国家制定的正式的法律为主要形式的正式制度，也包括以各地的婚姻习俗为代表的非正式制度。本研究将主要以前述特定历史时期中我国制定的婚姻法律与家庭人口政策等正式制度，

---

①《现代汉语词典》（修订本）. 中国社会科学院语言研究所词典编辑室编. 北京：商务印书馆，1996：1622.

② E. 迪尔凯姆. 社会学方法的准则［M］. 狄玉明，译. 北京：商务印书馆，2013：33-34.

③ 苏力. 何为制度？因何发生（或未发生）？——从开伯尔山口看长城［J］. 比价法研究，2018，11：9.

以及以特定地方的婚姻习俗等非正式制度为主，分析探讨这些制度对特定时空中人们的婚姻交换产生的影响，以此进一步理解婚姻的意义和本质。

（二）正式制度与非正式制度

1. 正式制度

正式制度是指人们正式制定的一系列带有强制性的行为规则。人类社会中存在的正式制度主要包括政治、司法或军事制度、宗教制度、经济制度等不同形式的制度。在人类社会的婚姻史上，宗教曾经一度取得了对人类婚姻事务的管辖权，世界上几乎所有宗教制度都对人类的婚姻生活施加过或大或小的影响，例如，基督教在很长时间中就一直牢牢把持着对人类婚姻的控制权。但随着西方启蒙运动的出现，特别是随着人类社会科学技术的进步，宗教势力及其社会影响日渐式微，教会在与世俗国家争夺对人类婚姻制度控制权的斗争中最终落败。世俗国家及其政府制定的一系列关于婚姻的法律制度终于取代了各种宗教对婚姻的控制，但仍可以看到宗教对婚姻的影响。比如，西方新婚夫妻大都在教堂举行婚礼就是典型的例子。在中国历史上，宗法制度一直延续很长时间，其中有很多控制婚姻家庭方面的内容，其所确立的一系列制度规范在历史上曾经长期对人们的婚姻家庭生活发生作用。自汉朝开启"法律儒家化"进程以后，很多宗法制度又被吸收进正式的法律之中，成为法律制度的一部分。

在当代社会规范人类婚姻的各种正式制度中，最重要的是国家制定的婚姻家庭法律制度，婚姻家庭法构成了调整婚姻的正式制度的最重要内容。以我国现行《民法典》为例，婚姻法的主要内容包括婚姻法基本原则、结婚、家庭关系和离婚等内容。此外，国家在不同历史时期制定的有关婚姻家庭的其他法律与政策等也是调整婚姻家庭的正式制度。例如，我国制定的调整人口的《计划生育法》以及计划生育的基本国策等都可以看作是关于婚姻家庭方面的正式制度。本书中所讨论的正式制度主要就是指上述关于婚姻的法律与政策。

2. 非正式制度

非正式制度一般主要包括与正式制度相对应的以不成文形式表现出来的各种日常行为准则、道德伦理规范、风俗习惯及意识形态等，它们构成了一个社会文化的一部分并具有强大的生命力。非正式制度是正式制度的延伸阐释或修正，它也是得到社会认可的行为规范与行为准则，对人们的行为也有很大的规范与约束作用。实际上，在婚姻领域，各种非正式制度对人们的婚姻行为影响巨大，从某种意义上来说，非正式制度比正式制度有着更大的适用空间。因为人类的婚姻根本上是一种内生性的制度，虽然婚姻是一种十分普遍的社会现象和几乎所有人共同的生活方式，但婚姻现象却与特定的"地方性知识"紧密联系在一起，它总是受到各地风俗习惯的深刻影响，此外婚姻还会受到普遍的道德伦理约束以及特定意识形态的影响，等等。上述这些非正式制度各以自己特有的方式影响着婚姻交换的方方面面，共同形塑着人类的婚姻家庭生活。本研究中所涉及的控制婚姻交换的各种非正式制度主要就是指地方的婚姻习俗以及普遍的道德伦理等，这些表现形式各异的非正式制度以各自特有的方式对人们的婚姻交换产生各种影响，在特定情况下它们甚至会超越控制婚姻交换的正式制度。

第四节　研究方法

一、本书的主要研究方法

本研究主要采取质性研究方法。质性研究既是一种常见的与实证主义研究取向不同的社会研究方法，又是与定量研究相对应的一种研究方法。质性研究方法也被有的研究者称之为"质的研究"。例如，陈向明就认为，质的研究是"以研究者本人作为研究工具，在自然情境下采用多种资料收集方法对社会现象进行整体性探究，使用归纳法分析资料和形成理论，通过与研究对象互动，对其行为和意义建构获得解释性理解的一种活动。质性研究特别适用于对于特定社会现象中的事件或关系等维度的动态描述及其所蕴含意义的解释性理解"[①]。由于本文主要是对当代中国社会变迁与转型背景下各种正式制度与非正式制度对人们婚姻交换因素的影响进行研究，而婚姻恰恰既是人类生活中的一种十分重要的社会现象，又是个人生命历程中的一种非常重大的生活事件，婚姻之中实际上夹杂着各种各样复杂的人与人之间的关系；此外，更加重要的是，婚姻生活本身就是一个长期的、动态的发展过程，其中又蕴含着诸多意义。因此，本研究适合于采取定性研究方法。

在具体的研究方法上，本研究主要采取个案研究方法，而观察法（参与观察与非参与观察）与访谈等方法是本研究的基本研究方法。个案研究方法是社会科学研究中常用的基本方法之一。从本研究的主要内容来看，由于本研究涉及自 20 世纪 60 年代末 70 年代初到目前为止五十多年

---

① 陈向明. 质的研究方法与社会科学研究 [M]. 北京：教育科学出版社，2000：12.

来中国社会变迁这样一个较大时间跨度内的婚姻交换现象，而从人的生命周期来说，这近半个世纪的时间跨度恰好涉及两代人的婚姻生活。在本研究中，笔者将通过对有关婚姻生活场景的观察以及对有关当事人的深度访谈，探讨若干个案中涉及的一系列婚姻交换因素，如社会与个人因素、经济与文化因素，等等；从而了解个体自身对于婚姻交换的理解。在此基础上分析各种正式制度与非正式制度对于婚姻交换的控制，以及这些控制婚姻交换诸因素的正式制度与非正式制度自身在社会变迁中的变化。

二、本书的主要资料来源

本书的资料收集方法主要包括以下几种：

（一）实地调查方法

本书以笔者故乡所在地的皖中 W 市 S 镇 F 村为例，主要是基于以下两个方面的原因。

第一，W 市自 20 世纪 70 年代末改革开放后就一直大力发展劳务输出，自改革开放以来，成千上万的当地农村剩余劳动力在全国各地打工或经商，其中，W 市的小保姆自 20 世纪 80 年代就已闻名全国。在 1989 年中央电视台的春节联欢晚会上，歌星韦唯演唱了一首后来传遍大江南北的流行歌曲《爱的奉献》。这首歌的创作背景是，80 年代初，一位来自安徽省 W 市太平乡的年轻姑娘在当时的"棋圣"聂卫平的姐姐家中做保姆。但不幸的是，在做保姆期间，姑娘却患上白血病。得知姑娘患病以后，聂卫平姐姐一家积极在北京联系医院对姑娘进行救治，并在经济上给予姑娘很多无私的帮助。经过多方努力，姑娘的病情得到了有效控制。聂卫平的姐姐和小保姆也被当年的中央电视台春节联欢晚会节目组邀请到了晚会现场。在当天的晚会现场，主持人向大家介绍了聂卫平的姐姐一家和小保姆之间的感人故事。经中央电视台春节联欢晚会的宣传，一夜之间，W 市的小保姆在全国几乎家喻户晓了。这位小保姆老家所在地的太平乡，就临近本书中 F 村隶属的 S 镇，而在 2010 左右，由于当地的乡镇行政区划调整，太平乡也被划归 S 镇管辖。随着改革开放的逐步深入及时间的推移，第一代农民工逐渐老去，第二代农民工，即社会与学界所谓的"新生代"农民工也已经登上社会舞台。自此，外出农民工的婚姻家庭生活也发生了更大变化。此外，由于高考制度的推行，自 20 世纪 70 年代末开始，F 村当地通过高考走出农村的年轻人的婚姻生活在很多方面也呈现了与其父辈不同的样貌。总之，上述这些背景为研究当代中国社会中人们婚姻交换的变化可以提供较为可信的数据支持。

第二，作为一个在故乡生活了近 20 年，大学毕业后又在离家乡不远的地方工作与生活的人，在实地调查研究中，笔者的这一"老家人"的身份使得本人在进入调查点 F 村时具有很大的便利，可以很容易获得被访谈对象的充分信任，从而在一定程度上确保所获取的访谈资料的真实性与可靠性，增加研究的信度。更重要的是，对于从某一个访谈对象那里获取的有怀疑的资料，笔者还可以通过别的途径，从其他访谈对象那里得到进一步确认，通过对比分析，可以尽量获得信度更加可靠的研究资料。

从确定写作本书以后，笔者便利用寒暑假等节假日期间专程回老家 F 村数次，利用外出打工村民回老家过春节的时机对他（她）们进行深度访谈。此外，笔者还利用各种机会对留守在家的村民进行了走访，对一些基本情况进行了解。最后，笔者还对 S 镇的其他一些对象进行了深度访谈。除了当面进行访谈以外，笔者在研究期间还通过电话、微信、QQ 聊天等方式对一些访谈对象进行了访谈。

除了上述访谈以外，笔者还利用节假日时间亲身参与到部分研究对象的婚姻之中，由观察者变为参与者。例如，笔者在写作本书期间就直接参与了一起婚姻缔结的"谈判"。虽然笔者并非这起婚姻的"媒人"，但作为男方的长辈，笔者和"媒人"以及男方的几个长辈亲戚一道直接参与了这起婚姻的定亲程序，经历了整个婚姻缔结中"讨价还价"的全过程。再比如，在研究离婚中的"交换"时，笔者专门去 S 镇法庭旁听了几场离婚案件的法庭审理，并对案件当事人的代理律师及主审法官进行了深度访谈。此外，在 S 镇司法所，笔者还以"非参与观察"的方式旁听了镇司法助理员主持的一起婚姻纠纷调解。在这些访谈与观察过程中，笔者既从当地的婚姻习俗、风土人情等非正式制度层面观察到人们对于婚姻意义、目的和价值的理解与感受，并从中讨论人们在婚姻交换中的行动逻辑；又从国家的婚姻法律及政策等文本规定，以及乡镇基层法庭、司法所等在处理婚姻案件中的实际做法等正式制度的视角，就国家对于婚姻的态度进行了分析。最后，因笔者是一名兼职律师，在从事兼职律师业务时，针对所代理的一些当事人婚姻家庭典型案例中涉及的正式制度或非正式制度对当事人婚姻家庭的影响与控制，笔者也有一些思考，并在本书中有所呈现。通过上述多角度的研究，尽量扩大研究的视角与范围，以求得对婚姻交换中各种正式制度与非正式制度对人们婚姻家庭控制的全面理解。按照学术惯例并出于尊重当事人隐私的考虑，文章中涉及的访谈对象均使用了化名，如有雷同，纯属巧合。

（二）文本研究方法

除了前述实地调查研究取得的研究资料以外，本书还密切关注与研究与主题有关的各类文本资料，主要包括有关规范婚姻家庭问题的法律文本、政策文件以及法院处理婚姻家庭案件的裁判文书等。由于本书主要涉及制度对婚姻交换的影响，因此，作为正式制度重要表现形式的法律与政策文本是本研究的重要内容之一。本书对有关调整婚姻交换的法律文本进行分析讨论，特别是《民法典》及其司法解释中的有关法律条款是本书重点分析的文本内容。这是从国家正式制度的层面来理解婚姻交换有关问题的主要方法，从中可以了解国家对待婚姻的态度及相应的立法表达。在上述法律文本分析的基础上，通过与对同样的婚姻交换问题进行规范的习俗进行比较，分析国家与社会对待婚姻交换的差异。例如，在我国乡村社会的婚姻实践中，以"仪式"为主要形式的"事实婚姻"一直与以"登记"为主要形式的"法定婚姻/登记婚姻"相互冲突。《民法典》以及《婚姻登记管理条例》等法律文件明确规定，新婚男女必须履行婚姻登记手续，领取结婚证，其婚姻才是合法婚姻，并受到法律保护。但是，在广大的乡村社会，长期以来，当事人结婚主要以民间社会的婚姻习俗为主，即只要男方向女方支付了彩礼，举办了婚礼，将女方娶进门，这样的婚姻在当地就是"有效婚姻"。即使在今天的乡村社会，很多年轻人也是先结婚，后领证。有的甚至拖到孩子需要在辖区派出所上户口的时候才去补办结婚证。在现实生活中，这种非正式制度调整的民间"事实婚姻"与正式法律文本所规范的"法定婚姻"之间的反差，极其典型地反映了正式制度与非正式制度在规范人们婚姻生活中存在的巨大张力。因此，在《民法典》及其司法解释有关婚姻家庭的规定中，以及在国家制定的有关婚姻家庭的其他法律与政策中，静态的文本表达与动态的现实生活之间总是有很大的距离。综上所述，针对本书的研究主题，笔者在研究过程中结合研究内容，对相关的法律与政策文本进行解读，并分析文本内容与现实生活之间存在差异的社会原因和个体原因，在此基础上，对有关的婚姻立法及国家的婚姻家庭政策等正式制度提出了若干完善建议。

最后，本书还通过有关婚姻家庭方面的电视、网络等媒体报道以及政府有关部门的统计数据等获取研究所需的资料。如前所述，在当代中国社会变迁与转型的大背景下，当代中国人的婚姻家庭生活正在发生巨大而深刻的变化，无论是普通人的婚姻生活，还是像影视明星这样的社会名人的婚姻生活总是会引起媒体的巨大关注，并引发社会公众的激烈争论与情感共鸣。此外，婚姻家庭及人口等问题一直是各级政府实施社会管理的重要内容，因此，各级政府发布的有关婚姻家庭及人口方面的统计数据也能够从一个侧面反映出人们婚姻家庭生活正在发生的巨大变化。

第五节　研究框架

婚姻的本质其实是一种交换关系，从一桩婚姻缔结开始，一直到婚姻关系存续期间，直至离婚时，一系列的社会因素与个体因素都会参与到婚姻的交换过程之中。一般来说，在特定的时空背景下，当各种交换因素相互匹配时，婚姻关系就会得以缔结或者会处于相对稳定的状态，这里的相互匹配既包括"同质交换"，也包括"异质交换"。前者的典型例子是表明婚姻当事人所属家庭社会地位等级的"门当户对"式婚姻，后者的典型例子是体现婚姻当事人个体自身特质的"郎才女貌"式婚姻等。反之，当各种交换因素不相匹配时，婚姻就难以缔结或者会处于不稳定的状态，严重的甚至会导致离婚。

本书将借鉴已有的婚姻研究成果，特别是其中有关婚姻交换的理论观点，在将婚姻交换因素分为财产因素与非财产因素两种类型的基础上，分别讨论正式制度与非正式制度对婚姻交换的控制，以此进一步理解婚姻的本质。根据婚姻的不同阶段，本研究的具体分析框架可分别归纳如下：

一、婚姻缔结阶段

在传统社会中，正式制度与非正式制度大都视婚姻交换为婚姻当事人家庭（族）之间的交换，即所谓"门当户对"。因此，婚姻的交换都始于家庭（族）；作为婚姻当事人自身的男女主要是婚姻交换的客体，是家庭（族）之间婚姻交换的对象。在近现代社会中，以婚姻法为代表的正式制度大都规定了婚姻自由原则，婚姻不再是男女双方家庭之间的交换，而是男女之间的个人交换，换言之，即男女自由意志与情感（爱情）的交换。但近现代社会中的各种非正式制度却仍然在很大程度上将婚姻交换视为男女当事人家庭之间的交换，并继续关注婚姻当事人家庭的社会地位以及财产因素。

在当代中国社会的婚姻缔结阶段，以婚姻法为代表的正式制度与以各地的婚姻习俗等为代表的非正式制度之间的一个主要差异体现在对彩礼的规范上。新中国成立后，从国家制定颁布的第一部《婚姻法》以及后来几次修订版《婚姻法》，一直到 2021 年 1 月 1 日正式颁布施行的《民法典》，都明确反对买卖婚姻、包办婚姻和借婚姻索取财物等，因此，在国家的婚姻法律与政策等正式制度中，彩礼已经不复存在。但是，在民间社会中，各地的婚姻习俗等非正式制度却将彩礼置于十分重要的地位，在婚姻缔结中，无论价值多少，男方向女方支付彩礼的现象都一直存在。由于婚姻缔结并不必然意味着婚姻就一定成立，即使婚姻成立，也还有可能因为各种原因导致婚姻持续的时间不长男女就会离婚。在上述情况下，男女双方及其家庭就有可能因为彩礼问题而发生纠纷。当这样的纠纷被提交到基层法庭时，作为正式制度的《民法典》与作为非正式制度的婚姻习俗之间就会不可避免发生冲突，而法官在处理这样的纠纷时就必须妥善处理好这两种规范彩礼的制度之间的关系，从而才可以圆满地解决当事人之间的纠纷。

二、婚姻关系存续期间

在夫妻婚姻关系存续期间，正式制度与非正式制度对于婚姻交换主要涉及婚姻当事人个体之间某些因素的交换，而基本与男女双方的家庭无关。主要表现为：

1. 正式制度与非正式制度对丈夫与妻子之间的性交换都会进行严格的控制，但控制的内容与手段等却有一定的区别。首先，对于夫妻一方因生理或身体原因无法过夫妻生活的，婚姻法允许另一方通过诉讼的方式，由法院宣告婚姻无效而解除婚姻关系。非正式制度对于此种情况却未置可否。当然，只有正常的性生活才能使女性生育，所以，关于婚姻能够传宗接代的世俗观念在一定程度上也会对婚姻关系存续期间夫妻能否过正常的性生活产生影响。其次，对于夫妻婚姻关系存续期间丈夫或妻子与其他的异性发生性关系，正式制度与非正式制度都持反对态度。在传统社会中，基于男权主义观念，无论是正式制度还是非正式制度都将妻子与其他男性发生性关系视为一种非法行为，甚至是一种犯罪行为，例如，中外传统法律都曾经将这种行为规定为通奸罪。此种情况下，不但丈夫可以与妻子离婚，而且与人通奸的女性还要接受严厉的惩罚。近现代社会的婚姻法律也允许另一方基于对方违反夫妻相互忠实的义务而提起离婚之诉，而非正式制度对此则更多地表现为社会舆论的谴责，当然，非正式制度也会极力主张当事人离婚。

2. 正式制度与非正式制度对于夫妻婚姻关系存续期间的爱情或感情交换也都予以充分关注。由于爱情是一种特殊的人类情感，因此，无论何种制度实际上都无法让一个人去爱另一个人，也不能让一个人不去爱另一个人。在中国传统社会中，虽然正式的法律制度中没有关于夫妻间爱情或感情的立法规定，但是，在日常家庭礼仪中却有许多关于夫妻相处之道的非正式制度，例如，相敬如宾、相濡以沫及同甘共苦等既是社会对夫妻婚姻关系存续期间爱情或感情交换的美好愿望与期待，又是对夫妻日常生活行为的一种非正式制度约束。在此值得一提的是，虽然中国传统社会在婚姻缔结上一直注重"父母之命，媒妁之言"，似乎不顾及男女之间的爱情／感情，但一旦男女结婚以后，无论是习俗还是法律，对于夫妻之间的爱情／感情还是十分关注的。例如，体现我国古代最高立法成就的《唐律疏议》就规定，夫妻之间可以因为感情不和而协议离婚，并谓之"和离"①。在近现代社会中，虽然各国的婚姻法律制度中也都没有直接规定婚姻中的爱情，但"婚姻自由"的基本原则却隐含着婚姻交换中的爱情因素。例如，我国现行《民法典》虽然也没有明确规定婚姻中的爱情，但是，它却从反面直接将"夫妻感情确已破裂"作为夫妻可以离婚的法定条件，《民法典》司法解释又以列举的方式对上述"夫妻感情确已破裂"在日常生活中的具体情形进行了细化规定，从而赋予爱情或感情在婚姻关系存续期间巨大的交换价值。

3. 夫妻婚姻关系存续期间女性的生育状况一直是传统社会中各种正式制度与非正式制度都高度重视的婚姻交换因素。在中国传统社会中，女子婚后不生育，即"无后"是丈夫或夫家可以提起离婚的法定情形之一，而各种非正式制度对于妻子不育更是会表现出极大的不宽容。在近现代社会中，包括婚姻法在内的各种正式制度对于女子婚后不育并没有予以关注，但各种非正制度对于女子婚后不育却表现为两面性：一方面，关于婚姻的传统观念依旧在一定程度上对女子婚后不育抱持否定的态度，从而对婚姻关系会产生不利影响；但另一方面，一些新的婚姻观念却毫不在意女子的生育，甚至夫妻会有意在婚后不要孩子，成为所谓的"丁克"家庭。

4. 在婚姻关系存续期间，夫妻在家庭生活中有关财产因素的交换对于婚姻和谐与家庭稳定都有着重要的影响。在传统社会中，根据法律与习俗，家庭财产的所有权与处分权属于家长或丈夫，女子没有家庭财产处分权。在近现代社会，基于男女平等的婚姻法律原则，以及女子参与社会劳动可以获得一定的家庭经济收入等原因，婚姻法规定了夫妻对家庭共同财产享有平等的处理权；婚姻法律通过对夫妻财产制度的规定来解决夫妻婚姻关系存续期间的家庭财产问题。此外，由于受传统观念的影响，在当代社会中，正式制度与非正式制度对于与婚姻关系存续期间家庭财产因素有密切关系的家务劳动问题仍然关注不够。在某种程度上我们甚至可以认为，以婚姻法律与政策为代表的正式制度对于家务劳动的规范与调整还远远落后于现实生活，亟须进行修改完善。

---

① 唐律解释"和离"为"夫妻不相安谐，谓彼此情不相得，两愿离者"。参见《中国法制史》编写组.《中国法制史》（第二版）. 高等教育出版社，2019：129.

三、离婚阶段

　　婚姻交换会一直持续到男女离婚阶段。在现实生活中，引起离婚的原因千差万别，即所谓"幸福的家庭是相似的，不幸的家庭各有各的不幸"。在关于离婚的各种制度规定中，以婚姻法为代表的正式制度对于离婚原因的规定在长期的社会变迁过程中经历了巨大的变化，典型的如女子婚后不育已不再是男方离婚的法定原因，而妻子与其他男性发生性关系也不再构成传统法律中规定的"通奸罪"。与此同时，各种调整离婚的非正式制度也同样经历了很大变化，如"宁拆一座庙，不毁一桩婚"的传统观念在当代社会中已经不再构成离婚的障碍，社会舆论也不再一律视离婚为一件不好的事情，反而普遍认为结束一桩糟糕的婚姻是一件好事。上述这些调整离婚的制度变化彰显了社会变迁对婚姻家庭生活的影响。此外，在当代社会，基于保护未成年人以及那些因离婚而导致生活困难的弱势一方利益的现实需要，关于离婚的法律与政策等正式制度也对上述弱势群体在离婚后的各种利益保护予以特别关注。

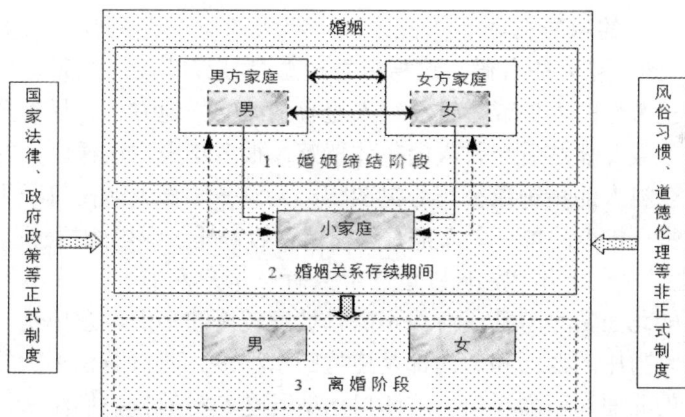

　　以上是本书研究的大致框架示意图。本研究认为，婚姻应该是一个包括各种社会、家庭与个体等各种因素在内的或漫长（指那些所谓的"一辈子的婚姻"）或短暂（主要是指夫妻离婚）的生活过程，这一过程主要表现为各种社会、家庭与个体因素之间持续不断的交换。而在整个婚姻交换过程中，来自国家与社会的各种正式制度与非正式制度会以各自特有的方式对婚姻交换过程中的各种家庭与个体因素等施加一系列的规范与约束，从而对婚姻本身产生各种或积极或消极的影响。

第六节　F村概述

F村位于安徽省W市S镇。W市是一个县级市，位于皖中地区，地处长江北岸，东与芜湖市隔江相望，北邻巢湖市，县域面积2000多平方公里，总人口120多万。W市原来归地级巢湖市管辖。2012年地级巢湖市撤销，被划为省会合肥市管辖，而W市则划归芜湖市管辖。W市境内是典型的丘陵地形，粮食作物以水稻、小麦等为主，经济作物以棉花、油菜等为主。改革开放后，县域内商业、服务业十分繁荣，尤其以外出务工而著名。自20世纪70年代末开始，W市便有很多农村剩余劳动力去外地打工或经商，足迹几乎遍布全国各地，尤其集中于北京、上海等大城市。近年来，有少数W市人的生意甚至已经做到俄罗斯及南美、非洲等国家。外出务工的经济收入在全县经济收入中占有较大比重。此外，W市自身的乡镇企业也较多，尤其是电缆行业对全县的经济贡献很大。

F村位于W市的S镇，因为村南头一棵年代久远的巨大枫香树而得名，这棵巨大的枫香树约有十几米高，粗大的树干直径有一米多（见图一）。每年到了夏天的时候，这棵枫香树总是枝繁叶茂，浓荫蔽日，成为在附近田里劳作的人们或者过往行人避暑纳凉的好地方。和村庄同名的这棵枫香树承载并表达着全村人的集体情感，很多年来，这棵巨大的枫香树已经成了全村人的精神象征与心灵图腾，无论是一直生活在村子里，还是在外地谋生，村里的每一个人都对这棵枫香树寄托了深厚的情感。

20世纪六七十年代，F村是一个只有三十户左右、二百多人的小村庄。村庄的北面紧靠着几座海拔不高且坡度较缓的小山，东边是一条出村的土公路。村庄的西面和南面都是连片的水稻田。两口面积不大的水塘紧挨着村子的北面和南面村口。这两口水塘既是F村的村妇们淘米、洗衣的好地方，又是夏天时村里孩子们洗澡嬉戏的好去处。位于北村口的水塘坝是村子通向外面的出路。计划经济时代，这条塘坝是村民们夏天晚上纳凉的地方。盛夏季节，每到傍晚夕阳西下时，在一天的辛苦劳作后，各家各户就将凉床搬到塘坝上，或者将凉席铺在塘坝上面，依次排好。除了打雷下雨以外，整个夏天，几乎每天晚上这条塘坝上都非常热闹。大人们一边纳凉，一边聊天，上至国家大事，下到家长里短，无所不聊。孩子们则光着屁股在塘坝上嬉戏打闹，跑来跑去。改革开放后，随着村里外出务工的人越来越多，F村夏天晚上这一持续多年的热闹"景观"早已消失了。如今，在夏天的晚上，这条曾经热闹非凡的塘埂上却空无一人，静得可怕。前些年，由于当地进行社会主义新农村建设，借着修建"村村通"公路的契机，F村的这条塘埂也被一条水泥路面取代（见图二）。

（图一）

（图二）

全村三十户左右人家中共有周姓、李姓、张姓、邵姓、朱姓、孙姓、汪姓等姓氏，其中，周姓是村里的大姓，共有近二十户，其他的单姓分别只有一到两户。由于是村里的大姓，在F村中，周姓的人家总是显得比较强势，而其他的单姓人家则相对弱势一点。改革开放前，村里的人几乎都在家里务农，由于采取大队与生产队的集体管理模式，人们都在一起从事集体劳动。虽然辛苦劳作，但是经济收入都很低，各家各户的生活水平普遍不高，人们都过着比较清苦的日子。尽管当时的生活水平都很低，但是，在年轻村民们的婚姻缔结中，女方家庭对男方的要求却不能太低，因此，总体来看，和其他的村庄一样，F村年轻男性村民们结婚还非常困难。截至20世纪70年代末改革开放前，村里的大龄青年越来越多。由于五六十年代国家还没有实行计划生育政策，当时的F村每个家庭都生有很多孩子，少的有3、4个，多的甚至有6、7个。而到了70年代末，很多孩子已到了结婚年龄。

在此顺便提一下，20世纪70年代末80年代初这段时间内，安徽省的很多农村出现了一个非常有意思的婚配现象，当时有很多的四川姑娘纷纷远嫁安徽。笔者那时候刚上初中，在记忆中，当时的F村及其周边的好几个自然村中至少有不下10个四川姑娘嫁了过来。笔者自己同村的一个大表哥以及一个外村的未出"五服"的远房叔叔就分别娶了四川的姑娘做妻子。这一在当时涉及人数众多的四川女孩远嫁安徽的异地婚配现象究竟是如何发生的？其婚配的过程是怎样的？这些不远千里远嫁到安徽的四川女孩们婚后的生活到底是否幸福？所有这些实际上是研究外嫁女婚姻问题的极好素材。

事实上，改革开放前，F村当地的农村男性青年在婚姻市场上就普遍处于劣势地位。当时的农民户籍身份决定了他们不可能娶到城镇户口的姑娘。相反，一些长相漂亮的农村姑娘却可以通过各种方式嫁到城镇。F村当时嫁到S镇上的就有好几个女孩子。虽然她们的丈夫都是待业在家的城镇青年，但是，能够嫁到镇上还是让她们自己及其家庭觉得脸上有光，在当地都感觉很有面子。由于经济条件普遍较差，因此，当时农村的男性青年在婚姻市场上占据优势的主要是各种在当时来看显得比较"优越"的身份，典型的如党员、现役军人或者村干部以及小学或初中的代课老师等，具有上述这些身份的男青年在当时更容易娶到妻子。

随着改革开放政策的实施，80年代初期，当时的农村已经开始实行家庭联产承包责任制了。分田到户意味着，只要家庭人口多、劳动力多，农业收入就会相应增加，家庭的经济条件也就相对更好。由于当时的农业生产还是以手工为主，是一种典型的体力劳动，因此，分田到户后，家里男劳力多的会在农业生产方面具有一定的比较优势。而那些家里男劳力少的，或者干脆就没有年轻男劳力的家庭在劳动生产上就会面临诸多困难。非常有意思的是，这种情况在当时居然成全了不少婚事。一些家里没有年轻男劳力的家庭乐得将女儿嫁给家里男青年较多的家庭。此外，还有一些家里没有男劳力的家庭也招上门女婿，以弥补家里缺少男劳动力的不足。这种婚配现象反映了人们在婚姻交换中的理性色彩。例如，笔者同村另一个表哥的远房亲戚家有三个女儿和一个儿子，但儿子一直身体不好，无法参加繁重的体力劳动，因此，分田到户后，家里做农活非常困难。每到农忙季节，表哥就会应亲戚家的请求并在父亲的安排下去亲戚家帮忙。特别是每年夏季的"双抢"期间，表哥几乎会在亲戚家待上整整一个夏天的时间。由于表哥人比较老实勤快，几年下来，亲戚一家对表哥十分满意，最终亲戚家将大女儿许配给了表哥。

　　到了 20 世纪 80 年代初，随着农村改革的进行，当时的国家政策已经开始鼓励农民从事各种农业以外的创收活动。农村的很多家庭在种田以外都从事各种副业活动，典型的如从事畜牧养殖业等，很多家庭的经济收入都有了明显增加。此外，更加重要的是，F 村的青壮年开始陆陆续续去北京、上海等大城市打工或经商。随着村民经济收入的逐步改善和提高，F 村的面貌也发生了很大变化，原先土墙草顶的房子也逐步被砖墙瓦顶的房屋以及一幢幢小楼取代，村庄内的土路也被水泥路面代替（见图三）。但与此同时，极少数全家人都离开 F 村的家庭建于上个世纪六七十年代的土墙草顶的老屋还在（见图四）。照片可以保留历史记忆，这两张不同历史年代的村民房屋照片，既见证了 F 村在最近几十年发生的巨大历史变化，又暗合了传统与现代这两种极具张力的因素在当代中国乡村社会的共存。随着 F 村村民经济条件的好转，财产因素开始在村民的婚姻交换中发挥越来越大的作用，尤其是彩礼和嫁妆的价值越来越高，形式越来越多样，在婚姻交换中发挥的作用也呈现新的特点。

（图三）

（图四）

随着各项社会政策的逐步放开，越来越多 F 村的年轻村民开始逐渐走出小山村，有的通过参加高考外出学习，然后离开农村，成为城市（镇）居民，有的外出打工经商，后来也在外地成家立业。随着外出的年轻人越来越多，和老一代相比，这些年轻人的婚姻形式发生了越来越大的变化。特别是进入 20 世纪 90 年代以后，随着中国社会转型的深入与变迁的加快，F 村年轻人的婚姻状况发生了更大的变化。截至笔者进入 F 村进行为本书写作的调研时为止，和四十年前相比，村民们的婚姻状况已经变得丰富多彩，婚姻交换的影响因素也变化得越来越多。例如，除了前述财产因素在婚姻交换中占据的位置越来越重要以外，婚姻交换中的身份因素也已经发生了很大变化，一些计划经济时代十分重要的社会身份在当下已经对一桩婚姻的缔结起不到原来的作用了。性与子女等因素在婚姻交换中的作用也发生了很大变化。在 F 村，子女在婚姻中的价值依然很大。对于一些经济条件特别好的家庭来说，生一个能够传宗接代及传承家庭财产的男孩子成了一件必须去做的事情。由于计划生育政策的严格执行，很多改革开放后富裕起来的家庭宁愿支付高额的超生抚养费或缴纳一大笔罚款，也要养个儿子；而一些未生育儿子的妻子在家中的地位往往很低，处境较为艰难，与丈夫及婆家之间的婚姻家庭关系很不融洽。此外，虽然年轻一代更加重视爱情在婚姻缔结中的作用，但是，却很少有人注重婚后感情的培养；相当一部分年轻人的婚姻忠诚度与家庭责任感不强，导致很多始于爱情的婚姻最终走向破裂。

在国内学界关于中国村落的诸多研究中，一些研究集中于村落的经济现象，还有一些研究涉及村落的社会变迁以及乡村的社会治理等。这类研究大都聚焦于乡村社会的整体，典型的如费孝通在解放前所著的《江村经济》、李培林对于中国城市化进程中广州"城中村"的研究成果《村落的终结——羊城村的故事》、阎海军所著的《崖边报告——乡土中国的裂变记录》、熊培云以自己的家乡为蓝本的《一个村庄里的中国》等等。

此外，还有一些研究涉及乡村社会中的人，重在探讨乡村社会转型过程中村民们的各种命运变化。例如，梁鸿的《中国在梁庄》和《出梁庄记》分别从生活在梁庄村里和遍布全国各地的梁庄人两个方面，记录了梁庄人在这个变迁时代的生活全貌。在《中国在梁庄》一书里，梁鸿对梁庄的自然环境、文化及道德伦理结构进行了考察，以生活在梁庄里的人的生活故事为背景，描述了梁庄人在将近半个世纪的历史命运、生存与精神图景。而在《出梁庄记》一书中，梁鸿通过对遍布在全国各地打工经商的梁庄人的访谈，记录了他们在大城市工作与生活的经历，作为亿万在城市打工讨生活的"农民工"的代表，梁庄人的经历为我们呈现了当代社会中"农民工"这一特殊群体生活背后的制度逻辑、文明冲突与性格特征。

　　本书以笔者出生的 F 村为调查点，以继续生活在村庄里的村民（包括一些亲戚）和在外地工作或打工生活的村民、同学、同事等为访谈对象，忠实记录他们的婚姻家庭故事，因此，虽然本书以 F 村为例，但主要不是关于村落的研究，而是有关村落中人的研究。通过记录、描述 F 村人的婚姻家庭生活，分析各种正式制度与非正式制度对他们婚姻交换的影响。此外，尽管本书是以 F 村为例，但是，正如李培林在《村落的终结——羊城村的故事》一书中所说，本文中的 F 村也是笔者尝试建构的一个有关村落的"理想类型"。李培林在其《村落的终结——羊城村的故事》一书中说："这个羊城村，在现实中有一个村作为基本的塑造底板，但却具有许多原型，我把这些原型中最具有代表性的那些特征和故事提炼出来，用这些来自生活的原始素材，像机器压缩饼干一样，压缩成'羊城村'和'羊城村的故事'。这些故事是真实可靠的，不是捕风捉影、杜撰捏造的。但也并非是原汁原味的，它去掉了一些与主题无关的细节，突出了那些与主题联系密切的线索"[①]。本书中的 F 村是笔者出生并生活了近 20 年的故乡小村,F 村就是本研究"作为基本的塑造底板"。但正如上述李培林的研究一样，本书中的 F 村还有其他一些原型，而文中众多访谈对象对笔者所讲述的婚姻故事也都是"真实可靠的，不是捕风捉影、杜撰捏造的，但也并非是原汁原味的，它去掉了一些与主题无关的细节，突出了那些与主题联系密切的线索"。F 村是笔者生活了近 20 年的故乡，大学毕业后笔者又在老家附近工作，因此，笔者对故乡 F 村的人和事一直都有关注。虽然笔者工作后回故乡的次数不多，但故乡小村发生的很多婚丧嫁娶之类的"大事"却总是能很快传到笔者的耳朵里。由于上述这些得天独厚的有利条件，笔者在进入村落进行调研时非常顺利，成功获得了很多第一手访谈资料，形成了本书的材料基础。

---

　　① 李培林. 村落的终结—羊城村的故事 [M]. 北京：商务印书馆，2004：12.

第二章　文献综述

在社会生活中，婚姻是人类自产生以来就一直存在的一种社会现象，婚姻担负着人类的种族繁衍、组成社会的基本单元——家庭、扩大社会交往、有利于社会团结以及稳定社会等诸多功能。在理论上，自有史以来，中外关于婚姻的研究就有很多，有关的文献资料可谓汗牛充栋。由于本书主要集中讨论当代中国社会近半个世纪以来有关正式制度与非正式制度对于婚姻交换的控制，限于篇幅，在此，笔者主要对与本书有关的文献进行简要综述。

第一节　关于婚姻的研究

婚姻是人类社会自产生以来就一直存在的一种社会现象。在中国，关于婚姻最古老的解释来源于古代典籍《礼记·昏义》所载："婚姻者，合二姓之好，上以事宗庙，下以继后世也"。显然，中国古人对婚姻的解释和理解具有明显的功能主义色彩，即侧重于婚姻制度的祖先祭祀及后代繁衍功能，也即婚姻具有某种承上启下的功能。"婚姻的目的只在于宗族的延续及祖先的祭祀。完全是以家族为中心的，不是个人的，也不是社会的"①。因此，在中国人的传统观念里，"结婚生子"似乎是一件顺理成章的事情，而其原因主要就在于"不孝有三，无后为大"的传统思想。由于婚姻的主要目的就是生儿育女、繁衍后代，因此，婚姻主要是家庭（族）之间的事情，而非婚姻当事人即结婚的男女个人之间的事情。在传统社会的婚姻问题上，个人利益要服从家庭（族）利益，家庭（族）本位要大于个人本位。也因此，"父母之命，媒妁之言"才一直是缔结婚姻的主要方式，

---

① 瞿同组. 中国法律与中国社会 [M]. 北京：中华书局，2003：97.

也是缔结婚姻的合法方式。如果青年男女"私定终身"，擅自缔结婚姻的话，这样的婚姻是不被家庭与社会所承认的。费孝通是从生育的角度来理解婚姻的，他认为婚姻是"社会为孩子们确定父母的手段。从婚姻里结成的夫妇关系是从亲子关系上发生"①。也就是说，婚姻关系与两性关系其实并没有绝对的联系。社会之所以限制婚姻关系存续期间夫妻与其他的异性发生性关系，主要是确保父母对子女的养育。

在西方社会，学者们很早就对人类社会的婚姻制度进行了广泛研究。德国哲学家黑格尔和康德都曾经对婚姻的含义进行了说明。黑格尔认为，婚姻实质上是一种伦理关系，他在否定了婚姻是单纯的性关系、契约关系和爱情关系的基础上认为，"婚姻是具有法的意义的伦理性的爱"②。在黑格尔看来，虽然婚姻当中确实包含着性关系、契约关系以及爱情关系，但基于上述三种关系都有各自的缺陷与不足，因此，婚姻应该是一种具有法的意义的伦理关系。此外，黑格尔还认同离婚，但他认为，只有在确证夫妻"完全隔阂的情况下才准离婚……离婚不能听凭任性来决定，而只能通过伦理性的权威来决定，不论是教堂或法院都好"③。由此可以看出，黑格尔实际上并不认同那种仅凭意气的冲动式离婚，而是认为，只有在确认夫妻双方感情确已破裂的情况下，且必须由教堂或者法院等这样的社会权威机构来加以确认，夫妻才可以离婚。笔者认为，黑格尔此处关于离婚条件的确证夫妻"完全隔阂"和我国现行《民法典·婚姻家庭编》中关于离婚条件中的"夫妻感情确已破裂"的立法规定有异曲同工之妙。康德则认为婚姻关系是一种契约关系，他说："婚姻就是两个不同性别的人，为了终身互相占有对方的性官能而产生的结合体……尽管可以认为互相利用性官能的欢乐是婚姻的目的，但是婚约并不能据此而成为一种专横意志的契约，它是依据人性法则产生其必要性的一种契约。换言之，如果一男一女愿意按照他们的性别特点相互地去享受欢乐，他们必须结婚，这种必须是依据纯粹理性的法律而规定的"④。可以看出，虽然康德认为婚姻是一种双方约定"性忠诚"的契约，但是，这种婚姻契约除了必须建立在人性法则之上以外，还必须符合法律的规定。也就是说，依据人的单纯的生物本性的两

① 费孝通. 乡土中国·生育制度 [M]. 北京：北京大学出版社，1998：125.
② 黑格尔. 法哲学原理 [M]. 范扬，张企泰，译. 北京：商务印书馆，2010：177.
③ 同上，第190页.
④ 康德. 法的形而上学原理——权利的科学 [M]. 沈书平译，林荣远校. 北京：商务印书馆，2008：94-95.

性结合并不是婚姻，这种结合至多是一种单纯的性的结合，只有依据理性的法律所形成的两性的结合才能称之为婚姻。

德国社会学家韦伯也曾经对婚姻问题进行过细致的分析，他认为，"在概念上，我们不能将'婚姻'当作是父、母、子女间单纯基于性与抚养关系的结合。因为，'婚姻'的概念唯有在上述共同体关系之外还照应到其他关系的情况下，才有定义的可能。无论何处，'婚姻'之所以成为一种社会制度，必然是借着和另外的性关系——不被视为婚姻的性关系——的对照，方始成立。婚姻的存在意味着：（1）违反女方氏族的意愿，或违反已拥有女方的男方氏族的意愿，换言之，违反某个团体的意愿，所成立的关系，是不被允许的，而且有时候会遭到复仇，就像远古时代，女方或男方或男女双方的氏族所采取的态度。（2）唯有特定的、永久的性共同体的子孙，在父母的一方（或双方）所属的一个更广泛的经济、政治、宗教或其他方面的共同体里，由于其出身而被视为天生地位同等的团体伙伴（无论此一团体是家族、马克体、氏族、政治团体、身份团体或祭祀团体），反之，其他的性关系之一方的子孙则没有这种待遇。'婚姻'与'非婚姻'的区别，除此之外，别无其他意涵，这是要特别注意的。'婚姻关系'有哪些前提条件，哪些圈子的人不能相偕进入妥当的永久共同体里，为了得到妥当性，必须要有哪些氏族或其他团体伙伴的什么同意，又有哪些形式是必须履行的，所有这些规则，都被认为是神圣的传统，或其他更包含性的团体所制定的秩序。因此，婚姻往往是从这种秩序，而不是单纯的性和抚育共同体，获得其具有世袭权利的特殊资格"①。从韦伯对婚姻的界定与描述来看，他并不是将婚姻仅仅局限于家庭关系与性关系之中；相反，韦伯更多的是从社会性、团体性的角度来看待婚姻的，并认为婚姻是一种源于共同体的传统的神圣规则所确立的社会秩序。这样，韦伯就将微观的婚姻家庭关系置于宏观的社会关系之中，而婚姻关系意味着一种特定的社会秩序，建立和维持这种社会秩序需要某种共同体的规则，而这样的规则主要是包括各种有关规范婚姻的正式制度与非正式制度。

芬兰著名人类学家韦斯特马克著有《人类婚姻史》这一研究人类婚姻历史的人类学巨著。他在对世界上诸多国家和地区的婚姻制度进行广泛研究的基础上认为："婚姻，通常被作为一种表述社会制度的术语。因此，可以给它下这样一个定义：得到习俗或法律承认的一男或数男与一女或数

① 韦伯. 社会学的基本概念；经济行动与社会团体 [M]. 顾忠华，译. 桂林：广西师范大学出版，2011：376-377.

女相结合的关系，并包括他们在婚配期间相互所具有的以及他们对所生子女所具有的一定的权利和义务……结婚总是意味着性交的权利：社会不仅允许夫妻之间的性交，而且一般说来，甚至认为彼此都有在某种程度上满足对方欲望的义务……婚姻不仅仅规定了男女之间的性交关系，它还是一种从各方面影响到双方财产权的经济制度"[1]。显然，韦斯特马克的婚姻观包括了十分广泛的内容，首先，婚姻是一种受到以习俗为代表的非正式制度和以法律为代表的正式制度所承认的异性男女关系；其次，这种异性男女关系的婚姻形式并不仅仅局限于一夫一妻制婚姻，一妻多夫与一夫多妻制婚姻也是婚姻的形式；再次，在婚姻关系中，夫妻之间具有发生性行为的权利与义务；此外，在婚姻关系存续期间，夫妻之间以及父母与子女之间也存在一定的权利义务关系；最后，婚姻关系与夫妻之间的财产关系密不可分，婚姻制度同时也是一种经济制度，是一种关于夫妻及家庭财产关系的经济制度。

法国社会学家涂尔干是从"社会分工和社会团结"的角度看待婚姻的，他认为，如果性别分工低于一定程度，那么婚姻生活就会消失，只剩下非常短暂的性关系。婚姻家庭内的分工与合作的程度越低，婚姻关系的联系性就越弱，离婚的可能性就越高[2]。而针对现代社会的婚姻，德国社会学家贝克则认为，婚姻家庭作为人类有史以来第一个社会制度，它为繁衍人类、稳定社会发展做出了巨大贡献，但在现代社会，结婚是一项有风险的个人事业，没有任何有效的保险，谁也无法预言婚姻背后要发生什么。他认为，劳动市场并不考虑个人的环境而要求流动。婚姻和家庭则要求相反的东西。考虑其最终的结果，现代性的市场模式意味着一个没有家庭和儿童的社会。每个人都必须是独立的，自由接受市场的要求以确保其经济生存。市场主体最终是单个的个体，不受亲戚关系、婚姻或家庭的阻碍。结果，最终的市场社会是一个没有孩子的社会，除非孩子是和可流动的、单身的父亲或母亲一起长大的。贝克还认为，伴随着个体化动力向家庭的扩展，共同生活的方式开始急剧变化，家庭和个人生涯的联系松懈了。扬弃了囊括在其中的男女的双亲生涯的终生标准家庭，成为一种有限的情形，而常规的情况，特别对于我们关注的特殊生命阶段来说，是一种在不同的家庭和非家庭的共同生活方式间的摇摆运动。离婚法和离婚的现实，

---

① 韦斯特马克. 人类婚姻史 [M]. 李彬，李毅夫，欧阳觉亚等，译. 北京：商务印书馆，2015：35.

② 埃米尔·涂尔干. 社会分工论 [M]. 渠东，译. 北京：生活·读书·新知三联书店，2000：20-25.

社会保障的缺乏，被关闭的劳动市场的大门和家庭劳动的主要负担，突出表现了个体化过程给女性生活处境带来的矛盾①。实际上，正如我们当代中国的现实情况一样，对那些一方在城市打工、另一方留守在家的农民工夫妻来说，或者对那些夫妻双方都在职场中奋力打拼的年轻夫妻来说，由于工作与家庭生活之间的矛盾，他们之间会相互争吵，彼此埋怨。但是，夫妻之间或其他家庭成员之间争吵和埋怨的很多东西其实都不是一方的个人责任或者双方的共同责任。实际上，在当代中国市场化的大潮中，对很多家庭来说，无论是夫妻之间的婚姻关系，还是父母子女之间的亲子关系等诸多婚姻家庭方面的现实需求确实都被市场"无情"地忽视了。

进入 21 世纪后，随着我国改革开放进程以及城市化的加速发展，中国的婚姻家庭发生了很大变化，学界对婚姻家庭的研究也逐渐增多，相关的研究成果可谓汗牛充栋。尤其是最近一些年来，中国人的结婚率逐年下降，离婚率逐年上升，学界对中国人婚姻的形成与解体的研究也相应增多，且这类研究大都以定量研究为主；但由于采取的指标不同，研究者得出的结论也不一样，再加之媒体对不同来源的数据报道具有一定的误导，从而在民众中引起很多不必要的担心与议论。对此，也有一些学者进行了纠偏。於嘉、赵晓航和谢宇利用人口普查资料和中国家庭追踪调查数据，分析了中国人婚姻行为的变化趋势，并将其与美国、日本、俄罗斯、英国、法国等域外国家的婚姻行为进行了比较。该研究认为，一方面，中国人的初婚年龄将会继续推迟，不婚也将更为普遍；但另一方面，与其他国家相比，中国人的离婚风险更低，在传统养育观念占主导地位的情况下，中国人在短期内的婚姻仍然具有较高的稳定性②。

此外，穆光宗、林进龙和江砥通过综合运用时期、时点和队列指标对中国人口的婚姻态势进行了分析，研究发现，结婚仍然是国人的普遍选择，且婚姻观念转变和两性关系演化彰显了现代化的价值取向，但男性婚姻挤压现象突出，女性的婚育年龄不断推迟，离婚风险向全人口、全家庭生命周期蔓延，年轻人的婚姻权利滥用与家庭责任伦理懈怠并行。对此，研究者建议，在中国婚姻态势嬗变的过程中，消极倾向的滋长及其负面影响值得关注，加强社会调控，优化婚配机制，巩固婚姻道德伦理以及培育

---

① 贝克. 风险社会 [M]. 何博闻，译，南京：译林出版社，2004：125-154. 乌尔里希·贝克，伊丽莎白·贝克—格恩斯海姆. 个体化 [M]. 李荣山，张惠强，译，北京：北京大学出版社，2011：117-133.

② 於嘉，赵晓航，谢宇. 当代中国婚姻的形成与解体：趋势与国家比较 [J]. 人口研究，2020，5：3-18.

新型婚育文化等制度措施需要得到具体落实①。

总之，作为人类社会生活中一种最基本的制度，在不同的国家与民族以及这些国家与民族不同的历史时期里，婚姻在长期的发展过程中先后呈现了不同的形式，从最古老的多夫多妻制即"群婚制"，到后来的一夫多妻制和一妻多夫制，再到现在的一夫一妻制；从异性婚姻到现在已被一些国家立法所承认的同性婚姻，等等。此外，还有一些比较特殊的婚姻形式，如在我们中国的某些地区，父母为自己已经死去的儿子或女儿所缔结的"冥婚"等等。虽然婚姻的形式与种类很多，但本研究涉及的"婚姻"主要是指依据习俗或法律承认的一男一女所缔结的婚姻形式；既包括依据民间风俗习惯所缔结的"事实婚姻"，又包括依据现行《民法典》的规定所缔结的"法定婚姻"。虽然"事实婚姻"并不符合中国现行《民法典》的规定，是一种非法的婚姻形式，但由于本文的研究涉及关于婚姻交换的正式制度与非正式制度，而以婚姻礼仪等为主要表现形式以及取得社会承认的"事实婚姻"，其存在的正当性基础恰恰就在于各种以风俗习惯为代表的非正式制度。此外，本研究还会涉及其他一些与婚姻非常类似的男女两性的结合方式，主要有各种形式的"非婚同居"，典型的如"不婚同居""婚前同居"以及极少数农民工在城市与异性组成的一种非法的"临时婚姻"等等。

第二节　关于婚姻交换的研究

婚姻一直被认为是一种交换行为，其理论基础最早源于人类学关于原始人的婚姻交换研究，在早期人类学的这些研究中，很多研究者对原始部落的婚姻交换进行了细致的分析。后来很多的社会学家也对社会交换这一主题展开了充分研究，其中较为典型的是美国学者霍曼斯与布劳的社会交换理论，社会交换理论奠定了此后婚姻交换研究的重要理论基础之一。

一、社会交换理论及其关于婚姻交换的主要观点

从法学或经济学的角度来看，交换关系实际上也可以看作是一种合同或契约关系，并主要遵循经济交易中的等价交换原则。如前所述，在西方社会，传统观念大都认为婚姻关系就是一种契约关系，并且在立法与司法

① 穆光宗，林进龙，江砥. 当代中国人口婚姻嬗变即风险治理 [J]. 杭州师范大学学报（社会科学版），2021，5：89-97.

实践中也多把婚姻关系视为契约关系。中国在 2001 年《婚姻法》时，采取"法律移植"的方法，在当时新修订的《婚姻法》中引用了西方法律中关于"夫妻财产约定制"的规定，这一关于夫妻家庭财产关系的立法规定，实际上就是"契约"关系在夫妻婚姻家庭关系中的一个体现。此外，从日常生活经验来看，婚姻关系实际上也是一种社会交换关系，它既是男女双方所属家庭的社会地位和财产状况等家庭之间的交换，也是双方在个人教育、知识以及容貌等个体因素之间的交换。

社会交换理论是二战结束以后西方社会学，特别是美国社会学中出现的一种主要理论观点。这一理论认为，个人的资源是有限的，不能完全自给自足，因此，需要通过与他人的交换以满足各自的需求。个人与群体之间的不断交换结成了一定的社会关系与结构，这样社会才能得以形成并运行。西方的社会交换理论主要有两种取向，一是个人层次上的交换，这种观点把社会交换归结为个人的功利计算和内在动机，一般被称之为行为主义交换，其代表人物是霍曼斯；二是社会结构层次上的交换，把社会交换归结为社会结构的制约与社会规范的引导，一般被称之为结构主义交换，其代表人物为布劳。

社会交换理论的渊源十分复杂，其理论来源主要有三个方面：一是古典政治经济学；二是行为主义心理学；三是人类学中的交换思想。婚姻交换一直是人类学研究中的一个重要内容。如英国人类学家詹姆斯·弗雷泽在澳大利亚进行人类学研究中考察了土著居民中的姑表联姻模式，他发现当地的土著居民没有娶亲的财力，只好用自己的女性亲属作为交换未来妻子的物品，因而在当地，妇女具有较高的经济价值，而拥有较多姐妹或者女儿的男人就富有，并给他带来声望和权力。相反，没有什么姐妹或女儿的男人就贫穷，地位低下，甚至娶不到妻子[①]。实际上，詹姆斯·弗雷泽所说的这种"换亲"现象在中国社会中也曾经存在过；在一些经济落后的农村或偏远山区，这种"换亲"现象甚至至今还有发生，这是婚姻制度中"交换"行为的典型例证。

在上述理论的指导下，美国社会学家霍曼斯在 20 世纪 50 年代创立了社会交换理论，从而成为 20 世纪最有影响力的理论家之一。霍曼斯的交换理论主要解释群体中的个人行为，通过创造性地运用行为主义心理学的思想，演绎出一整套用来说明个人行为的理论命题。在构建理论的过程

---

① 庞文，孙影娟，奚海燕. 西方社会学理论概要［M］. 哈尔滨：东北林业大学出版社，2011：192-193.

中，他借用了心理学和经济学中的诸多概念，如刺激、行动、互动、规范、资源、情感、报酬、成本、利润等。这些借用来的概念构成了霍曼斯社会交换理论的基础，它们相互组合成一系列命题。霍曼斯社会交换理论的主要内容包括六个命题，即成功命题、刺激命题、价值命题、剥夺-满足命题、攻击-赞同命题和理性①。

布劳的交换理论与霍曼斯交换理论的主要区别在于后者侧重个体的心理学基础，而前者则着重研究交换的宏观社会结构基础。布劳认为，无论微观领域还是宏观领域都发生一些同样的交换行为，不同的是宏观领域的交换行为更为复杂，交换主体由个人扩大到群体和社会组织，交换也由直接变为间接，由此，交换从先于和创造社会制度和社会结构的过程变为受制于制度和结构制约的过程。由于布劳的交换理论重点不是探讨影响个体之间结合的心理基础，而是分析交换过程对形成和发展社会结构的影响和已经形成的社会结构对交换过程的制约，因此他的交换理论也被称为结构交换论。

虽然布劳的结构交换主要涉及社会宏观交换，但他是从分析个体之间的微观交换开始的。他认为，在微观交换中，人们的交换是始于社会吸引，即与别人交往的倾向性，这是刺激人们进行交换的前提。当行动者都发现对方拥有自己所需要的社会资源，并都确信对方愿意提供这种资源时，他们之间的交换就开始了。而竞争是社会交换得以实现的途径。在交换中，各方都尽力显示自己的报酬能力，以吸引其他人与自己交换。但由于每个人拥有的资源其数量、质量、稀缺的程度等都不一样，竞争的结果自然是那些在各种资源上占优势的一方获胜，成为优胜者，其他则成为失败者。由此，竞争的结果进一步导致了交换各方或群体的分化，而分化的结果又导致了那些优胜者对失败者拥有权力。虽然这种权力可以迫使别人服从命令，但权力的不当行使会招致别人的反抗，因此，在一个社会中，要让下级心甘情愿地服从，这种权力必须转化为权威。而权威的特征是，被下级集体所承认和实行的社会规范强制个体必须服从上级领导。随着一个社会中权威的确立，社会得以整合，而人与人之间的关系也会逐步制度化。在社会制度化的过程中，出现了一种所谓的共享价值观，这种共享价值观为宏观社会结构中的间接交换提供了一套标准，使得参与各方能够以同样的情境定义进行交换。但一个社会的基本价值观中总是包含着反对现行制度的成分。反过来说，现行制度总会在某些方面不能满足价值观所确定的报酬期待，或者违背了其中的互惠与公平原则。这样，在制度确立的

---

① 谢立忠. 西方社会学名著提要 [M]. 江西人民出版社，2007：285-286.

过程中就已经包含着制度毁灭的因素,价值观与现行制度的矛盾将导致社会冲突,由此推动着制度的变革①。

社会交换理论虽然源于西方,但是其主要观点具有某种共同性,可以对人类社会的很多社会现象与社会问题进行解释。其中,最典型的就是可以用交换理论解释人们的婚姻行为。实际上,如前所述,社会交换理论渊源之一的人类学在研究早期人类社会的交换行为时,土著居民中的婚姻交换就是一个重点研究内容。例如,布迪厄在其家乡——法国南部的比安地区进行人类学考察时,也对当地人的婚姻策略进行了研究,他发现,当地人有很多的婚姻策略,根据这些策略可以看出,当地人婚姻的缔结并不完全是考虑经济或财产因素,而是各种因素的总和。布迪厄认为,家庭在社会等级体系中所占的位置客观上为每个人规定了可能的伴侣。由此也可以看出,在婚姻交换中,男女双方或家庭用于婚姻交换的资源除了重要的经济资源以外,还包括男女双方及其家庭拥有的其他各种类型的社会资源,如男女双方当事人及其家庭的社会地位与身份等②。

总体来看,在西方国家关于婚姻交换的研究中,"'婚姻交换论'就是用'社会交换论'来解释婚姻关系的产物。该理论认为,婚姻的缔结过程涉及男女双方未满足最大效用而对有价资源的交换。用古德的话来说,'所有的求爱体系都是市场或者交换系统'。在具体研究中,'婚姻交换论'最早由戴维斯和莫顿提出,他们认为,美国白人与黑人间的通婚更可能发生在社会经济地位较高的黑人与社会经济地位较低的白人之间,即存在所谓的种族 - 地位交换。除此之外,男性工作能力与女性家务能力之间的交换和男性社会经济地位与女性外貌之间的交换也是现有讨论较多的婚姻交换现象"③。

二、国内现有基于社会交换理论对婚姻交换的经验研究

国内现有关于婚姻交换的研究主要集中在婚姻的缔结阶段,也有一些研究涉及婚姻关系存续期间以及离婚阶段的各种交换。

国内很多学者用社会交换理论对婚姻关系中的交换行为进行了研究。

---

① 庞文,孙影娟,奚海燕. 西方社会学理论概要 [M]. 哈尔滨:东北林业大学出版社,2011:204-211.

② 皮埃尔·布迪厄. 实践感 [M]. 蒋梓骅,译. 南京:译林出版社,2012:212-230.

③ 许琪,潘修明. 美貌与地位. 中国人婚姻中的匹配与交换 [J]. 社会,2021,6:203-235.

例如，蔡鑫认为，夫妻关系得以建立的规则有很明显的理性特征，只有在教育水平、职业水平、报酬以及家庭出身等各方面具有相似性的人才有可能进一步交往下去。如果夫妻双方的付出不平等，那么就很难在以后的生活中持续交换下去，最终会以离婚来结束两人的婚姻关系[①]。这种实际上是一种"同质交换婚"的观点，即男女双方及其各自家庭必须具有某种同质性，这样的婚姻才更加容易缔结。

桂华和余练在国内外既有的关于我国农村婚姻研究的基础上，运用社会交换理论，从农村婚姻交换的角度提出了一种被其称为"农村婚姻市场的要价理论"，并建立了一个理解当前农村婚姻现象及其变迁的分析框架[②]。"婚姻要价理论"从农村的婚姻交换出发，发现了女方婚姻要价对整个农村婚姻变迁的影响，这种影响不仅造成了农村婚姻市场上的各种后果，也推动了农民生育观念、家庭代际关系和夫妻关系的变迁。

勾学玲分析了当代转型社会中人们离婚的影响因素，她认为，当代社会的离婚率逐渐上升主要是由于夫妻之间用于婚姻交换的资源发生了变化，使得婚姻交换在婚姻关系存续期间不能持续进行下去，最终导致离婚。这些影响婚姻交换的资源主要包括以下几个方面，一是交换资源弱化导致夫妻间内在吸引力弱化，二是社会流动性增强增加了婚姻替代吸引力；三是离婚成本降低对离婚也会产生很大影响[③]。

叶文振认为婚姻交换关系的内涵主要包括情爱交换、性爱交换、经济交换、社会交换和安全交换等几个方面。但是在男权性别文化和制度的双重影响下，我国的婚姻交换关系一直具有明显的向男性倾斜的不平等特征。这种婚姻交换关系中不平等现象主要是受我国传统性别文化意识、性别分工制度、梯度婚姻制度以及性爱关系模式等几种情况的影响，而这些婚姻交换中的不平等关系往往为婚姻解体埋下了隐患，是导致夫妻双方离婚的重大诱因[④]。

此外，还有学者在研究婚姻交换时侧重于对婚姻缔结过程中财产因素

---

① 蔡鑫. 论两性关系得以建立的规则——由夫妻个人条件的相似性检验社会交换理论 [J]，思想战线，2004，3：44-49.

② 桂华，余练. 婚姻市场要价：理解农村婚姻交换现象的一个框架 [J]. 青年研究，2010，3：24-36.

③ 勾学玲. 社会交换理论视角下的离婚影响因素分析 [J]. 黑龙江社会科学，2008，1：146-148.

④ 叶文振. 论中国婚姻的不平等交换关系 [J]. 福建行政学院福建经济管理干部学院学报，2007，2：47-53.

的分析，即对在中国社会日常婚姻缔结中普遍盛行的由男方支付给女方的"彩礼"以及女方家庭给予女方的"嫁妆"进行分析①。笔者认为，"彩礼"和"嫁妆"实际上涉及婚姻缔结阶段的财产因素。虽然婚姻交换从本质上来说是一种社会交换形式，但财产交换无疑是其中一项非常重要的内容，而这种在婚姻缔结阶段由男方支付的"彩礼"和结婚时由女方家庭给予女方的"嫁妆"之间的"财产交换"，在男女双方以后的婚姻家庭生活中也同样具有十分重要的意义。正如布迪厄所说，"尽管如我们所知，家庭权力相对独立于经济权力，但补偿增资的总额仍是家庭内部的权力分配，特别是婆媳各自在结构性冲突中的力量分配的依据之一……夫妻在家庭力量关系中的位置，以及他们在家庭权力，亦即在对家庭事务的合法垄断权的争夺中获胜的可能性，从来就与他们所拥有或带来的物资和象征资本（其性质因时代和社会而异）相关"②。此外，结婚后，随着家庭财产种类的增多以及经济价值的增值，在日常生活中，夫妻双方在家庭财产的使用与处理等问题上也会存在各种"交换"，当有关的"交换"顺利进行时，婚姻家庭关系就会和谐稳定，反之，婚姻家庭关系就会受到不利影响，严重的甚至导致夫妻离婚，家庭解体。除了彩礼与嫁妆以外，婚姻交换中的财产因素还涉及夫妻家庭财产制与家务劳动两个方面，夫妻家庭财产制度是婚姻法这样的正式制度所调整的重要内容，不同的夫妻财产制度对婚姻关系的影响往往差别很大。家务劳动主要受传统、文化以及习惯等非正式制度的影响，其对婚姻交换也会产生较大的影响。

最近几年来，一些学者还采取定量研究方法，就特定形式的婚姻交换进行研究。例如，许琪和潘修明就中国人婚姻中的美貌与地位之间是否存在交换进行了深入的分析与讨论。他们经过研究认为，首先，中国人的婚姻关系中确实存在一方外貌与另一方地位间的正相关关系，但是，一旦控制了夫妻双方的外貌与地位，这种简单相关会完全消失。其次，与人们通常认为的女性更可能通过外貌来交换男性的地位不同，研究者并未发现这种交换，因此，所谓"男才女貌"的说法只是人们基于性别刻板印象产生的错误认识。最后，该研究还发现，教育、职业、收入和家庭背景这四个地位特征之间存在非常明显的交换现象，其主要原因在于，这四个特征的

---

① 阎云翔. 礼物的流动——一个中国村庄中的互惠原则与社会网络 [M]. 上海：上海人民出版社，2000：170-202.

② 皮埃尔·布迪厄. 实践感 [M]. 蒋梓骅，译. 南京：译林出版社，2012：223-225.

同质性较强，越是同质的特征之间越可能相互替代，也越可能发生交换[①]。石磊使用中国综合社会调查数据和生活史与当代中国社会的变迁调查数据，采用对数线性模型，分析了新中国成立以来教育婚姻匹配的变迁及其背后的作用机制，研究认为，中国的教育同类婚程度呈现出 N 型变化趋势[②]。马磊、袁浩和顾大男等人从理论与实证两个方面，在全面梳理中外文献关于同质婚和跨越婚的成因、变化趋势及其影响后果等研究的基础上，关注了婚姻现代化理论所面临的挑战、婚姻交换理论所引发的学术争论，分析了中国数据资料所出现的研究分歧。[③]

三、关于流动人口及农民工婚姻交换的研究

改革开放后，随着农村剩余劳动力的逐步增加，越来越多的农村剩余劳动力前往城市打工，这些远离家乡在遥远的异地城市打工的农村剩余劳动力被称之为"农民工"。由于各种客观条件的限制，大多数在城市打工的农民工不得不将自己的妻子和孩子留在家乡。因此，这些农民工的婚姻家庭问题一直受到社会各界的广泛关注，并成为学界的一个研究热点。

由于本研究涉及的时间跨度及其社会背景，其中将会涉及对 F 村外出打工的农民工，包括新生代农民工的婚姻交换进行研究，因此，相关的现有文献也是本研究的基础。对农民工打工所在地的城市或地区来说，这些农民工属于外来流动人口。众所周知，西方社会自进入工业化以后，也有很多的农民去远离家乡的城市工作，这些西方社会早期去城市工作的农民非常类似于我们当代中国社会的"农民工"。这些流动人口的婚姻家庭生活在当时的西方社会引发了很多社会问题。实际上，西方学界很早就对这些流动人口的婚姻家庭展开研究，并提出了很多有价值的理论观点。经过文献梳理，现将有关的研究综述如下。

（一）西方学界关于流动人口婚姻研究的主要观点

西方学者在对流动人口婚姻家庭问题的长期研究中形成了诸多理论研究视角，对此，孙琼如和叶文振曾经对这些不同的理论研究视角进行总

---

① 许琪，潘修明. 美貌与地位：中国人婚姻中的匹配与交换 [J]. 社会，2021，6：203-235.

② 马磊. 新中国成立以来教育婚姻匹配的变迁 [J]. 人口研究，2019，11：90-104.

③ 马磊，袁浩，顾大男. 婚姻匹配研究：理论与实证 [J]. 人口与经济，2019，3：1-15.

结。其中比较典型的有人口结构理论、结构同化理论、亚文化假说、社会地位分析理论、交换理论、选择理论、累积因果关系理论和迁移适应理论共八种主要理论观点。[①] 上述各种理论视角都能从各自的角度解释流动人口的婚姻家庭问题，但是都不尽全面，且有些理论观点也有重合之处。此外，这些理论中的某些观点或结论在中国的现有研究中也有所体现。

（二）新生代农民工的婚姻家庭研究

农民工群体是我国改革开放后新出现的一个特殊社会群体。由于第一代农民工大都是结婚以后从农村前往城市打工的，因此，关于他们的婚姻家庭研究相对较少。而第二代农民工也即所谓新生代农民工的婚姻家庭问题远比第一代农民工的婚姻家庭问题更为复杂，因此，学界对于新生代农民工的婚姻家庭问题研究较多。这些有关新生代农民工婚姻家庭的研究主要涉及以下几个方面：

1. 新生代农民工的婚恋观研究

简单地说，婚恋观就是关于恋爱与婚姻的思想观念或看法。人们的婚恋观与其他的思想观念一样，会随着社会的变化而发生相应的改变。在流动社会背景下，新生代农民工的婚恋观已经发生了极大的变化，完全不同于他（她）们的父辈。目前对新生代农民工婚恋观的研究非常多，有研究认为，新生代农民工的婚恋正经历着由传统到现代的转变，其婚恋观的现代性增强，主要表现为追求婚恋自由、婚恋自主，且婚恋的时尚化程度较高等[②]。由于婚恋观点的变化，特别是婚恋观念中的"城市化"或者"时尚化"，导致所谓的"闪婚"现象也在一些青年农民工之间流行开来，但也由此导致"闪离"。从积极的方面来看，新生代农民工婚恋观的变化体现了社会的文明和进步，表明个人的择偶自由有了很大的提高；但是，婚恋观的变化也带来了一些消极后果，这些消极后果很大程度上会导致新生代农民工婚姻的解体，是他们离婚的重要诱因。

2. 新生代农民工的"通婚圈"研究

"通婚圈"是指结婚的男女双方所属的某种范围，一般主要有两种，一是社会等级方面的通婚圈，指人们将自己的择偶范围限定在一定的阶

① 孙琼如，叶文振. 国内外流动人口婚姻家庭研究综述 [J]. 人口与发展，2010，6：104-109.

② 朱冠楠. 传统到现代：新生代农民工的婚恋转型及困境 [J]. 新疆社会科学，2012，3：130-134+142.

层、种族、宗教或教育标准（如学历）范围内；二是指地理通婚圈，即所谓的异地婚姻。在当代中国流动社会背景下，新生代农民工的通婚圈主要指第二种，当然，第一种也会有所涉及。

根据有关研究，改革开放前，由于户籍制度的限制，人口的流动很少，通婚基本发生在县域范围以内。农村的通婚圈主要集中在邻近的几个村落，一般情况下，青年男女跨村、乡镇结婚的较多，跨县市的较少，而跨省结婚的就更少。但是改革开放以后，随着社会流动性的增加，这种情况发生了明显的改变。其中，最典型的是所谓"打工婚姻"，即"劳动力迁移使得人们有机会认识其他远离家乡的异性，这扩大了迁移人口的婚姻市场，这样结合在一起的婚姻就是打工婚姻"[1]。在现有研究中，来自不同学科的研究者们对新生代农民工异地婚姻的研究很多，主要涉及异地婚姻发生的原因以及流入地、流出地社会以及个人的影响等几个方面。

首先，关于异地婚姻发生的原因，有研究认为，婚姻迁入地的"引力"是婚姻迁移的主要因素，这个"引力"主要是指迁入地的社会经历发展水平比较高，对于那些迁入者具有较大的吸引力。而移民网络为异地婚姻的快速增加起到了信息传递的作用，研究发现，绝大多数农村女性实现异地婚姻迁移主要是依靠已经完成婚姻迁移的亲属和同乡这样的移民网络[2]。但随着时间的推移，人们发现，新生代农民工的逐步增多也导致了异地婚姻的增加。除了前述新生代农民工的婚恋观发生变化以外，还因为他（她）们的婚恋途径也发生了巨大变化。进入城市后，随着社会环境的变化，一些新的社会关系出现了，比如，单位同事、在一个城市打工的以前的同学、有共同兴趣爱好的玩伴等相互接触较多，这些均构成了新的社交网络。此外，现代化的信息沟通渠道逐渐增多，如QQ或微信聊天等，也为新生代农民工的异地婚姻增加了新的可能性。

其次，异地婚姻对社会、家庭和个人均会产生诸多影响。这可以从异地婚姻的流出地和流入地两个方面来分析。首先，对流出地来说，积极效果是远距离通婚可以改变经济落后地区的封闭状态，能传播更多的信息资源，促使当地经济社会发展[3]；但消极后果是容易造成流出地的男女性别

---

① 孙琼如. 婚姻：农村女性迁移的跷跷板—农村女性婚姻迁移的社会学分析 [J]. 青年探索，2004，6：20-23.

② 范芝芬. 流动中国：迁移、国家和家庭 [M]. 邱幼云，黄河，译. 北京：社会科学文献出版社，2013：171.

③ 田华. 西南农村妇女东迁婚配态势探析 [J]. 南方人口，1991，4：39-42.

比例失调，加重当地的婚姻挤压现象，甚至出现所谓的"光棍村"①。其次，对流入地来说，异地婚姻缓解了当地的男性婚姻挤压矛盾，为当地带来了稳定的劳动力，有利于经济社会发展②。此外，关于异地婚姻对家庭的影响在学界有不同的观点，有的研究认为，异地婚姻家庭的生活要低于一般居民，夫妻感情基础较差，其家庭在当地社会上遭受一定程度的歧视③。更有研究认为，地域差异给农村打工女性的异地婚姻带来了更多的风险，冲突和不适应是跨地区婚姻的基本主题，总的婚姻稳定程度不高④。但是，也有一些研究认为，异地婚姻对婚姻家庭的稳定性并没有特殊的影响，远嫁他乡并非注定不幸，家庭关系及夫妻关系的和睦仍是主流⑤。

再次，异地婚姻对个人的影响往往是直接的，研究发现，远嫁外地的女性在新社区的融合存在障碍，人际交往存在困难，由于本地人的歧视和缺乏正常的倾诉渠道，有强烈的孤独感⑥。此外，还有研究针对上海市的女性婚姻迁移者从经济、生活和心理三个层面分析了她们的社会适应状况，指出城市女性婚姻移民对于婚姻家庭生活的满意度较高，心理适应状况较好，但是经济生活和社会交往比较不适应⑦。

3. 新生代农民工的家庭模式研究

我国改革开放初期，伴随着城市房地产和交通的兴建，城市创造出大量的蓝领工作岗位，吸引了很多农村男性流动人口进入城市打工。第一代农民工中大都是男性一人独自在远离家乡的异地城市打工，其家庭还在农村。但是，随着我国城市化进程的逐步加快，特别是城市服务业用工数量的增加，我国的女性流动人口也迅速增长。随之而来呈现在新生代农民工

① 邓国彬，刘薇. 农村女青年远嫁现象 [J]. 青年研究，2001，6：23-26.

② 谭琳，黄博文. 八十年代中国女性省级婚姻迁入的逐步回归分析 [J]. 人口学刊，1999，4：1-15.

③ 黄润龙. 江苏省外来婚嫁女的婚育状态与观念 [J]. 人口与经济，2002，2：16-21

④ 仰和芝. 农村打工女性跨地区婚姻稳定状况及影响因素探讨 [J]. 安徽农业科学，2007，1：294-295.

⑤ 谭琳，李新建，黄博文，等. 女性婚姻迁入对其自身发展影响的研究——关于江苏张家港市的调查报告 [J]. 妇女研究论丛，1998，4：13-17.

⑥ 谭琳，苏珊·萧特，刘惠. "双重外来者"的生活——女性婚姻移民的生活经历分析 [J]. 社会学研究，2003，2：75-83.

⑦ 赵丽丽. 城市女性婚姻移民的社会适应研究——以上海市"外来媳妇"为例 [J]. 江西师范大学学报（哲学社会科学版），2008，2：103-109.

家庭模式上，则表现为其家庭化候鸟式迁移现象越来越突出，两地分居的家庭模式逐渐减少。但从目前现状来看，两地分居的家庭模式仍然为数不少，分居家庭依然存在①。例如，赵俊文等人的研究发现，在新生代农民工中，夫妻分居者占了近七成，其中，长期和异地分居的占了近六成。他们或是像父辈一样，一人在城里务工，另一方留在家里；或是外出务工同处一地分居②。而在两地分隔的家庭模式中，子女和父母的分隔是另一种状态。这主要是由于城市的生活成本过高，劳动强度过大，新生代农民工在生育子女以后，或者女方回家抚养子女，男方继续在城里打工，造成夫妻两地分居，或者将孩子留在农村由父母抚养照料。目前新生代农民工多是选择后一种方法。

上述研究表明，流动对农村婚姻制度和新生代农民工的婚姻家庭生活都带来了很大影响。在流动社会背景下，城市的婚育观念和行为规范传入农村地区，导致农村社会的乡土文化由封闭走向开放，传统的婚姻制度受到现代化城市文明的冲击。对新生代农民工来说，由于城市生活的影响，他们的婚育观念以及婚育行为方式都发生了很大变化。此外，打工的经历对新生代农民工家庭关系也带来很大影响，主要表现为家庭成员之间情感关系与权力或权威关系的变化，一些新生代农民工家庭成员的情感关系有所增强，但是也有一些情感关系变弱，甚至导致夫妻离婚，家庭解体。

4. 关于新生代农民工离婚问题的研究

国内现有的关于新生代农民工离婚问题的专门研究还相对比较少，主要涉及以下几个方面：

一是对农民工离婚的原因进行分析，这些研究大都认为，新生代农民工的离婚是社会变迁与时代变革中整个社会的经济、政治、文化和个人情感等综合因素的结果。例如有研究认为，造成当代流动社会背景下新生代农民工离婚的原因主要包括当代女性独立意识提高、新生代农民工自身对婚姻质量的要求提高、夫妻长期两地分居导致双方的情感疏离、整个社会对夫妻离婚现象的宽容度提高以及现行法律对于离婚条件与程序的规定过

① 吴新慧. 传统与现代之间—新生代农民工的恋爱与婚姻 [J]. 中国青年研究，2011，1：15-18+77.

② 赵俊文，何绍辉. 新生代农民工两地分居现象研究——以湖南省 H 村为例 [J]. 上海青年管理干部学院学报，2009，3：46-48.

于宽松等①。还有学者研究从城市化的角度对新生代农民工离婚的原因进行了分析，认为城市化至少在三个方面对他们的婚姻构成冲击：第一，城市空间的相对隔绝使得原先因农村地缘关系对家庭成员的婚姻束缚大大减少；第二，城市人之间的异质性和流动性也为人们提供了更多的选择；第三，城市化使得更多的农村人口，尤其是青年人涌向城市，这会导致农民的家庭纽带遭到不同程度的撕裂②。目前大部分关于新生代农民工离婚原因的分析都采取定性研究的方法，但是也有学者采用定量研究的方法讨论了城市化与离婚率之间的关系，在定量研究的基础上，通过与国外的离婚率进行比较，发现城市化水平与离婚率之间存在长期依附关系，城市化水平对离婚率有单向的正向影响，但是在短期内城市化水平与离婚率之间不存在因果关系③。

二是分析了新生代农民工离婚的不利后果。现有的很多研究都表明，离婚不但给农民工自身造成了难以弥补的精神损害，而且给子女也带来了较大的心理伤害，特别是那些本来就处于"留守"状态的儿童，一旦父母离婚，其遭受的心理打击和精神伤害就会更大。此外，新生代农民工离婚还给社会造成了诸多不安定因素等，这些都是农民工离婚带来的消极社会后果④。

三是对农民工离婚问题提出相应的对策和建议，有研究认为，为了切实有效地解决农民工的离婚问题，首先要进一步加大农村基层组织建设，尤其是要建立健全民间调解组织，充分发挥这些基层组织的调解职能，及时发现并调解农民工夫妻之间的矛盾，最大限度地减少离婚纠纷的发生。其次是加强法制宣传教育，特别是在农民工的流入地或打工地，要进一步加强对在外打工的农民工的生活、工作以及心理关照，净化社会风气，这对于抑制身在异地打工的农民工的各种不良习惯很有必要，可以极大地减少农民工离婚现象的发生。最后是充分发挥基层法庭的调解与判决相结合的审判职能，尽可能做到耐心细致地调解农民工的离婚纠纷，不可简单机

① 疏仁华. 解析当代农民工的"中国式离婚"——对安徽省966例农民工的调查 [J]. 南京人口管理干部学院学报，2007，2：39-42+56.

② 朱海忠，蔡砚秋. 增加离婚成本能否降低离婚率 [J]. 南通大学学报（社会科学版），2010，5：58-64.

③ 孙晓娟，陈维涛，赵东红. 中国城市化进程与离婚率之间的实证分析 [J]. 长春理工大学学报（社会科学版），2012，3：41-43.

④ 李萍. 当前我国农村离婚率趋高的社会学分析 [J]. 中国青年研究，2011，5：17-20.

械地适用法律，要根据个案中当事人的具体情况准确适用法律，真正做到法律效果与社会效果的统一①。

上述有关新生代农民工婚姻家庭问题的诸多研究基本涵盖了有关新生代农民工婚姻家庭生活的各个方面，这些研究无疑为后续的进一步研究提供了坚实的基础。综合现有研究成果来看，研究者大都认为，新生代农民工的婚姻家庭体现了传统与现代共生与冲突的特点，具体表现在新生代农民工恋爱方面的现代化、城市化观念，传统与现代交融的择偶标准，比较开放的性观念，多样化的择偶方式与传统的择偶途径并存；在婚姻上则表现为通婚圈的扩展和"户籍对应"的婚配模式并行，"闪婚"现象比较突出并由此带来"闪离"，两地分居的家庭模式与举家迁移模式并存，传统与现代交织的生育观念，等等。实际上，婚姻虽然从表面上看是个人行为或家庭行为，但它终归是社会行为。新生代农民工的婚姻家庭是当代中国社会客观条件下的特殊产物。传统与现代的交织既是农民与市民的共生与冲突，又是农村与城市的共生与冲突。

第三节 关于制度（正式制度与非正式制度）的研究

学界对制度的研究由来已久，并形成了各具特色的理论观点。"19 世纪中后期，人们开始关注经济、政治与社会领域中的'制度'研究，形成各种制度理论，制度主义由此盛行并已经发展成为新制度主义"②。现有对制度进行研究的学科主要以政治学、经济学、法学与社会学等学科为主，研究者们从各自的学科视野出发对制度进行了富有价值的讨论。

上述各学科在对制度的研究中大都将制度分为正式制度与非正式制度两种形式，并对两种制度之间的关系进行了分析。龚晓珺对非正式制度的理论观点进行了简单的归纳，"从学术史来看，非正式制度理论主要有惯例说、博弈说、交易成本说、社会秩序说、权力文化网络说、情理结构说、民间传统说、关系说、社会资本说、社会潜网说等"③。尽管龚晓珺在

---

① 王富超. 青年农民工婚姻问题现状及其分类救济 [J]. 山西农业大学学报（社会科学版），2011，9：935-938.

② 杨嵘均. 论正式制度与非正式制度在乡村治理中的互动关系 [J]. 江海学刊，2014，1：130.

③ 龚晓珺. 试析青年农民"因婚返贫"的非正式制度致因及其整体协同治理策略 [J]. 中国青年研究，2018，3：72.

同一篇文章中认为，"长期以来，人们对'制度'的理论和实践存在一种误区，即把研究过多集中于正式制度，而忽略了对非正式制度的应有的分析"①。但事实上，在经济学、法学及社会学等学科领域中，诸多学科的学者在研究制度问题时从来就没有忽视过对非正式制度的研究。这是因为，在人类社会生活的各个领域中，非正式制度从来就具有举足轻重的地位。例如，在法律领域，美国的法社会学家们就将法律分为"书本上的法律"和"行动中的法律"两种形式，并认为后者才是更具现实意义的法的形式。这里所谓的"书本上的法律"显然是指体现为由国家立法机关制定的成文法或制定法的正式法律制度，但是在司法实践中，法官在个案中适用这些成文法时，还会受到来自现实生活中一系列其他因素的影响，也就是说，除了成文法以外，还有很多的社会习俗、民间习惯、社会舆论、意识形态等各种非正式制度都会对案件产生各种影响。因此，当国家在适用法律这样的正式制度进行社会治理时，必须要同时发挥各种非正式制度的作用。此外，在当代中国法治现代化的过程中，有学者从建立社会普遍信任的角度，认为我们应该更加关注非正式制度与本土资源，推动以特殊信任为特质的非正式制度向以普遍信任为特质的非正式制度转变②。

社会学对制度研究的历史也很长。社会学的创始人之一，法国社会学家涂尔干就曾经指出，社会学实际上就是一门关于制度及其产生与功能的科学。制度的英文表述除了 System 以外，还有一个是 Institution，而 Institution 在英语中就有团体和机构的意思。实际上，各种社会机构得以正常运行的主要依据就是机构所制定的，主要体现为机构所制定的各种制度规则。随着社会学的发展，社会学家将制度的概念扩大到更大的范围，如国家、法律、教会等组织机构。

在中国的社会学研究领域，学者们近年来也十分注重对各种非正式制度及其与正式制度之间关系的研究。例如，杨嵘均认为，"任何正式制度的制定和运行，不仅不可能而且也没有必要完全堵住非正式制度的运行空间，也就是说，任何制度的设计者都不可能设计出无缝隙的'铁板一块'或'密不透风'的制度规则，制度规则之间必然在客观上存在间隙，这样就为非正式制度的运行提供了可能空间，这是问题的一个方面。而另一方面，任何正式制度要想在实践中起到预期的效果，其制度设计也必须要

---

① 龚晓珺. 试析青年农民"因婚返贫"的非正式制度致因及其整体协同治理策略 [J]. 中国青年研究，2018，3：72-73.

② 魏建国. 法治现代化不可忽视的环节：非正式制度与本土资源——以普遍信任为视角 [J]. 学术论坛，2010，5：131.

以非正式制度为前提，将正式制度'因地制宜''因时制宜'地嵌入非正式制度的文化土壤之中"①。彭玉生研究了中国宗族制度特有的祖先崇拜和传宗接代等传统文化规范（非正式制度）与国家强力推行的计划生育政策（正式制度）之间所发生的激烈冲突，研究发现，"宗族关系越强的村庄，其生育率越高，这表明，非正式规范可以通过一定的社会网络软化刚性的正式制度"②。彭玉生在研究中还认为，"网络的规范控制力取决于非正式规范与正式规则之间的关系，当非正式规范与正式规则一致时，组织效率最高。正式制度为非正式规范提供了坚强后盾，社会网络承担了正式制度的部分执行成本。而当非正式规范和正式规则相冲突的时候，社会网络会增加正式规则的执行成本，而正式制度则会削弱社会网络的规范能力"③。

此外，特别值得一提的是，在近年来国内社会学的研究中，出现了两种较为重要且彼此之间存在一定学术争议的理论视角，一是以孙立平为代表的"过程—事件"分析视角，二是以张静为代表的"结构—制度"分析视角。前者是指"从社会的正式结构、组织和制度框架之外，从人们的社会行动所形成的过程之中去把握现实的社会结构与社会过程"④；后者是指"从宏观的结构和制度方面来观察和解释社会现象的一种分析方法"⑤。"结构—制度"是张静在其对乡村基层政权的研究中使用的一个概念。限于本研究的主题，笔者在此不拟对上述两种研究视角进行讨论，而只对张静的"结构—制度"分析视角中与本研究有关的"制度"含义进行分析，以期对本研究有所启示。

张静在其《基层政权：乡村制度诸问题》一书中，结合乡村现实生活中的各种实例对"制度"一词的含义进了详细的分析与说明。针对有学者认为在现实生活中许多制度实际上形同虚设，往往得不到有效执行的观点，张静提出了"真制度"与"非真制度"两个相关的概念⑥。张静所说的"真制度"与"非真制度"并非对应本研究中的"正式制度"与"非正式

———————————

① 杨嵘均. 论正式制度与非正式制度在乡村治理中的互动关系 [J]. 江海学刊，2014，1：131.

② 彭玉生. 当正式制度与非正式制度发生冲突：计划生育与宗族网络 [J]. 社会，2009，1：37.

③ 同上，第59页.

④ 谢立中. 结构—制度分析，还是过程—事件分析？——从多元话语分析的视角看 [J]. 中国农业大学学报（社会科学版）（1），2007，1：12.

⑤ 同上，第17页.

⑥ 张静. 基层政权：乡村制度诸问题 [M]. 北京大学出版社，2000：11-12.

制度"。张静认为，制度既包括以文字形式体现的正式制度，又包括以非文字形式体现的非正式制度。同时，"制度"还包括"真制度"与"非真制度"两种类型，"真制度"是指那些依据大家同意的程序与原则产生的，且包含有对违反者惩罚措施的制度，这类制度往往在现实中能够得到切实有效的执行，因此，可谓之"真制度"。而"非真制度"主要是指依据单方面的意愿制定的，且未规定相应的对违反者实施惩罚的措施，或者，即使规定了相应的惩罚措施，但因为实施成本过高而无法实现。因此，这类"非真制度"往往在现实中得不到有效的执行。

在对上述两种研究视角进行分析的基础上，谢立中又提出了一种"多元话语"分析视角，他认为，这两种研究视角"只不过是我们可以用来建构社会现实的两种不同的话语系统。在它们的引导和约束之下，我们能够采取不同的话语策略，对社会现实做出不同的话语建构"①。

在对上述"制度—结构""过程—事件"以及"多元话语"等三种研究视角简要分析的基础上，肖瑛认为，在当代中国的社会科学研究中，研究视角存在着由"国家与社会"到"制度与生活"的转换。他认为，"国家与社会"是近年来国内外学界研究中国社会变迁的主导性视角，但该视角在中国的运用更多的是规范层面的，难以解释中国社会变迁的复杂机制。因此，"制度与生活"可作为替代性视角。"'制度'是指以国家名义制定并支撑国家的各个层级和部门代理人行使其职能的正式制度；'生活'是指社会人的日常活动，既包括各种权宜性生产的利益、权力和权利诉求及生活策略和技术，又指涉例行化的民情和习惯法"②。在此，肖瑛将"制度"视为"正式制度"，而正式制度的逻辑与日常生活的逻辑往往大相径庭。笔者认为，肖瑛在此处对"生活"含义的说明与本研究中将要分析的"非正式制度"有大致相近的意思。

上述学者关于制度分析的各种观点对于本书均具有重要的启示，而"制度与生活"以及"过程—事件"分析等研究视角也为本书提供了重要的方法论指导。众所周知，婚姻是一种最为平常的人类生活形态，是人们的一种日常活动与生活及行为方式。而对于婚姻中的个体来说，婚姻既是个人生命历程中的一个生活"事件"，又是一段或短暂或漫长的生活经历。无论在婚姻的缔结过程中，还是在婚姻关系存续期间，以及在离婚阶段，在整个婚姻生活中确实"既包括各种权宜性生产的利益、权力和权利

---

① 张静. 基层政权：乡村制度诸问题 [M]. 北京大学出版社，2000：26.

② 肖瑛. 从"国家与社会"到"制度与生活"：中国社会变迁研究的视角转换 [J]. 中国社会科学，2014，9：88.

诉求及生活策略和技术，又指涉例行化的民情和习惯法"。例如，在婚姻的缔结及离婚阶段，男女双方及其家庭都会经常使用各种"谈判策略"进行"讨价还价"。在婚姻关系存续期间，男女双方在家庭之中同样会涉及权力的行使与权利的享有。此外，从日常生活经验来看，一方面，婚姻在很大程度上受特定地域的民情与习惯法的制约；另一方面，国家也会以婚姻立法及有关政策等正式制度的形式对人们的婚姻生活进行各种控制。关于婚姻的正式制度与非正式制度在对人们的婚姻生活具体进行规范与约束时，二者有着不同的逻辑，对人们婚姻行为起着不同的作用。与此同时，婚姻生活中的行动者对于正式制度与非正式制度也有着不同的应对策略。总之，本书将在前述有关研究的基础上，结合现实中的特定个案，分析与探讨在当代中国社会变迁与转型背景下，以国家的婚姻立法与政策等为代表的正式制度以及以当地的风土人情、习俗惯例以及道德伦理等为代表的非正式制度是如何对婚姻交换产生各种影响的。

第三章　婚姻交换的阶段及其影响因素分析

第一节　婚姻交换的阶段

　　虽然在现实生活中，并非每一段婚姻都会经历婚姻缔结、婚姻关系存续期间与离婚三个阶段，但就人类社会的总体婚姻状况而言，婚姻主要包括上述三个主要阶段。具体来说，一是婚姻缔结阶段。无论是近现代社会建立在自由恋爱基础上的"爱情婚姻"，还是传统社会的父母"包办婚姻"，大都会经历一个婚姻缔结阶段；二是结婚以后的婚姻关系存续期间。在此期间，夫妻开始了共同的家庭生活；三是离婚。离婚是法律规定的一种婚姻终止情形。在上述三个阶段中，每一个阶段都会经历各种各样的交换。交换的顺利进行可以使一桩婚姻得以缔结、婚姻关系美满和谐。反之，如果交换不顺利或是没有达成交换，那么，在婚姻缔结阶段，一桩婚姻就不可能成功缔结；在婚姻关系存续期间，如果交换不畅，则夫妻关系将会受到影响，严重的最终会导致离婚。非常有意思是，即使在离婚阶段，同样存在各种各样的交换，这些交换的顺利进行，或是使得离婚能够迅速达成，或是使得离婚后夫妻的再婚家庭能够稳定，尤其是离婚夫妻的未成年孩子能够获得更好的成长；反之，如果离婚时的各种交换不能顺利进行，不但夫妻难以离婚，夫妻关系处于激烈对抗之中，其未成年孩子也将长期生活在一个不幸福的家庭之中。在这个意义上，离婚交换的顺利进行同样意义重大，控制离婚的各种正式制度与非正式制度必须对此有所回应。以下笔者将逐一对上述三个婚姻交换的阶段展开分析。

一、婚姻缔结阶段的交换

　　通常情况下，男女两人缔结婚姻并非在一朝一夕之间，虽然中国的民间社会有所谓"择日不如撞日"之类的婚姻，但毕竟只是极少数的个例。在现实生活中，绝大多数的婚姻在缔结之前都会有一个特定的过程或阶段，这一阶段在古今中外的很多国家与民族中都称之为"订亲"。当然，在传统社会中，"定亲"一般都具有法律效力；自近现代社会的爱情婚姻出现之后，"定亲"这一婚姻缔结中的重要阶段虽然不再具有法律效力，但对于男女之间的婚姻仍然有特定的意义与价值。

无论是传统社会"父母之命，媒妁之言"式的包办婚姻，还是近现代社会强调婚姻自由的"爱情婚姻"，婚姻缔结阶段同样存在特定的交换，只有当各种交换顺利达成时，一桩婚姻才可以成功缔结；否则，是不可能达成婚姻的。

首先，对于传统社会"父母之命，媒妁之言"式的包办婚姻来说，这种交换几乎可以说是男女双方所属家庭之间的交换。中国传统社会中关于婚姻"门当户对"的说法就是这种家庭之间婚姻交换的典型表达。这种交换的因素主要包括两个家庭之间的经济状况、社会地位身份以及所处的地域、所属的宗教或政治派别等，此外还与两个家庭之间的某种渊源有关。总体来说，这种交换恰恰忽略了作为婚姻关系当事人的男女双方，他们反而成了婚姻交换的客体，或者是两个家庭之间婚姻交换的对象。

其次，在近现代的爱情婚姻中，男女双方之间享有充分的恋爱自由与婚姻自由。但尽管如此，在这种爱情婚姻中，仍然存在各种交换，只不过这些交换主要体现在男女之间各种因素的交换，而非他们所属家庭之间各种因素的交换。在爱情婚姻中，男女在婚姻缔结阶段的主要交换因素就是所谓的"爱情"，但总体而言，爱情是一种虽十分浪漫但却又虚无缥缈的人类情感，现实生活中虽然有很多一见钟情的婚姻，但单纯的爱情却不足以确保一桩婚姻的长久。与爱情密切相关的另一个交换因素是男女的相貌，一个长得漂亮的女性或一个长相英俊潇洒的男性更容易获得对方的喜欢。此外，男女双方的经济收入、社会身份地位以及从事的职业、人品等也都是爱情婚姻在缔结阶段的各种常见的交换因素，它们或直接或间接决定了一桩婚姻能否达成。

总之，无论是传统社会"父母之命，媒妁之言"式的包办婚姻，还是近现代社会的爱情婚姻，在婚姻缔结阶段都会存在各种形式的交换，如果这些交换能够顺利进行，则一桩婚姻就能够缔结成功，否则难以达成。

二、婚姻关系存续期间的交换

男女结婚以后，也即婚姻关系存续期间，各种各样的交换依然存在。婚姻关系存续期间的各种交换因素有的源于婚姻缔结阶段，例如男女个人及其所属家庭的经济状况、社会地位身份以及爱情等；有的交换因素是男女结婚以后，在婚姻关系存续期间新出现的，典型的如子女以及性关系等。

首先，一般情况下，得益于婚姻缔结阶段各种交换的顺利进行，一桩婚姻最终才得以达成。但是，在结婚以后，原来的婚姻交换因素却因为某些原因发生了变化，例如，男女个人或其所属家庭的经济状况、社会地位身份等发生变化，从而会对男女之间的婚姻产生不利影响，而这种影响主要来自各种正式制度与非正式制度对于婚姻交换的控制，最终可能会导致一桩婚姻走向解体。

其次，在婚姻关系存续期间新出现的婚姻交换如果不能顺利进行下去，也会对婚姻关系产生不利影响，严重的会导致离婚。典型的如子女以及夫妻之间的性关系。在中国传统社会中，婚姻的一个重要功能是繁衍后代，如果妻子婚后不生育，则婚姻繁衍后代的功能无法实现，因此，在传统社会中，"无子"甚至成了男方及其家庭强制"休妻"即离婚的一种法定情形。再例如，结婚以后，夫妻之间的性关系或性行为就具有某种专属性，如果妻子或丈夫与其他的异性发生性行为，也会对婚姻关系产生重大的不利影响。当然，在传统社会，由于男尊女卑，无论是家法族规，还是国家法律，都对女性的性行为施加了更加严厉的约束与管制。近现代社会的婚姻法律也同样对婚姻关系存续期间夫妻的性义务进行规范，只不过代之以"夫妻忠实义务"的法律表达罢了。

总之，在婚姻关系存续期间，各种婚姻交换因素都会发生相应的变化，并对婚姻产生不利影响。为了确保婚姻关系的和谐与家庭稳定，各种正式制度与非正式制度就应该朝着稳定婚姻家庭关系的方向发展。

三、离婚阶段的交换

在夫妻婚姻关系存续期间，如果各种交换不顺利的话，则一桩婚姻最终会走向解体，也即夫妻会协议离婚，或者通过诉讼由法院判决离婚。但有意思的是，在现实生活中我们会发现，即使在离婚阶段，也存在各种交换，这些交换或者有助于夫妻离婚，或者有益于夫妻离婚后未成年孩子的抚养教育以及离婚后夫妻再婚家庭生活的和谐稳定，并进而有益于整个社会秩序的和谐。最典型的例子就是，在协议离婚中，关于家庭财产的分割、家庭债务的承担以及未成年孩子的抚养等问题，协议离婚的夫妻双方会进行多次的"讨价还价"；在诉讼离婚中，法官也会就上述问题在法庭上组织诉讼离婚的夫妻双方进行调解，双方同样会有一个"讨价还价"的过程。因此，各种正式制度与非正式制度都会对夫妻离婚阶段的各种交换进行某种控制。

第二节 婚姻交换的影响因素分析

夫妻之间的婚姻从来就不只是两个人之间的事情。婚姻总是会受到来自各种因素或直接或间接的影响。如果我们把婚姻关系理解为一种交换关系，那么，正是这些不同的因素对婚姻交换产生的不同影响才决定婚姻交换能否顺利进行，一旦交换不能顺利进行，夫妻之间的婚姻关系就会受到严重影响。本研究将影响婚姻交换的各种因素类型化为"财产因素"与"非财产因素"两大类，并结合不同的婚姻交换阶段，就每一大类中的几种典型因素逐一展开分析。

一、财产因素

（一）婚姻缔结阶段：彩礼与嫁妆

在婚姻缔结阶段，影响婚姻交换的财产因素主要有彩礼和嫁妆。在现实生活中，彩礼一般是在男女双方所属家庭就男女婚姻已经达成协议的基础上，由男方支付给女方的一笔金钱。嫁妆也叫"陪嫁"，一般是指女方家庭在女儿结婚时让女儿带到男方家庭的财物。在婚姻缔结阶段，影响婚姻交换的主要财产因素还是彩礼，虽然彩礼是男女双方家庭在基本达成婚姻意向的基础上由男方家庭支付给女方家庭的金钱，但其又是男女双方家庭达成婚姻意向的重要条件，甚至不是之一。很多家庭由于在彩礼的数量上达不成一致，最终导致无法缔结婚姻。虽然嫁妆也是婚姻缔结阶段一种十分重要的影响婚姻交换的财产因素，但由于嫁妆一般是男女结婚时女方家庭对其女儿的陪嫁，因此，其对男女婚姻的影响主要体现在结婚以后，且嫁妆的多少只可能对妻子日后在男方家庭的地位等方面产生一定的影响。

（二）婚姻关系存续期间：夫妻财产制与家务劳动

在婚姻关系存续期间，影响婚姻交换的财产因素主要体现在夫妻财产制与家务劳动两个方面，其中，最重要的一个方面就是夫妻财产制。

众所周知，家庭是一个生产单位，男女双方结婚以后就组成一个家庭，家庭成员中的成年人要从事生产劳动以维持家庭成员的生存以及整个家庭的发展。因此，家庭财产是整个家庭赖以生存与发展的重要的物质基础。传统社会的家庭财产形式是"同居共财"，全体家庭成员共同劳动，所有的劳动成果与积累归整个家庭所有，家长拥有家庭财产的分配使用权。近现代以来，随着自由主义与民主意识在家庭领域的兴起，尤其是随着女权主义意识的觉醒，以及职业女性的出现，西方社会的家庭中出现了夫妻分别财产制，并逐渐获得了婚姻家庭法的确认。从此，在一个家庭中，原本属于夫妻一体的家庭财产有了"你的"与"我的"二者的区分。2001年，我国修订《婚姻法》时引入了国外的"夫妻分别财产制"，自此以后，在我国家庭之中，夫妻财产就有了"夫妻共同财产制"与"夫妻分别财产制"两种形态。与此同时，家庭债务也就相应有了"夫妻个人债务"与"夫妻共同债务"两种债务形态。这一立法变化客观上增加了夫妻之间在处理家庭财产以及家庭债务承担等方面的矛盾，近年来，类似的家庭财产与债务纠纷案例逐渐增加也证明了这一点，这鲜明体现了婚姻法这样的正式制度对于婚姻交换的影响。

此外，在婚姻关系存续期间，家务劳动也是一种与婚姻交换有关的具有一定财产内容的因素。在中国传统农业社会中，"男主外，女主内"是一种较为普遍，也较为理性的家庭内部分工形式。在传统乡村社会，男人外出种地，女人在家操持家务，抚养未成年孩子以及照料失去劳动能力的老人，双方相互配合，相得益彰。在近现代工商业社会，随着职业女性的出现，家庭中的妻子也开始走出家庭，走向职场，在这种背景下，"男主外，女主内"已经不再是一种家庭内部理想的分工形式了。而在现实的家庭生活中，由谁来做家务同样会影响夫妻之间的婚姻家庭生活，一些家庭中夫妻往往会为家务劳动发生矛盾与冲突，影响了婚姻家庭生活的和谐与稳定。

二、非财产因素

（一）爱情

爱情是近现代社会中爱情婚姻缔结的最重要因素，是近现代社会婚姻法中的婚姻自由原则的情感体现。爱情主要存在于婚姻缔结阶段，以及男女两个人之间，其主要作用在于顺利缔结一桩婚姻；总体来说，爱情作为一种十分奇妙的人类情感，它既是相对虚幻的，又是十分浪漫的。爱情不但在婚姻缔结阶段意义重大，在结婚以后，爱情对于维系婚姻关系依旧具有重要的价值。但在现实生活中，我们却经常听到不少夫妻在结婚以后抱怨"爱情消失了"。这种抱怨其实是误解了爱情与感情之间的关系。

首先，众所周知，婚姻既是人类社会的一种重要生活方式，又是人类繁衍自身的一种主要手段。某种意义上，爱情婚姻是自由这一观念在婚姻缔结阶段的彰显，但显而易见的是，自由从来就不意味着不受任何约束。爱情婚姻也同样如此。如果说浪漫爱情有助于男女之间缔结一桩婚姻，那么，结婚以后，尤其在生儿育女之后，夫妻如果还将只存在于二人之间的爱情置于整个家庭生活的情感首位，则二人的婚姻家庭生活也一定会受到某种程度的影响。因为这种虚幻的只会给夫妻双方带来心理与情感愉悦的浪漫爱情，与夫妻婚后的日常家庭生活现实相距甚远。因此，为了婚后家庭共同生活的和谐与稳定，夫妻之间的爱情必须要让位于感情。当然，这种情感的转换并不意味着爱情在婚后的生活中不重要，恰恰相反，夫妻之间的爱情可以成为夫妻感情中的重要"调料"，是夫妻感情的必要且重要的组成部分。甚至我们可以毫不夸张地说，如果夫妻感情中缺少了爱情，那么，即使夫妻不至于离婚，这样的夫妻感情也是不完整、不完美的。

其次，非常有趣的是，无论是以前的《婚姻法》，还是现在的《民法典》中都没有出现"爱情"两个字的立法表达。这当然不是立法者的无意疏忽，而是因为，当一男一女基于浪漫的爱情缔结婚姻并组成家庭以后，在长期的家庭共同生活中，只存在于男女之间的爱情必须要退居次要地位，并转换为夫妻之间的感情。虽然只有一字之差，但爱情与感情是两种完全不同的人类情感。感情虽然也只存在于夫妻两人之间，但却在夫妻婚姻关系存续期间一直存在，且对于夫妻整个家庭生活的维系起着十分重要的作用。较之于单纯的爱情，感情是一种更为持久也更为复杂的人类情感。在家庭生活中，夫妻感情不仅与他们之间的爱情有关，还与其他家庭成员以及日常家庭事务的处理有关，它是一种范围更广、更为复杂的情感。因此，当男女两人从恋爱走向婚姻并组成家庭以后，原先只存在于男女两人之间的爱情必须要转换为夫妻之间且涉及整个家庭生活的感情，这种从男女爱情到夫妻感情的情感转换，对于婚姻关系的和谐与家庭生活的稳定至关重要。

由于婚姻法规范的是整个婚姻家庭生活，而且，婚姻法也从婚姻缔结（即结婚）开始对婚姻关系进行规定。因此，一方面，立法者以"实行婚姻自由、一夫一妻、男女平等的婚姻制度"① 以及"结婚应当男女双方完全自愿，禁止任何一方对另一方加以强迫，禁止任何组织或者个人加以干涉"② 等规定间接承认了爱情在婚姻，尤其是婚姻缔结中的重要地位，但另一方面，立法者却又刻意用"感情"取代了"爱情"。这一立法措辞的微妙变化意味着，在立法者看来，男女结婚以后，在婚姻家庭生活中，感情远远比爱情更加重要。婚姻家庭法代表了国家对于婚姻家庭的态度，婚姻

---

① 《民法典》第一千零四十一条第二款。
② 《民法典》第一千零四十六条。

法中没有"爱情"的立法表达并不意味着国家对于夫妻婚姻关系中爱情的漠视；它只是表明，在夫妻结婚后，爱情并非确保婚姻和谐与家庭生活稳定的首要情感，只有与丈夫或妻子理应承担的家庭责任密切相关的感情，才能够承担起确保婚姻和谐与家庭生活稳定的重任。这或许是立法者在婚姻法中用"感情"代替"爱情"的真正用意所在吧。

（二）社会地位与身份

社会地位与身份是家庭与个人在一个特定社会中享有某种权利或优势的一种象征，社会地位与身份有很多种形式，典型的如官僚制社会中的官阶、家庭或个人拥有财富的多少以及某种职业等等都表示一个家庭或个人处于何种社会地位与身份。实际上，社会地位与身份在婚姻缔结阶段就是决定一桩婚姻是否达成的十分重要的交换因素，但与其他婚姻交换因素不同的是，社会地位与身份在婚姻关系存续期间依旧对婚姻关系的稳定起着十分重要的作用。

婚姻当事人及其背后家庭的社会地位和身份在婚姻缔结阶段意义重大，很多时候，它们直接决定了一桩婚姻是否能够有效达成。一般来说，中国人形容一桩理想婚姻的成语"门当户对"和"郎才女貌"，就是这种情况的典型反映，即在通常情况下，家庭社会地位与个人身份相匹配的婚姻最容易达成。而在婚姻关系存续期间，丈夫或妻子及其家庭的社会地位与身份的变化也会对现有的婚姻关系产生重大影响。典型的有两种情况，一是丈夫或妻子的家庭或个人社会地位与身份变好，二是其中的一方家庭或个人的社会地位与身份变坏。在这两种情况下，夫妻之间现有的婚姻关系都会受到一定程度的影响。在古今中外的婚姻实践中，类似的情况不胜枚举。因为政治的、经济的、宗教的、职业的等各种原因而发生社会地位与身份的变化让男女之间的婚姻关系发生相应的翻天覆地的变化，在这种现实的变化面前，那些人们为之赞美讴歌的爱情往往显得十分苍白与无力。而与此同时，另一种相反的情况却是，因为当事人的身份及其家庭社会地位的变化，但在特定的历史条件与社会背景下，婚姻当事人之间不得已而离婚，但婚姻当事人之间的爱情或感情却依然存在。此时，浪漫美好的爱情与现实的婚姻之间产生了分离。

如果说婚姻缔结阶段中彩礼与嫁妆的交换是一种物质或财产交换的话，那么，婚姻实践中我们常见的男女当事人及其家庭社会地位与身份的交换就可以看作是一种符号或象征交换。实际上可以说，并不是婚姻提供了进行符号或象征交换的机会，而是婚姻当事人身份及其家庭社会地位之间的象征交换才使得婚姻交换成为可能。从某种意义上说，婚姻交换是物质或财产交换与符号或象征交换的统一。

在婚姻交换的研究中，关于婚姻当事人及其家庭社会地位与身份之间的交换还可以用"社会通婚圈"的概念来进行解释。"社会通婚圈"，是指男女双方各自家庭所处的社会阶层（阶级）地位、经济状况、民（种）族等以及男女双方各自的身份职业、宗教信仰、受教育程度等社会范围。社会通婚圈是指人们的择偶范围被限制在一定的阶级（阶层）、民（种）族、宗教、职业、政治党派、教育程度等范围内，其特征与大小反映一个社会不同阶层之间的开放程度或社会融合程度。"社会通婚圈"主要涉及男女婚配的社会因素，也包括一些个人因素。从某种意义上来讲，婚姻交换中当事人及其家庭的社会地位与身份主要涉及当事人的"社会通婚圈"。

（三）性与子女

如果将婚姻看作是一种交换，那么，从现实生活中的婚姻实践来看，夫妻之间的性行为以及通过夫妻之间的性行为而生育的子女是婚姻交换中两个非常重要的因素。结婚后，夫妻之间的性行为是否能够进行或者是否和谐，以及婚后妻子是否可以生儿育女，这些因素不但决定一桩婚姻是否和谐幸福，甚至决定一桩婚姻是否能够继续维持下去。

众所周知，性本身是男性和女性作为生物个体的一种生理特征，也称之为"性征"。在这个"万类霜天竞自由"的生物世界中，绝大多数物种都有雄性和雌雄两种性别之分，而人类自产生以来也主要有男性和女性两种性别。作为一种生物体，人类主要通过异性之间的性交行为繁殖后代。尽管随着现代医学和生殖技术的发展，通过体外受精或试管婴儿等方法也可以达到繁殖后代的目的，但是考虑到体外受精或试管婴儿等繁殖后代等方法存在安全性以及生物伦理等方面的问题，因此，对于现实生活中的绝大多数夫妻来说，经由夫妻之间的性交方法繁殖后代还是一种主要的方法。此外，随着人们思想观念的解放，在近现代社会，人们已经不再将性看作是一件让人羞耻的事情了，尤其是夫妻之间的性行为。在夫妻婚姻关系存续期间，夫妻之间的性行为已经不再是完全为了生育。充分享受夫妻之间性行为带来的乐趣和体验也成了夫妻之间性行为的一个主要目的，是夫妻婚姻生活中的一个重要内容。而作为人类社会中的一项基本制度，婚姻制度的一个重要价值就在于它是对夫妻性行为的规范；也就是说，婚姻制度将夫妻二人婚后的性行为严格限制在夫妻之间。如果在婚姻关系存续期间，夫妻双方与其他的异性发生性行为，就将违背习俗与法律，违背了自己作为丈夫或妻子对于婚姻的"忠诚"或"忠贞"义务，将会受到相应的惩罚，并可能会导致婚姻的解体。此外，在婚姻关系内部，如果因为一方的"性无能"或"性冷淡",或者因为其他原因,导致另一方在婚姻关系存续期间无法通过双方的性行为来满足自己的性欲,那么,这样的婚姻就是一种没有正常"性交换"的婚姻。虽然现实生活中或许会存在一些"无性"婚姻,甚至这样的"无性"婚姻在当事人自己看来也是幸福和美满的,但这样的"无性"婚姻终究是一种有缺憾的、不完整的婚姻。

此外,与夫妻间性行为密切相关的子女问题也是决定一桩婚姻是否得以缔结或者一桩婚姻能否得以维系下去的重要原因。这里需要解释一下,一般情况下,夫妻只有结婚一段时间以后才可以知道妻子是否可以生育(或者丈夫是否具有生育能力),因此,是否能够生育子女的问题一般情况下不会出现在婚姻的缔结阶段,大多数会出现在结婚以后。但是,现实生活中还有一种情况,即男女在婚前通过婚检或者因为其他原因而明确得知其中的一方在结婚后将不会生育,那么,对于那些将婚姻视为生儿育女之手段的人来说,这样的婚姻将不会缔结。同样,如果男女缔结婚姻的主要目的只是生儿育女,那么,假如因为男性或女性婚后无法生育,则当初缔结婚姻的目的显然无法达到,因此,这种婚姻交换往往也无法维持长久,极有可能会最终解体。

（四）时间与空间

时间与空间在人类社会的婚姻生活中同样意义重大。就时间而言,首先,基于人的生理特点与发育情况,人们必须达到一定的年龄才可以结婚。而年龄主要体现为人的生理时间或生命时间,是人的生命现象、生理特点等在时间中的表现。在正式制度中,各国婚姻法一般都规定了人们可以结婚的最低年龄,也即法定最低婚龄。例如,我国现行《民法典》规定的结婚最低年龄分别为男 22 周岁、女 20 周岁。除了婚姻法规定的最低结婚年龄以外,按照人的生命周期和生理特点,在日常生活中,我们还经常听到有所谓"适婚年龄"的说法,比如人们通常所说的"男大当婚,女大当嫁"就是关于适婚年龄的形象表达,而所谓"当婚"或"当嫁",其实就是社会根据人的生理年龄对那些达到结婚年龄之男女的一种要求,或者可以认为是社会或家庭施加于这些达到婚龄之男女的一种结婚义务。也就是说,处于适婚年龄是男女结婚的适当时机,无论男女,如果在适婚年龄不结婚,那么,这些人就成了所谓的"剩男"和"剩女"。

其次,人们通常对婚姻状态持续时间的期待就是夫妻双方能够"天长地久",或曰"白头偕老"。也正因为有这样的期待,人们才把结婚看作是一个人一辈子的"终身大事"。人们对于婚姻的美好期望历来就是,结婚以后双方就可以厮守终生,从而让漫长的婚姻生活一直延续到夫妻之中有一人离开这个世界。汉语中关于不同婚姻状况持续时间的称谓，如"纸婚"（结婚第一年）、"棉婚"（结婚第二年）……"钻石婚"（结婚第六十年）等用语就极其形象地表达了不同婚姻持续时间的稳定状况，即随着婚姻时间的延长，婚姻一般会变得越来越稳定，从而也越来越珍贵。当然，上述说法也同时表达了人们对不同婚姻持续时间的相应期待。

最后，从婚姻年龄匹配的角度来说，一方面，从中国人的传统观念来看，基于年龄与属相的对应关系，中国的传统婚俗文化对婚姻当事人的年龄匹配十分讲究，这种以民族习俗表现的非正式制度对相应年龄及属相的男女是否可以结婚进行了规定。按照这种非正式制度，在传统社会的婚姻观中，某些属相（对应相应的年龄）的男女是不可以结婚的。这是一种十分严格的婚姻禁忌，在传统婚姻中得到了严格遵行，从而使得很多有情人难成眷属。另一方面，按照民间习惯，一般情况下，在缔结婚姻的一对男女中，男方年龄稍大于女方往往被认为是一种正常情况。但与此同时，在极少数情况下，一个年龄非常大的男子也可以娶一个年龄十分小的女子为妻，即通常所谓的"老夫少妻"。总之，时间的社会性在人类社会的婚姻生活中得到淋漓尽致的展现。

就空间来说，其对婚姻的意义与价值主要表现在以下两个方面。首先，从婚姻的缔结来看，空间对婚姻的意义主要体现在"地理通婚圈"的远近上。在传统社会中，由于交通与通信手段的落后，人们的流动性不大，绝大多数人终其一生都偏于一隅。很多人甚至一生都没有离开过自己出生的村落。而"自然邻近对人类交往会产生普遍性的影响。它的这种影响清楚地表明了社会接触机会对社会交往的重要性，这不仅对偶然相识来说是如此，而且对友谊和婚姻来说也是如此"[1]。因此，传统社会中人们的地理通婚圈都非常小。但随着社会的发展，尤其是随着交通与通信技术的进步，人们的流动性越来越大，由此导致的结果就是，在近现代社会，人们的地理通婚圈越来越大，异地婚姻也越来越多，甚至在全球化日益发展的今天，跨国婚姻的数量也越来越多。

其次，在婚姻关系存续期间，人们总是希望结婚后夫妻二人能够一辈子不离不弃，终生相互厮守。尽管人们都说"两情若是久长时，又岂在朝朝暮暮"，但一般情况下，空间上的相互分离不但会给正常的家庭生活带来诸多不便，也会对夫妻之间的婚姻生活产生不利影响。在现实生活中，

———————————

① 彼得·布劳. 不平等和异质性 [M]. 王春光，谢圣赞，译. 北京：中国社会科学出版社，1991：135.

往往因为各种各样的原因，一些夫妻在婚后两地分居。例如，在当代中国，自20世纪90年代开始，越来越多的农村剩余劳动力去城市打工或经商，由于各种条件的限制，很多农民工夫妻无法一道外出打工或经商，常见的模式是丈夫外出，而妻子留守家中照顾老人和孩子。这种状况造成了农村无数的夫妻分居城市和农村两地，这种长期分居对很多农村夫妻的婚姻关系造成了严重的消极影响：一些夫妻由此离婚；而另一些在城市打工的丈夫或妻子则出于经济、情感与性等原因，与其他的异性缔结了为法律、道德及家庭伦理等所不容的"临时夫妻"。除了"临时夫妻"以外，还有很多男性农民工由于与妻子两地分居，性生活得不到满足，从而在城市参与嫖娼，等等。上述现象对农民工正常的婚姻都构成了不利影响。

此外，非常有意思的是，空间距离的远近对婚姻关系的影响还表现在另外一个方面。从人的心理感觉来说，长时间生活在一起的夫妻二人由于彼此太过熟悉，久而久之，相互之间会缺乏某种新鲜感，并会产生一定的倦怠感。夫妻关系中经常出现的所谓"喜新厌旧"其实就是这种心理感觉的一种表现。相反，如果夫妻二人在空间上有适当的分离，反而会产生一定的新鲜感觉，也就是所谓的"距离产生美"，当然，这里的"距离"也可以指心理距离或者情感距离，但主要还是指空间距离。人们通常所说的"小别胜新婚"并不仅仅是夫妻之间性生活的暗示，实际上也喻示着夫妻之间短时间的空间分离可以在一定程度上有助于双方感情的融洽与和谐。

总之，时间与空间共同构成了婚姻交换中的重要因素，它们以自己特有的方式对人类的婚姻交换发挥着相应的作用，决定着社会对待个体婚姻的态度，影响着人们的婚姻行为。期间，各种正式制度与非正式制度对于人类婚姻生活中的时空因素进行着相应的调整与规范。

第四章　婚姻交换中的财产因素及其制度控制

对婚姻当事人而言，婚姻必须建立在一定的财产基础之上。因为，结婚以后，夫妻二人就要面临婚后的家庭生活。在传统社会的大家庭中，结婚以后可能并不会立即分家单过，夫妻二人还不需要马上面临实际的生活开支问题；但对社会上绝大多数普通的家庭来说，一般在结婚以后，夫妻就会面临分家，另起炉灶，过自己的"小日子"。因此，即使对现代社会中的"爱情婚姻"而言，哪怕夫妻之间的爱情"惊天地，泣鬼神"，或者真的做到了"在天愿为比翼，在地愿为连理枝"，但只要夫妻二人不是不食人间烟火的神仙，那么，他们就要在婚后面对实实在在的家庭生活，而这种家庭生活的本来面目就是"柴米油盐酱醋茶"。除了日常家庭生活之需以外，其他的各种家庭开支，如孩子的抚养教育、老人的赡养等等，这些都需要一定数量的金钱；没有坚实的物质基础，家庭生活将难以为继。也正因为这样，在婚事由父母做主的年代，父母在为自己的孩子缔结一桩婚姻时，往往首先会考虑对方家庭的经济条件。实际上，在众多的婚姻交换因素中，虽然很多因素的表现形式不一样，如双方家庭的社会地位与身份、婚姻当事人的职业等，但其实这些交换因素背后隐含的主要还是财产因素。因为，较高的社会地位与身份以及良好的职业等因素都意味着一方具有较高的收入，具有较为优越的经济条件。

在现实的婚姻生活中，无论在婚姻的缔结阶段，还是在婚姻关系存续期间，甚至在离婚阶段，双方当事人之间的经济交换事实上都一直存在。而这些财产因素的交换也一直受到婚姻法律制度与婚姻习俗等各种制度的控制。

首先，在婚姻关系的缔结阶段，这种经济交换形式主要表现为彩礼与嫁妆，而彩礼与嫁妆之间的交换主要是婚姻当事人双方之间家庭的交换。当然，在此过程中，双方家庭对彼此潜在的其他财产因素也会予以慎重考量，所谓"门当户对"的婚姻，其中主要就包括双方对彼此家庭财产因素方面的考虑。

其次，在婚姻关系存续期间，家庭的经济收入与生活支出等问题会伴随着夫妻婚姻家庭生活的每时每刻。在夫妻的日常婚姻家庭生活中，关于家庭收入与支出的安排以及家庭财产状况的增减和归属等问题都会在夫妻之间存在各种形式的交换，例如，经济收入较多的一方（多数是男性）在家庭中可能会享有较大的权力与较高的地位，而经济收入较少甚至没有收入的一方（多数是女性）则可能会在家中处于从属地位，其会以承担更多的家务劳动以及对另一方更多的顺从，作为对另一方为家庭带来较多经济收入的交换，以维持婚姻家庭关系的稳定。又比如，对那些陪嫁较多的女性来说，其在婆家的家庭地位一般都会较高，丈夫或婆家人会以对这个媳妇更多的尊重与其娘家陪送的丰厚嫁妆来进行交换，等等。正如布迪厄所说："常常受感情支配的家庭社会学可能只是政治社会学的一个特例：夫妻在家庭力量关系中的位置以及他们在家庭权力，亦即在对家庭事务的合法垄断权的争夺中获胜的可能性，从来就与他们所拥有或带来的物资和象征资本（其性质因时代和社会而异）相关"[①]。

最后，在离婚阶段，这种与财产因素有关的交换甚至表现得更加明显，因为夫妻双方离婚时一般都会涉及家庭财产的分割以及家庭债权债务的处理；此外，如果夫妻双方育有未成年的孩子，那么，其中的一方还有可能要承担抚养未成年孩子的义务，而这同样会涉及一定的财产因素。因此，在离婚时，为了使得离婚能够顺利进行，双方也都会进行很多形式的交换，典型的如一方提出离婚而对方不同意时，那么，先提出离婚的一方就有可能以经济上的巨大让步来换取对方同意离婚。其中，比较极端的情况是，急于离婚的一方甚至会以"净身出户"的方式，即放弃所有的家庭财产，来换取对方同意离婚。

总之，在从婚姻缔结、婚姻关系存续期间一直到离婚之时，有关财产因素的交换几乎贯穿着整个婚姻生活的全过程。而在此过程中，各种正式制度与非正式制度都会以自己的方式对夫妻之间婚姻交换中的财产因素产生各种影响：或是有助于一桩婚姻的缔结；或是有益于一桩婚姻的稳定与延续，等等。实际上，在各种有关控制婚姻生活的正式制度与非正式制度中，调整婚姻中经济交换的各类制度所占的比重非常高。一般来说，在婚姻缔结阶段，非正式制度要比正式制度具有更大的适用范围。此外，在控制婚姻交换的各种制度中，一方面，无论是传统还是现代，大部分非正式

---

① 皮埃尔·布迪厄. 实践感 [M]. 蒋梓骅，译. 南京：译林出版社，2012：225.

制度都表现出明显的男权主义倾向，很多婚姻习俗都偏重于保护男性的权利。可另一方面，即使在近现代社会中，以婚姻法为代表的正式制度虽然将男女平等、保护妇女权益等作为立法的基本原则，但是，在一些具体的制度设计上仍然有意或无意地将男性的权利放在第一位。

本章内容主要涉及婚姻交换中有关财产因素的交换，笔者将结合调研与访谈情况，主要就婚姻缔结、婚姻关系存续期间以及离婚三个阶段中有关经济交换的问题进行讨论。特别需要说明的是，因为本书第六章将主要集中讨论离婚问题，因此，本章中关于夫妻离婚时财产因素及其制度控制也将集中在第六章讨论。

第一节　婚姻缔结阶段：彩礼和嫁妆

无论在传统社会还是现代社会，婚姻都是人生命周期中一个重大的生活事件，是个人生命中的重要经历。任何婚姻，无论是传统社会中经由"父母之命，媒妁之言"而成立的婚姻，还是近现代社会经过男女当事人自由恋爱而达成的婚姻，都有一个缔结婚姻的阶段。如前所述，无论我们将婚姻想象得多么浪漫，一个不容否认的事实都是，普通的饮食男女毕竟不是不食人间烟火的神仙。男女结婚以后就要组成家庭，共同生活，生儿育女及赡养老人等等，而这些都需要一定的经济条件。因此，如果将婚姻视为一种交换，那么，这种交换其实始于婚姻的缔结阶段。无论在传统婚姻还是现代婚姻中，具有经济性质的交换因素即使不是唯一的，也是非常重要的交换因素。一些表面上看起来似乎与经济无关的婚姻交换因素，如家庭的社会地位、当事人的身份与职业等，其实背后都隐含着一定的财产因素。因为，优越的社会地位与身份、较好的职业等往往意味着较好的经济条件与较高的经济收入。

在传统社会的婚姻缔结阶段，由于婚姻主要是两个家庭之间的事情，因此，这种婚姻缔结阶段的经济交换实际上是两个家庭之间的交换，其最典型的表现就是男方家庭要支付给女方家庭一定数量与价值的彩礼，而女方家庭也要给女儿相应数量与价值的嫁妆。尽管关于彩礼与嫁妆的最终流向在实际上有不同的表现，在理论上也有不同的观点，但有一点是肯定的，即彩礼与嫁妆主要来源于男女双方背后的家庭。当然，也有可能在一些家庭中，作为婚姻当事人的男女在婚前因为自己的劳动或工作，对彩礼或嫁妆有所贡献，但总的来说，彩礼和嫁妆主要还是来源于男女双方各自的家庭，它们其实是两个家庭之间的一种财产交换。下图简单展示了彩礼与嫁妆交换的大致情形，二者最终的主要流向是新婚夫妻组成的小家庭。

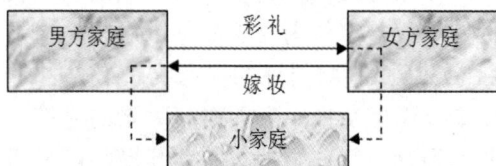

人类学主是从婚姻缔结阶段男方家庭要向女方家庭支付彩礼的角度才将婚姻称之为"婚姻交换"的。婚姻缔结阶段由男方家庭向女方家庭支付的这种彩礼以及女方家庭给新娘的嫁妆，不但在很大程度上直接决定了一桩婚姻能否成功缔结，而且也在一定程度上决定了男女婚后的家庭生活。尤其对一些存续期间不长就离婚的家庭来说，婚姻缔结阶段的彩礼与嫁妆往往会直接影响到离婚阶段家庭财产问题的处理。因此，婚姻缔结阶段的彩礼与嫁妆是婚姻交换中的重要内容。

实际上，从狭义来看，现有关于婚姻交换的研究主要就是关于婚姻缔结阶段彩礼与嫁妆的研究。彩礼与嫁妆主要出现在婚姻的缔结阶段，它们虽然对于一桩婚姻的最终缔结能够起到十分重要的作用，有时候甚至是起到必不可少的作用，但总的来说，男方家庭向女方家庭支付的彩礼以及女方娘家给女方的嫁妆毕竟出现在正式结婚以前。因此，从严格意义上来讲，彩礼与嫁妆只是一种婚姻前的交换，而非真正意义上的婚姻交换。毋宁说，男方家庭向女方家庭支付了令女方家庭满意的彩礼只是双方婚姻得以缔结的一个重要的前提条件而已。尽管如此，在古今中外的婚姻实践中，无论法律等正式制度如何变化，但男方家庭在婚前向女方家庭支付一定数量和价值的彩礼以及女方娘家给女方陪送一定数量和价值的嫁妆，二者都是婚姻实践中一种非常重要且轻易不会改变的习俗。虽然彩礼与嫁妆出现在男女双方结婚以前，但是，彩礼与嫁妆的意义与价值并不仅仅局限于促成一桩婚姻。事实上，在男女双方结婚以后，也即在整个婚姻关系存续期间，彩礼和嫁妆都发挥着调整婚姻交换关系的作用。如前所述，甚至当夫妻离婚时，彩礼与嫁妆还有可能是双方争执的焦点问题之一。正因为这样，一方面，由于近现代的婚姻法主张婚姻自由与爱情婚姻，而彩礼与嫁妆又具有明显的"金钱婚姻"与"买卖婚姻"的"嫌疑"，所以，婚姻法并没有表现出对彩礼与嫁妆的明显支持与赞同。但另一方面，由于在现实生活的婚姻实践中，彩礼与嫁妆毕竟是一项实践多年的传统婚姻习俗，因此，婚姻法等正式制度又不能对此明确予以禁止。因此，在现实生活的婚姻实践中，关于彩礼与嫁妆的正式制度与非正式制度一直处于相互博弈之中，彼此之间存在巨大的张力。在这种博弈中，尽管期间可能会有所反复，但总的来说，以习俗和惯例等形式表现出来的关于彩礼与嫁妆的各种非正式制度的适用范围与效力还是大大超过了以国家法律和政策等形式体现的正式制度。而在当代中国，得益于最近几十年改革开放带来的社会经济的巨大发展，以及居民收入和家庭财富的增加，婚姻实践中有关彩礼与嫁妆的婚姻习俗仍然表现出强大的生命力，在婚姻缔结中扮演着重要的角色，对一桩婚姻的达成起着十分重要的作用。

一、彩礼

在古今中外的婚姻实践中，男方家庭为了缔结一桩婚姻，一般会在婚前向女方家庭支付一定数量与价值的彩礼。在传统社会中，由于婚姻大都是父母包办，具有浓厚的家庭主义色彩，因此，在婚姻实践中，彩礼实际上是财富在两个家庭之间的转移，体现为一种"男方家庭支付一定数量与价值的彩礼"与"女方家庭将女儿嫁给男方"之间的交换。如果女方家庭借缔结婚姻之机决定彩礼的"要价"，这种婚姻也往往被社会冠以"买卖婚姻"的"恶名"。在近现代社会中，虽然由于婚姻自由原则的确立以及爱情婚姻的盛行，这一切似乎会导致彩礼在婚姻缔结中显得不那么重要。然而，事实情况却并非如此。在近现代社会中，即使男女双方经过自由恋爱而结婚，但结婚前男方家庭依然要向女方家庭支付相当数量的彩礼；而女方家庭也会在女方结婚时给予一定的陪嫁。婚姻缔结中的彩礼与嫁妆体现了强大的生命力，显示出婚姻习俗的巨大惯性。那么，婚姻缔结阶段的彩礼与嫁妆在长期的历史进程中为何会有如此顽强的生命力？随着社会的发展变化，彩礼与嫁妆究竟体现了哪些变与不变？隐藏在彩礼与嫁妆这一婚姻习俗背后的巨大社会力量到底是什么？随着社会的变迁与发展，有关彩礼与嫁妆的各种正式制度与非正式制度到底会发生哪些变化？等等。这些都是本部分的讨论重点。

（一）什么是彩礼？

彩礼的习俗究竟来源于何处？韦斯特马克通过对许多原始民族婚姻生活进行研究后认为，"在低等民族中，人们一般不会无偿允诺一桩婚姻。在大多数情况下，男方必须给新娘的父亲或新娘的其他亲属一些补偿。补偿形式不一，或是以亲换亲，或是服以劳务，或是赠予这样那样的财物"①。

---

① E. A. 韦斯特马克. 人类婚姻史 [M]. 李彬，李毅夫，欧阳觉亚等，译. 北京：商务印书馆，2015：808.

其中，"以亲换亲"就是上一章所分析的"换亲"这种婚姻形式。"服以劳务"则是指历史上存在的"劳役婚"形式。而"赠予这样那样的财物"主要就是指男方家庭向女方家庭支付一定数量与价值的彩礼。实际上，在西方社会的婚姻实践中，男方家庭向女方家庭支付彩礼的婚姻习俗也由来已久，例如，在欧洲历史上，"在早期的日耳曼法中，给新娘的礼物和给新娘父亲的礼物是分开的。给父亲的钱是彩礼，标志着两家联姻，在婚礼之前交付；另一项是'贞操费'，和完婚相连，是新婚之夜过后，第二天早晨交给新娘的，这是'早晨的礼物'"①。

在理论上，人类学、社会学以及民俗学和法学等众多学科的研究者对彩礼的性质、用途及意义等做了大量的研究。阎云翔认为，"在人类学文献中，'彩礼'这一术语通常指由新郎家向新娘家转移的财富，它使婚姻契约以及从一个家庭转移到另一个家庭中的对于妇女的权利生效。彩礼通常被长辈用于为新娘的兄弟们准备以后的婚事……彩礼这个术语可以译为'婚姻礼物'……彩礼的特定性质根据历史时期（通常以十年计）而变化……从80年代中期开始，所有的现金礼物被归入一个新的类别：'干折'。这个术语指实物向现金的转换……在婚姻交换的情境中，干折意指将所有送给新娘的定亲礼转换成现金额"②。虽然阎云翔的研究主要集中在黑龙江省的一个村庄，且其关于彩礼的某些观点与笔者的研究发现存在些许差异，但总的说来，其在研究中提到的有关彩礼的性质、功能、形式及其变化等观点基本上反映了中国社会，尤其是乡村社会中彩礼及其变化的主要面貌。

关于男方家庭向女方家庭支付彩礼的主要原因，韦斯特马克认为，"娶亲赠礼这一做法，如同有偿婚姻的另外几种形式一样，源于以下两个原因：一是掌握女子婚姻大权的人不愿无偿地把她嫁出去；二是有人愿意以财物娶得妻子。这样一种婚姻形式一般被叫作'买卖婚姻'。但是，就很多情况来看，这一叫法毫无根据；而从另外一些情况来看，要使用'买卖婚姻'一词，首先必须明白，新娘并不是如同东西一样由其亲属变卖的。就新郎一方而言，聘礼也许是一种善意和尊重的表示；还可能是一

①让-克洛德·布洛涅. 西方婚姻史[M]. 赵克非，译. 北京：中国人民大学出版社，2008：109.
②阎云翔. 礼物的流动——一个中国村庄中的互惠原则与社会网络[M]. 上海：上海人民出版社，2000：172-174.

种用以表现自己有能力养活妻子的证明"①。显然，在韦斯特马克看来，首先，掌握女子婚姻大权的人不愿意无偿把她嫁出去。虽然韦斯特马克在此没有进一步分析其中的原因，但从生活经验来看，"掌握女子婚姻大权的人"一般情况下主要是指女子的父母亲，他们"之所以不愿意无偿把她嫁出去"，主要是基于两个原因，一是从情感角度来说，基于父母子女之间的血缘亲情依恋，父母亲从内心不愿意让女儿嫁出去；二是从功利的经济角度来说，父母亲在抚养女儿长大的过程中不但在经济上花费了很多，而且，在很多家庭中，女儿还可以为家庭贡献不少的经济价值。即使在爱情婚姻成为主流婚姻形式的当代社会，对于即将嫁出去的女儿，无数父母亲往往也都会说这样一句话："我养了你二十几年……"实际上，这句话的潜台词往往意味着，父母亲在将女儿养大的这二十几年中不仅耗费了无数的心血与精力，也同样花费了很多的金钱。其次，虽然从外在形式来看，男方家庭娶亲时向女方家庭支付财物这一事实好像是"买卖婚姻"，但实际上并不是这样，因为，新娘和商品交易中的对象不同，她并不是可以用来"买卖"的"东西"，而是一个活生生的人。最后，男方家庭向女方家庭支付的彩礼，其主要作用有两个，一是表达男方家庭对女方家庭的尊重、真诚与善意；二是也借此向女方家庭证明男方家庭有一定的经济实力。

在中国传统社会中，一直以来，男女缔结一桩婚姻时，男方家庭向女方家庭支付一定数量的彩礼就是一个绵延不断的古老婚姻习俗。在传统中国的婚姻"六礼"，即"纳彩，问名，纳吉，纳征，请期，亲迎"这六个程序中，"纳征"即是其中一项专门由男方家庭向女方家庭支付彩礼的必经程序。民间社会也把这个婚姻程序称为"下聘礼"。女方家庭如果接受了"聘礼"，即意味着正式同意这门婚事，双方家庭的婚约也就此达成。

新中国成立以后，出于意识形态以及树立新型的社会主义婚姻家庭观的需要，在颁布的第一部《婚姻法》中，国家大力提倡新式婚姻，鼓励自由恋爱；反对父母包办婚姻，反对借婚姻索取财物，严厉禁止买卖婚姻等。由于从外观上看，彩礼具有明显的借婚姻索取财物以及买卖婚姻的特征。因此，很长一段时间内，特别是在城市家庭的婚姻缔结中，彩礼与嫁妆出现得相对较少，尤其是在一些父母是公职人员的家庭中，或是婚姻当事人自己是国家公职人员的婚姻中，男方家庭向女方家庭支付彩礼的就更少。但是，在广大农村地区的普通人家，男女双方在缔结婚姻的时候，男

---

① E. A. 韦斯特马克. 人类婚姻史［M］. 李彬，李毅夫，欧阳觉亚等，译. 北京：商务印书馆，2015：836.

方家庭还是会根据当地的婚姻习俗向女方家庭支付一定数量与价值的彩礼，而女方家庭在女儿出嫁时也会陪送一定的嫁妆。只不过，由于当时农村家庭的经济收入普遍较低，而农民家中的货币现金也非常少，因此，男方家庭给予女方家庭的彩礼也较少，且主要以实物为主；而女方家在女儿出嫁时陪送的嫁妆在经济上价值就更低，主要以一些女性的生活用品为主。但是改革开放后，随着人们经济收入与家庭财富的增加，无论在城镇还是农村，一度沉寂的彩礼与嫁妆又兴盛起来，并且其经济价值也越来越高，种类也越来越多。

在现实生活中，古今中外关于彩礼的称谓有很多。除了最普遍的称谓"彩礼"以外，有的称之为"聘礼"，有的叫作"礼钱"，还有的叫作"新娘费"，等等。在F村当地，男女两家缔结一桩婚姻时，男方家庭通常也都会向女方家庭支付一定数量与价值的彩礼。彩礼在F村当地被人们称为"礼钱子"。一个非常有意思的现象是，在F村当地，当村民们得知某个男方家庭与某一个女方家庭缔结婚约后，人们通常会这样习惯性地问男方家长："你家这门亲事花了多少"礼钱子"啊？"这句习惯性的问话其实很清楚地表明，在F村当地的婚姻习俗中，男方家庭向女方家庭支付彩礼是一种习惯性做法；而男方家庭为儿子婚事所花的彩礼多少往往也会成为村民们饭后茶余的谈资，成为人们评判男方家庭大方与否以及女方及其家庭"身价"高低的一个常见标准。

笔者通过调研发现，作为一种沿袭多年的婚姻习俗，彩礼这一形式确实在不同的婚姻缔结中呈现了不同的意义。实际上，如果我们对男女婚姻加以简单的分类，无非就是两种情况，一是男方家庭主动或首先向女方家庭求亲；二是女方家庭中意于男方家庭，当然，此种情况下，女方家庭可能会表现得矜持一点，委托其他人从中做媒。在第一种情况下，如果男方家庭经济较好的话，出于表达自己这一方求婚的诚意以及希望完成自家与女方家庭缔结婚姻的心愿，此外，也更是为了展示自己家庭的经济实力等吸引力，男方会积极主动地提出给女方家多少彩礼，也即如上述韦斯特马克所言，是"一种善意和尊重的表示；还可能是一种表现自己有能力养活妻子的证明"。在第二种情况下，即使女方中意于男方，但是，为了表示矜持或者显示自己作为女方的某种"身价"，以此能够获得男方家庭的尊重，女方也会主动提出需要一些彩礼。

笔者的一些调查对象在访谈中表达了类似的观点。一些女方家庭的父母亲在谈到要求男方家庭支付一定数量和价值的彩礼时往往说：

如果对男方不提一点要求，不要一分钱的彩礼，不但我们做父母的没有"面子"，而且以后女儿嫁到男方家里也会抬不起头来；不花钱的媳妇在婆婆家也会"不值钱"的（"不值钱"在当地方言中是指媳妇在婆家没有家庭地位）。

这种关于向男方家要求彩礼的讲法或想法显然更多是从女方家庭在当地社会中的声誉以及婚后女儿在丈夫家中的地位高低两个方面来考虑的。很多时候，女方家庭对男方家庭提出彩礼的这种要求只具有一种象征意味。至于婚前男方家庭给付的彩礼做何用处，当双方家庭在为婚事进行谈判时，很多女方父母都会信誓旦旦地对男方家长或者媒人打"保票"说："放心，我们要的彩礼会一分不少地全部交给女儿带到婆家，这些钱还是归小两口自己。"

如前所述，男方家庭如果经济条件比较好的话，一般对支付女方家庭彩礼也没有什么太大的意见。但如果男方家里的经济条件一般，且对女方比较满意，男方同样出于自己家庭在当地社会中的"面子"考虑，也往往对支付女方彩礼一事不太在意。例如，一位男方父亲就曾经这样对笔者说：我们"累钱"（方言：赚钱的意思—笔者注）就是为了儿子，儿子结婚这么大的事情我们也不想搞得寒碜，至少不能比别人家的要差，省得其他人说闲话，被人看不起。

而那些家里经济条件较差的男方家庭往往只能迫于当地社会婚姻彩礼习俗的压力，勉强支付彩礼。一位母亲就这样愤愤不平地说："有什么办法呢？十里八乡、左邻右舍都这样。不给彩礼的话，儿子就娶不到媳妇啊。"

显然，在婚姻实践中，对一些经济条件较好的男方家庭来说，出于缔结一门心仪婚姻的目的，向女方家庭支付彩礼，甚至支付高额彩礼是男方家庭的一种主动选择，是男方家庭一种心甘情愿的做法。而对另一些家庭经济条件不好的男方家庭来说，向女方家庭支付彩礼只能是一种被迫接受的做法。尽管婚姻法律与政策等正式制度强烈反对婚姻缔结中的彩礼，但是婚俗习惯、社会舆论等非正式制度却迫使人们不得不遵守这样的婚姻安排。

（二）新中国成立后中国乡村社会的彩礼及其变化

众所周知，在新中国成立后至改革开放前，由于当时整个中国社会的经济发展程度不高，人们的家庭收入有限，特别在广大的农村地区，商品短缺以及现金不多是一个十分普遍的现象。因此，在当时的农村地区，男方家庭在向女方家庭支付彩礼的时候，绝大多数都以实物为主，很少有使用现金的。而实物也大都以日常生活消费品为主，典型的如烟、酒、糖以及鸡、鸭、鱼、肉等，再有就是衣服等。但随着改革开放后中国社会经济的发展，到了上个世纪80年代，一些经济条件较好的男方家庭已经在彩礼中逐渐增加了手表、自行车、录音机、电视机、电冰箱、洗衣机等家用电器。在 F 村当地很多农村家庭的婚姻实践中，如果女方家庭经济条件较差，拿不出像样的嫁妆，一个通行的做法常常是，上述这些商品在婚前一般先会被用小货车送到女方家庭，然后在结婚时再由女方家庭以"嫁妆"的形式返还给男方家庭，当地把这种做法叫作给女方家"撑面子"。因此，从严格意义上来讲，这些家用电器等实物其实都是男方家庭用来为小两口婚后的小家庭准备的，它们既不是真正意义上的彩礼，也不是真正的嫁妆。

还需要指出的是，改革开放之前，当时农村很多女方家庭很少收男方家庭现金彩礼还有一个十分重要的原因，那就是女方家庭怕在社会上落下一个"卖女儿"的不好名声。正如韦斯特马克所说："当人们一想到把女儿当作物品一样交易时，总会生出一种羞耻之感"[①]。而从行为的外观上来看，接受男方家庭现金彩礼的这种做法本身似乎正好构成女方家庭"卖女儿"这一行为的直接且明显的"证据"。因此，由于顾及自家在当地的名声，很少有女方家庭愿意这样做。但改革开放后，特别是进入 90 年代以后，随着人们经济收入的增加，更重要的是，随着整个社会思想观念的越发开放，人们关于金钱的思想意识也发生了巨大变化。这种对于金钱观念的变化不但反映在人们不再羞于谈钱或耻于言利，也同样反映在人们对于彩礼及嫁妆等观念上。其中，关于彩礼形式的一个最大变化是，无论在城镇还是在农村，越来越多的男方家庭将原先主要由实物构成的彩礼转变为现金，也即阎云翔在其关于黑龙江省下岬村的婚姻交换研究中所称的"干折"，即当双方家庭对一桩婚姻达成协议后，男方家长往往在定亲时会一次性地将一定数量的现金交给女方家长，而女方家长也会十分坦然地接受这笔现金。

笔者在完成本书的调研期间就亲历过两次男女双方家庭定亲的场面。两次定亲的场景几乎都差不多：当着男女双方父母及其主要亲属的面，媒人将一张存有双方事先就约定好金额的银行卡交到女方父亲的手中，而女方的父亲也会当众毫不尴尬地收下银行卡。耐人寻味的是，两位女方父亲在此时都对亲家说了一句几乎同样的话：

我们先收下这"礼钱子"吧，但我们也只是先替女儿保管着，等结婚时再给她带到婆婆家去。

其中的一个媒人这样和我开玩笑我说："现在用银行卡就是方便，把'礼钱子'直接存到银行卡里，省得用一大堆现金，又麻烦又难看，好像

---

① E. A. 韦斯特马克. 人类婚姻史 [M]. 李彬，李毅夫，欧阳觉亚等，译. 北京：商务印书馆，2015：841.

人贩子'卖人'一样。"

两位父亲的解释和媒人的话实际上在一定程度上表明，一方面，女方家庭接受男方家庭彩礼是婚俗这样的非正式制度规定的惯常做法，因此，女方家长在接受男方家长给付的彩礼时不必感到尴尬，这是婚俗等非正式制度赋予女方家长的"合法"权利；而且，更重要的是，女方家庭在女儿结婚时还会将男方家庭支付的彩礼交还给女儿带到男方家庭。但另一方面，如果在给付彩礼时，男方家长交付给女方家长数万元或以上的现金时，这种类似于商品交易中支付现金的十分强烈、刺眼的"画面感"无疑会让人很自然地想起商品交易中那句"一手交钱，一手交货"的常见用语，而这会令女方家长多少有点尴尬，在场面上会显得有点难堪。但是现在，现代化的银行储蓄及支付手段却成功地解决了这一问题，一张小小的银行卡居然就轻松化解了用现金支付彩礼所带来的麻烦与尴尬。

（三）F村当地的彩礼习俗

在当代乡村社会的现实生活中，彩礼主要表现为一定数量的金钱与各种礼物的结合，其数量的多少主要取决于支付彩礼的男方家庭的经济条件。如前所述，笔者在田野调查中发现，在改革开放以前，由于当时城乡居民的经济条件普遍不高，因此，无论是城镇中的彩礼，还是农村中的彩礼，除了极少数当时经济条件较好的家庭中用一些数量不多的货币现金外，绝大多数男方家庭支付给女方家庭的彩礼都以一定数量与种类的礼物为主。而这些礼物主要包括一些日常生活用品，典型的如烟、酒、糖、鸡、鸭、鱼、肉等。

在F村当地的婚姻实践中，改革开放前后，男方家庭向女方家庭支付彩礼的具体方式一直没有改变，即男方家庭一般需要分两次支付给女方家庭彩礼。第一次是在定亲阶段。虽然新中国成立后制定颁布的《婚姻法》取消了婚约与定亲，不再承认它们具有法律效力。但是，在现实生活中，人们依然看重婚约与定亲程序。之所以重视婚约与定亲程序，对很多女方家庭来说，这意味着面子与尊严，更意味着女儿结婚以后在丈夫家的地位。因为，无论在中国的传统社会还是在当代社会，"明媒正娶"的婚姻对女性来说意义尤其重大，这是其婚姻合法性与正当性的证明。特别需要指出的是，即使在《婚姻法》制定颁布后，虽然法律明确规定登记结婚是婚姻的合法形式，但是，在广大的乡村社会，按照当地婚姻习俗缔结的"仪式婚姻"依然具有合法性与正当性，甚至哪怕当事人并没有按照《民法典》的规定履行结婚登记手续，领取结婚证。

在F村当地的乡村社会中，很多女方家庭都认为，如果没有正式的定亲与婚约就让女儿嫁到男方家，女儿以后在婆家家就会受到轻视与怠慢，也会被村上人瞧不起。很多女方家庭的访谈对象就经常这样对我说：

如果没有"三媒六证"，如果不在结婚前"摆"（当地方言，有摆一点谱或故意给对方增加一些小麻烦的意思）一下男方家，婆家以后就会对儿媳妇看得很轻。

笔者在调研中也发现一个有趣的现象，如果女方家庭在婚前对男方家庭"摆"得过于厉害，通常就会招致男方家庭的怨恨，其效果往往会适得其反。婚后，男方家庭，甚至包括丈夫都会对女方（妻子）不太友好。因此，在婚姻缔结阶段，尤其是涉及彩礼等敏感问题时，有经验的媒人或者女方父母及其家庭中的其他长辈等都会根据男女双方家庭的实际情况灵活把握，以求达到最好的效果。

无论是自由恋爱，还是经由媒人的说合，当双方家长都正式同意两个孩子的婚事以后，在媒人及双方家长的约定下，两家会共同选择确定一个吉利的日子作为定亲的时间。在传统社会中，一般双方家庭选择的这个吉利日期主要以农历日期的双日为主，且以日期中含有"6"或"8"等中国传统的吉利数字为主，取"顺利"或"发财"之意。但随着社会的发展变化，特别是如果男女双方都是有工作的人，为了不耽误前来贺喜的同事、同学或其他亲朋好友的工作，现在很多家庭也选择将周末时间确定为定亲或者结婚的时间。

定亲当天，男方会给女方家庭送来烟、酒、糖、鸡、鸭、鱼、肉等礼物，这在当地被称作"打代礼"。除了女方家庭会收到这些礼物以外，女方的主要亲属都会收到一份这样的礼物。按照当地的风俗习惯，当天会由男方在家里或者是饭馆摆上一桌或者几桌酒席，请双方的主要亲戚在一起聚一下。这是一个双方亲属见面熟悉的机会。因为婚姻并不是即将踏入婚姻殿堂的两个年轻人自己的事情，它往往涉及两个家庭（族）。在定亲的酒席上，双方家庭的主要亲属要相互见面，彼此认识，为以后的来往与走动打下基础。特别值得一提的是，在第一次双方家庭主要亲属见面时，双方都会将自己这一方在当地最有"头脸"的亲属，如在当地做官的、比较有钱的，或是德高望重的亲属等隆重介绍给对方。而在酒席座位的安排上，这些有"头脸"的亲属总是被安排在最重要的位置上。上述村民们在定亲仪式中所刻意进行的这种"表演"，极其典型地验证了布迪厄的下述观点："每一场婚姻游戏的结局取决于当事家庭拥有的物质和象征资本……这些特征变量不但涉及配偶双方（年龄特别是年龄差别、婚姻史、排行、与家庭掌权人的理论和实际关系，等等），而且涉及双方的世系，因为重要的远婚所引起的各种谈判和交易提供了一个机会，人们借此机会来展示和估价两个世系所拥有的荣誉资本和有名望人士的多少、双方可依靠的姻亲关系网和一向与之对立的集团的质量、家庭在集团中的地位——"①。因此，上述"表演"实际上也可以看作是双方婚姻交换的一个部分，而这种交换主要体现为缔结婚姻的两个家庭及其主要成员社会地位与身份之间的一种"象征"性交换。

在此阶段，按照当地的风俗，男方还要为女方买一些衣服。改革开放后，随着家庭经济收入的增加，定亲时，在 F 村当地，无论是城镇还是农村，男方都要给女方购买一些金银首饰，主要以金项链、金戒指等为主。上述金银首饰都是彩礼的一部分，而且是彩礼中经济价值较大的部分。如果结婚之前双方家庭或者两个年轻人之间因为某种原因闹僵了，以至于最终无法结婚的话，双方家庭往往会因为上述经济价值较大的金银首饰之类的定亲礼物对返还问题而发生纠纷。

正式订亲以后，结婚前，按照 F 村当地的风俗习惯，在一年之中几个重要的农历节日，即端午节、中秋节和春节这三个节日，男方家还要去女方家"拜节"。"拜节"时，一般是未来的女婿一人带上家里准备好的礼物去女方家，这些礼物主要还是以上述烟、酒、糖、鸡、鸭、鱼、肉等为主。实际上，这些礼物也可以看作是彩礼的一部分。由于是一年三次，上述礼物的价格加起来也不少。因此，很多男方家庭为了减少这些支出，往往希望在与女方定亲以后立即将婚事办了，当地人称之为"一盘水上顶"，即男方家庭在定亲之后大都希望在一年之内一次性把婚事办了的意思。这样的话，一是孩子结婚了就可以了却男方家长的一桩心事，二是可以省下不少婚前的花费，主要是上述一年三次去女方家"拜节"的费用等。

男方第二次向女方支付彩礼是在确定婚期后与正式结婚前。在决定正式结婚时，双方家庭共同约定一个结婚的日期。在这个结婚日期的前一段时间，男方家庭会选择一个吉利的日子去女方家下"婚书"。这在当地叫"下日书"；也相当于传统婚礼"六礼"中的"请期"程序。男方在这一天去女方"下日书"时，还要带上不少的彩礼。彩礼主要还是以上述的烟、酒、糖、鸡、鸭、鱼、肉等为主。这一次男方除了带给女方一家彩礼以外，同样还要将相同数量的彩礼给女方家庭的主要亲属每家一份，这些亲属主要包括新娘的舅舅、姑父、阿姨、叔伯以及爷爷奶奶等重要家庭。如果女方的上述亲属很多的话，仅此一项就会让男方家庭破费不少。最近一些年来，出于方便与省事的目的，在男方去女方家"下日书"时，F 村当

---

① 皮埃尔·布迪厄. 实践感［M］. 蒋梓骅，译. 南京：译林出版社，2012：69.

地的乡村社会又形成了一个新的习惯，即男方家庭给女方主要亲属送的礼物也全部折算成现金。"下日书"当天，男方家长根据女方提供的亲属户数，按照每户多少钱，一次性将现金交到女方家长手中，然后由女方家进行分配。当然，除上述这些彩礼以外，结婚当天，男方家长还要给新娘一定数量的"红包"。

在乡村社会，无论是定亲还是结婚，相应的仪式都是必不可少的，尤其是结婚的婚礼仪式，其意义更加重大。但由于任何仪式的举办都需要不少费用，因此，仪式的繁简往往与仪式举办人的经济条件有很大关系。在20世纪六七十年代，由于当时的农村村民大都经济条件不好，因此，那时的农村家庭孩子结婚基本上都没有举行什么婚礼，最多就是结婚当天在家里摆几桌酒席，亲戚、朋友及村里人在一起喝一餐喜酒。但随着社会的发展和人们经济条件的改善，进入九十年代以后，F村当地一些经济条件好的家庭，特别是那些在外地打工或经商的年轻人结婚时对婚礼的要求特别高，他们大都将婚礼安排在W市城，完全按照城里人的习惯，举办一场耗资不菲的热闹婚礼。但与此同时，对于那些家里特别贫穷的家庭来说，即使在儿子结婚娶媳妇这样的大事中，由于实在拿不出较多的金钱来举办一场像样的婚礼，他们往往也只得"因陋就简"，随便举行一场最为简单的婚礼了事，即使被同村人说闲话，他们也只得听之任之。因为在很多情况下，受自身经济条件的限制，"穷人不会在名誉问题上过于挑剔。'穷人只有嫉妒而已'。这就是说……他们较少考虑婚姻的象征和政治作用，而更重视其实际功能"[1]。事实的确如此，F村一位家境较为贫穷的父亲周林在回应儿子因为家里未给他举办一场像样婚礼的抱怨时，半开玩笑半认真地说："我帮你把老婆娶回家就已经很不容易了，还欠了一屁股债。人家年轻人婚礼办得像样，要么是娘老子有钱，要么就是自己有本事赚钱。再说了，婚礼办得热闹排场有什么用？关键还是两口子结婚了就要好好在一起过日子，这比什么都好。村里孙加好女儿小阿红的婚礼倒是办得热闹，在县城大酒店摆了几十桌，还请了人录像，又是唱歌，又是跳舞，排场不得了，结果又怎么样？一年不到，小两口就离婚了，你说光讲排场有什么用？"

对男女双方及其各自所属的家庭来说，作为婚姻必要组成部分的定亲仪式或结婚仪式实际上也构成了婚姻交换的重要内容之一，这些婚姻仪式既发挥了一定的象征功能，但对婚姻又有某种实际价值。然而，上述那位父亲的话虽然是对儿子不满自己结婚时家庭没有给办一场像样婚礼的回

---

① 皮埃尔·布迪厄. 实践感 [M]. 蒋梓骅, 译. 南京: 译林出版社, 2012: 279.

应，但是却也道出了婚姻的部分本质，那就是，虽然婚姻会受各种外界因素的影响，但总的说来，婚姻终归是夫妻两个人自己的生活，结婚后过好自己的日子才是正途。

（四）一种特殊的"彩礼"：房产

严格来讲，男方家庭为孩子的婚事而准备的房产并不属于彩礼的范畴。因为房子一般还是属于男方家庭的财产，主要是供男女结婚以后居住，它并不像其他的彩礼一样交给女方家庭。但在现实的婚姻生活中，特别是随着我国城镇住房制度的改革，尤其是进入21世纪后，随着我国城镇住房制度改革的逐步深入以及城市化的飞速发展，住房问题在人们的婚姻生活中显得越来越重要了，住房事实上已经成为当代社会诸多婚姻交换因素中最重要的一个。实际上，在北京、上海、广州等这样的一线城市和其他省会城市，高得离谱的房价已经成为年轻人之间一桩婚姻是否得以顺利缔结的一个十分重要的指标。由于房价过高，而绝大多数普通工薪家庭的经济收入或购买力十分有限，因此，当男女缔结婚姻时，双方为购买城市商品房而支付的房价构成十分复杂，既包括银行的贷款，也包括男方家庭或女方家庭对房产的出资。而结婚后，小家庭对银行房贷的归还情况也十分复杂。当婚姻家庭生活稳定时，男女之间一般不会为这些购买商品房的出资发生纠纷。但由于住房的价格太高，在家庭总资产中占有很高的比例，因此，一旦男女双方的婚姻出现问题，男女双方及其背后的家庭往往会为房产分割而大动干戈，争吵打骂者有之，对簿公堂者有之，甚至在一些家庭之中还会引发流血案件。为有效解决男女当事人离婚时出现的房产纠纷，最高人民法院专门为此制定了关于适用《中华人民共和国民法典》婚姻家庭编的解释（一），对男女双方婚姻中的房屋产权归属及离婚时的房产分割等问题做出规范，以法律这样的正式制度介入到作为婚姻交换中最重要的财产因素的房产之中[①]。因此，当我们在研究婚姻交换时，或者，准确地说，当我们在研究当代中国这个特定历史时期的婚姻交换状况时，如果不将住房因素考虑进去，我们就是在忽视现实。

事实上，如果回顾历史，我们同样会发现住房在一个家庭中的重大作用。当我们充满诗情画意地将"家"比喻为家庭成员"遮风避雨"的场所时，我们的本意实际上是在将"家"等同于"房子"。不仅是我们人类，甚至大型动物、鸟类或昆虫等都会有"家"的"观念"或"实践"，尽管

---

① 参见最高人民法院关于适用《中华人民共和国民法典》婚姻家庭编的解释（一）第二十七条、二十八条、二十九条、三十二条等规定。

这只是它们的一种关于"家"的"无意识的观念"或是"出自天性的本能"而已。例如，大型动物都会有自己的洞穴，鸟类也会有自己的窝，而蜜蜂所筑的结构精巧的"蜂巢"更是让人类最杰出的建筑师都会叹为观止。作为万物之灵的人类，从茹毛饮血时代开始，为自己以及同一血缘的亲属搭建一个能够遮风避雨的场所这一实践活动就一直贯穿着人类社会进化及历史发展的全过程。正是在此过程中，建筑才由最初承担为我们遮风避雨功能的一种活动，逐步发展为一项技艺高超的实践活动。随着人类社会的发展与文明的进步，住房除了继续履行为人们遮风避雨的基础功能以外，还承担着履行各种各样的社会活动的功能。在人类社会几千年的发展历程中，除了私人家居以外，各种造型奇特、结构优美、新颖别致的公共建筑遍及世界各地。这些公共建筑在一个国家的政治、经济、文化、宗教、体育、军事等各项集体活动中发挥着重要的作用。它们对于培育一个国家与民族的公共精神、融合全体国民的集体情感、增强整个民族的凝聚力等意义重大。

从某种意义上来说，对于私人家庭来说，特别是对于绝大多数的普通居民家庭来说，住房不但是一个遮风避雨的场所，它还是一个具有重要象征意义的场所。在城市里，是否有房子成了一个重要的文化符号，不仅可以将生活稳定群体与生活困难群体区分开来，也可以将劳工阶层中体面且稳定的一部分人与短暂、易变的一部分人区分开来[1]。对于绝大多数在城市里打算长期居住下去的外来者而言，拥有自己的住房意味着扩大自己的隐私权，提高自己的社会地位，而且可以从房东的控制下解脱出来[2]。

此外，如前所述，从家庭财产的价值构成来看，住房无疑是其中价值最大的组成部分。可以毫不夸张地说，住房是一个家庭财富的重要象征，也是人们耗尽一生辛勤努力工作的目标。这使得住房在一个家庭中的价值与意义尤其重大。随着私有财产的继承在法律上得到确认，对大多数家庭来说，住房作为家庭中经济价值最大的财产，其继承一直备受家庭成员的关注，由此产生的纠纷不可胜数，成为家庭成员之间矛盾与冲突的重要原因之一。数不清的房产纠纷使人们不得不承认这样让人十分尴尬的现实，那就是，一方面，住房固然是家庭成员遮风避雨的重要场所；但另一方面，房产也可能是家庭成员分崩离析的重要原因之一。考虑到婚姻与家

---

[1]See Berger. 1968. Working Class Suburb: A study of Auto Workers in Suburbia. Berkeley, Calif: University of California Press.

[2]See Mackenize, Gavin.1973. The Aristocracy of Labor: The Position of Skilled Crafsmen in the American Class structure. London: Cambridge University Press.

庭之间须臾不可分离的紧密关系，无论婚姻与家庭孰先孰后，且更加重要的是，在婚姻缔结时，住房对于即将结婚的一对男女的重要性，住房问题与婚姻之间的关系，或者说，住房在婚姻交换中的重要性无论如何也不能低估。

在婚姻交换的诸多因素中，可以毫不夸张地说，作为家庭中经济价值最大的一部分，住房一直以来就是婚姻交换中的最重要因素。在中国，对于原先存在的大家庭来说，为即将结婚的儿子建造独立的住房意味着家庭成员之间开始分开生活，是分家的重要标志之一。值得一提的是，"在集体经济时代，婚配方式的父母包办色彩大大降低，但与婚姻有关的费用却仍是传统方式——由父母负担。对长子来说，分家可以避免承担弟弟的婚姻费用，所挣工分的分红完全是自己的，分家的愿望因此也会增强"①。

在上个世纪 60-80 年代的中国农村地区，以 F 村为例，当时的家庭人口结构大都以三代同堂为主，而家庭中的孩子数量大概为 4-6 人，少数家庭中孩子的数量甚至有超过 6 人的。由于当时整个社会的经济发展程度普遍较低，在广大农村地区，这些家庭人口大多共居一室，三代同堂的家庭非常多。但随着孩子到了婚龄，对其中一些经济条件较好的家庭来说，为了给儿子娶到媳妇，这些家庭会在村子中其他的宅基地上建造单独的房子。在家庭中，按照一个人的年龄以及习惯，一般情况下，总是年龄大的儿子结婚时间在前，年龄小的儿子结婚时间在后。如果是这样，则先结婚的年龄较大的儿子会分得单独的房子，这时候，很多家庭往往也对先结婚的儿子一并进行分家。如前所述，在家庭财产的价值构成中，住房往往是经济价值最大的部分，即使在当时的农村地区，建造一处三间砖瓦房或者就是土墙草顶的房子，家庭的花费与支出也是不薄。由于长子在家庭中年龄最大，一般情况下其为家庭做出的经济贡献也较大，因此，如果家庭中的长子最先结婚，然后家庭为其建造单独的住房，供其结婚居住或者分家另居，往往是顺理成章的，其他兄弟也并没有什么意见，并不会产生什么家庭纠纷与矛盾。

但现实生活中，情况往往并都不是如此。在有些家庭中，由于种种原因，年龄较大的儿子往往并不是最先结婚，相反，有可能是年龄较小的儿子结婚在先。在这种情况下，就会涉及先结婚的年龄较小的儿子是否有权住到家庭为大儿子建造的房子里。从婚姻交换的角度来看，无论是自由恋爱还是通过别人（媒人或亲戚朋友等）介绍，当女方愿意和男方家的较小

① 王跃生. 制度变革、社会转型与中国家庭变动——以农村经验为基础的分析 [J]. 开放时代，2009，4：102.

的儿子结婚且提出住房要求时，为了促成这一桩婚姻，顺利达成婚姻交换，男方家长只得答应将住房分给先结婚的较小的儿子，而这种做法显然与大儿子先结婚及分家另住的惯例不符。出现这种情况后，围绕儿子们之间因为房子可能会产生的纠纷与矛盾，家长会利用自己的权威，以及从家庭传宗接代的角度等对暂时娶不到老婆的大儿子动之以情，晓之以理，劝说暂时还没有结婚的大儿子接受将房子分给先结婚的兄弟居住的事实。在当时的农村家庭中，一些长子会顾全大局，从整个家庭利益和兄弟情分考虑，对于家庭中的这种安排表示没有意见；但也有一些长子会对这种安排表达明显的不满和强烈的反对，坚持认为自己对家庭的贡献较大，是家中的长子，有权分得用于将来结婚的住房。他们认为，有一套房子在手会对自己以后娶媳妇比较有利。如果现在将唯一的房子给了兄弟，那么，即使某一天有女方愿意嫁给自己，但由于没有了房子，自己的婚事也更有可能告吹。实际上，长子的上述理由也很有道理，但基于较小的儿子的婚事已经迫在眉睫，权衡之下，家长往往会利用自己的权威，不顾长子的反对，将房子先分给即将结婚的小儿子。

在当时农村家庭中出现的上述情况，实际上是家庭或家长在处理儿子婚事时适用的一种布迪厄意义上的"婚姻策略"。布迪厄认为："每桩婚姻交易只能被理解为一系列物质和象征交换中的一个环节，家庭在其一个孩子的婚姻中所能投入的经济和象征资本在很大程度上取决于该交换在全体子女的婚姻中的排列次序，以及这些交换的结算情况"①。由于长子在一个家庭诸子女中的排列顺序靠前，所以，在一般情况下，长子会结婚在先，也因此会顺理成章地优先享用家庭为其婚姻投入的各种经济与象征资本，包括房子。而家庭中的其他兄弟，无论从长幼有序的传统文化来看，还是从其在家庭中的实际地位情况来看，这一切都会使得家中年龄较小的儿子无论在婚事上还是家庭财产的分配上都处于延后的情况。也即是说，按照惯例，或者在通常情况下，无论是结婚，或者是家产的分配，长子总是处于优先的地位。

但现在的情况是，由于长子的婚事受阻，而其兄弟的婚事又迫在眉睫，但住房只有一套，因此，家长或家庭就必须要做出一个选择，需要运用各种各样的策略。正如布迪厄所说："在那些始终属于例外的异常情况下，权力得以显示，以专门压制个人感情……婚姻策略与财产继承策略、生殖策略，甚至教育策略，也就是说，与任何集团为把权力和世袭特权传给下一

---

① 皮埃尔·布迪厄. 实践感［M］. 蒋梓骅，译. 南京：译林出版社，2012：226.

代并使之得到维持或增加而采取的全部生物学、文化和社会再生产策略密不可分，故它们的原则既不是计算理性，也不会是经济必要性的机械决定，而是由生存条件灌输的潜在行为倾向，一种社会地构成的本能"①。

布迪厄的上述婚姻策略及有关观点在 F 村的一桩婚姻实践中得到了经验验证。F 村的李家共有三个儿子和两个女儿，上世纪八十年代初，李家的大儿子李玉已经超过 25 岁了，即使在今天的农村，25 岁也是一个非常大的且需要结婚的年龄了，可由于家里太穷，虽然东拼西凑为李玉盖好了准备用于结婚的三间土墙瓦顶的房子，但李玉还是一直没有娶到媳妇。李家的二儿子李明当时也有 20 多岁了，由于经常去一个只生有两个女儿的亲戚家做农活，且人比较老实勤快，因此，一来二去，亲戚家的一个女儿看上了他。后来经过媒人的说合以及两家家长的同意，李家准备正式迎娶姑娘进门。但结婚前，女方家提出要将本来准备给李玉结婚用的那三间房子给李明小两口，否则就不同意两人结婚。显然，针对这种情况，李家陷入了两难境地。同意李明媳妇家的意见吧，老大李玉会反对；不同意吧，李明的媳妇又娶不进门。无奈之下，李玉的老父亲只得找了很多亲戚出来劝说李玉，让他将房子先让给弟弟李明结婚。李玉一开始表示强烈反对，他坚持认为，作为家里的老大，他当仁不让地拥有那三间房子，虽然自己现在暂时没有娶上媳妇，但是，假如现在将房子让给弟弟结婚用，如果有一天自己娶媳妇的话，家里哪还有房子给自己结婚用呢？为了表达自己不愿意让房子给弟弟李明结婚的决心，李玉甚至还特意买了一把大铁锁将房子的大门锁上，不让任何人进屋。

虽然大家都认为李玉的话有道理，但是，鉴于眼前的困境，如果不同意李明未婚妻娘家那边的意见，李明肯定是结不成婚。于是，尽管李玉强烈反对，但为了顾全大局，一方面，李玉的老父亲充分施展自己作为家长的权威，对李玉百般压服；另一方面，家中其他的亲戚又对李玉极力安抚，劝他像个做大哥的样子，要为弟弟的终身大事做出暂时的牺牲。在父亲及众多亲戚的软硬兼施下，最终李玉屈服了，交出了钥匙，让出了房子。而李明则用这三间房子结了婚，并一直住了很多年。大约两年后，李玉在朋友的介绍下才娶了一位四川姑娘，由于当时家里的经济状况仍未改善，夫妻俩只得和其他的弟妹及老父亲住在原来的四间老房子里。此后好多年，李玉和李明兄弟俩还时不时为房子的事情怄气吵架。直到双方的孩子长大

---

① 皮埃尔·布迪厄. 实践感［M］. 蒋梓骅，译. 南京：译林出版社，2012：229-230.

成人，并且都通过经商或者考取大学工作，两家的日子都越过越好，加之年龄也都大了，李玉和李明弟兄俩才逐渐将当年婚房的事情慢慢淡忘了。

在调研中，当笔者和六十多岁已经两鬓花白的李玉在一起聊到三十多年前的这桩旧事时，笔者追问其中的原因："你当时是老大，家里的房子本来是给你结婚准备的，后来到底是为什么愿意让给了老二了呢？"听了我的问话，李玉苦笑着说："哪里是我自己愿意让的房子啊？我阿爷（F村当地都称父亲为"阿爷"）当时特别凶，一边压我，一边又哄我说先让老二把婚结了，以后再给我砌三间大房子结婚。还有那么多亲戚都来劝我，让我这个做哥哥的先吃点亏，发扬一下风格，有个做哥哥的样子，把房子让给老二先结婚。当时几乎没有一个人帮我说话，我一个人哪里架得住那么多人劝呢？不过最主要还是我自己当时的婚事没有着落，那时弟弟眼瞅着就要结婚了，如果我这时候较劲，坚持不让房子，把弟弟的婚事搅黄了的话，那我就是家里的罪人了。所以思来想去，我最后才把房子让给老二的。"

在中国传统社会中，家庭伦理是诸种伦理的核心。实际上，家庭伦理在法律被制定出来以前就已经在社会与家庭中形成了，换言之，法律恰恰是在这些伦理原则的指导下制定的。中国的传统法律一直被认为是家庭伦理法。事实上，从李玉的话中我们可以解读出他当初不得不将房子让出来给李明结婚的主要原因。首先，"父亲很凶"的表述道出了当时乡村社会中父母子女关系的真实状况。在计划经济时代的中国乡村社会中，绝大部分家庭中父母的权威，尤其是父亲的权威依然较高，不仅家中年幼的孩子害怕父亲，甚至很多成年的孩子都害怕父亲。一些脾气暴躁的父亲甚至在儿子结婚成家后还因为各种原因打骂儿子，而很多儿子却只能"骂不还口，打不还手"，这其中当然有儿子遵守孝道的原因，但是，在父子关系博弈的过程中，当一方因为某种原因示弱的时候，另一方自然就会相应强硬起来，在相互博弈中占据上风。而从人际关系微观互动的过程来看，这也是一个很正常的结果。因此，李玉出于对父亲权威的恐惧，即"父亲很凶"应该是导致他将房子让给李明结婚的一个重要原因。尽管王跃生认为，"中国农村家庭受制度变革的影响，这一制度变革主要体现为土地改革和集体经济制度的建立。而集体经济制度持续时间最长，因而其影响更为深远。在这一制度下，家庭财产范围缩小，家庭基本生产功能被集体组织取代，家庭关系趋于平等，父母制约子女的能力下降"[①]，但实际上，在

---

① 王跃生. 制度变革、社会转型与中国家庭变动——以农村经验为基础的分析[J]. 开放时代，2009，4：112.

计划经济时代，虽然集体经济制度确实在一定程度上取代了家庭的基本生产功能，可在家庭内部，如前所述，父母子女关系远远没有今天家庭中父母子女关系平等。也就是说，在上个世纪六七十年代，父母制约子女行为的能力其实并没有下降。当然，李玉的父亲当时也是软硬兼施，一边强令李玉将房子让出来，一边又许诺后面家里会给李玉再砌房子结婚。

其次，"兄友弟恭"的传统兄弟伦理的作用。兄弟之情是传统社会中多子女家庭之中的一种十分重要的亲情，在很多父亲去世较早的家庭中，老大及其妻子必须要承担起抚养弟弟妹妹的家庭责任，即所谓"长兄比父，长嫂比母"。因此，在一个家庭之中，为了弟弟妹妹及家庭的利益，老大很多时候要牺牲自己的利益。在儒家思想长达几千年的漫长"规训"中，"兄友弟恭"这一兄弟之间的伦理规则在很多家庭中得到实践并相沿传承。当亲戚们劝说李玉将房子让给李明时，他们大都也是从这个角度来给李玉施加影响的，而在众人的劝说下，李玉自己也觉得，作为哥哥，自己应该在这个最关键的时候帮助弟弟一把，以尽到做哥哥的责任。

最后，自己的婚事滞后以及对整个家庭的责任也是李玉愿意将房子让给弟弟结婚的两个重要原因。前者是现实的个人原因，也是让李玉难以坚持不让房子的个人尴尬之处，后者则是李玉出于对整个家庭利益的考量。

总之，在婚姻缔结过程中，彩礼是男方家庭向女方家庭支付的具有一定经济价值的财物。支付彩礼的原因、彩礼种类及其经济价值的多少与特定家庭的社会经济地位存在很大关系，与特定历史阶段的社会发展也有一定关系。而彩礼的意义与价值则更是具有多重面相，需要在不同的场合与情境下加以理解。

二、嫁妆

嫁妆一般是指女方家庭在新娘结婚时交由新娘带到夫家（婆家）的财物。在日常婚姻实践中，由于"从夫居"是一种婚后女性最常见的居住方式，因此民间社会一直有"将媳妇娶进门"或"将女儿嫁出去"的说法。对于男方家庭来说，一般情况下，为儿子的婚事向女方家庭支付一定数量的彩礼是男方家庭的义务，这种义务虽然不是法律规定的义务，但是，其在现实生活中却因为各种原因而得到实实在在的履行。可对于女方家庭来说，是否给女儿陪嫁或者给多少陪嫁却是一件选择余地相当大的事情。人们，尤其是女方家庭通常会这样认为，男方家已经把女方迎娶进家门，女方家庭给不给陪嫁无所谓。因此，在现实生活中，一些富裕的女方家庭会给结婚的女儿一笔价值不菲的嫁妆，但也有很多贫穷的家庭可能根本不会给女儿提供任何嫁妆。但无论如何，一个不争的事实是，嫁妆确实是新娘提高在婆家的家庭地位或声誉的一项重要策略。

在西方传统社会中，嫁妆也叫"嫁资"。虽然"近现代的许多罗马法文献资料在谈及古罗马的夫妻财产时，都强调嫁资制，却忽略了嫁资制度的前提和基础——分别财产制。依照罗马万民法，夫妻之间以别体主义为基础实行分别财产制，妻子对其财产保有权利，但却不负担家庭费用，这显然对丈夫不公平，为解决这一矛盾，围绕妻子的主要财产——嫁资的一系列制度就逐步形成和完善起来，其最终目的，就是为了在公平合理原则下兼顾夫妻双方的财产利益，使夫妻财产制度更符合正义"[1]。在早期的西方社会，嫁妆在婚姻中意义重大，甚至被视为婚姻合法的重要标志之一。例如，"公元458年至459年在位的东罗马帝国皇帝利奥一世发了一道谕旨，把妆奁当成了合法婚姻的标志。在罗马帝国和基督教的双重影响下，日耳曼法也把妆奁列为必须"[2]。但在随后的发展中，嫁妆制度逐渐被彩礼代替，在婚姻中逐渐变得不甚重要了。

在上个世纪六七十年代的中国，由于人们的生活水平普遍较低，嫁妆通常只包括实物性礼物，主要以女性的梳妆用品和卧室用具等为主。笔者在F村进行调研时，一些年龄较大的受访者向笔者回忆了五十年代至七十年代时农村家庭给女儿陪嫁的情况。由于普遍的贫困，当时大多数乡村家庭给女儿的嫁妆都非常之少，一般常见的嫁妆就是几床被子、一对（两个）枕头、洗脸盆和洗脚盆各一个（当时都是木盆）、一面镜子、一把梳子等。家境较好的女方家庭可能还会多陪几件像样的家具，如一个床头柜、两只木箱等，有的甚至还给女儿陪嫁一台缝纫机。但进入80年代以后，随着农民经济收入的增加，一些富裕起来的农民家庭在给女儿陪嫁时往往也会给予丰厚的嫁妆，尤其是进入2000年后，很多农村经济条件十分优越的女性家庭往往在男方在城里购买住房的条件下，除了其他的嫁妆以外，还会给女儿陪嫁一辆价值十多万的轿车。

过往的一些研究认为，在中国社会，嫁妆一般由男方家庭支付的彩礼来进行补贴。但根据笔者的调查了解，这种情况在F村所在地的当地社会中却不多见。实际上，在改革开放以前，在F村当地，无论在城镇还是在农村，对于大多数子女较多且经济条件不好的女方家庭来说，用嫁女儿获得的彩礼来补贴儿子娶媳妇的花费根本就不是一个普遍的做法。如前所述，当时男方家庭支付女方家庭的彩礼大都以一些常见的实物为主，用现

① 陆静. 当代大陆法系夫妻财产制的发展趋势 [J]. 东方论坛，2011，4：49.

② 让-克洛德·布洛涅. 西方婚姻史 [M]. 赵克非，译. 北京：中国人民大学出版社，2008：106.

金作为彩礼的非常之少。而随着社会经济条件的发展，特别是很多家庭及其成员自身情况发生的变化，导致女方家庭更是不再将男方支付的彩礼作为给女儿嫁妆的一部分了。上述发展及变化主要表现在以下几个方面：

一是随着上个世纪七十年代开始的国家计划生育政策的实施，中国家庭的人口规模急剧变少。对于那些城镇户口以及父母之中至少有一方有正式工作单位的家庭来说，生一个孩子是常态。由于受"传宗接代"等传统观念的影响，很多有工作的人为了生一个儿子也不惜违反计划生育政策，但结果往往因此受到开除公职的处罚。实际上，对于当时有工作的那些家庭来说，由于家庭的经济收入较高；因此，如果他们只生育一个女儿的话，当女儿结婚时，给其价值不菲的嫁妆并非难事。所以，对这些家庭来说，他们实在没有必要将男方的彩礼作为嫁妆的补贴。一位只生有一个女儿的中学教师朱老师在访谈中对我说："现在如果两个年轻人都是独生子女的话，将来双方父母亲的财产都是两个孩子的，彩礼和嫁妆其实都无所谓的。即使女方家庭在结婚时向男方要一点彩礼，也都是象征性的，还是会在孩子结婚时给她带到男方家。你像我这样的家庭，夫妻双方都有工作，就一个女儿，工资也不算太低，我们的钱将来都是孩子的。但考虑到现在孩子结婚是一生的大事，应当风风光光的，所以，我们给的嫁妆也很多。不过，如果男方家里有兄弟几个，那女方就会尽可能地在结婚前向男方父母亲争取多要一点财产。"

二是随着国家一系列政策的施行，在农村地区，越来越多家庭的女孩子或是外出打工、经商，或是考上大学以后参加工作。这意味着这些女孩自身获得的经济收入越来越多。她们大都在婚前将自己的收入交到家里，或者补贴家用，或者让父母将钱存入银行。当她们结婚时，除了家里经济条件特别不好的少数家庭以外，绝大多数父母都会将这些女孩婚前自己所赚的钱作为嫁妆返还给这些女孩子。

笔者在F村进行访谈时，一户周姓的女性村民周大姐就对笔者说她女儿的嫁妆几乎都是女儿在外打工攒下的，她说："孩子在外地打工攒钱不容易，虽然我们养了她十几年，但是她自小在家里也做了很多家务活，后来也没有供她继续上学，二十岁不到就去北京打工。现在她结婚了，我们也不能苦了孩子。男方给的五万元彩礼钱和她自己这几年打工赚的钱我们都给她带到婆家去了。"

与彩礼一样，嫁妆的意义与价值是否重大，主要取决于其经济价值的大小。在极端贫困的社会条件下，如果彩礼和嫁妆的经济价值不大，或者只是一些日常生活用品，那么，无论是婚姻关系存续期间对嫁妆的占有与使用，还是离婚时对嫁妆的分割，双方都不会有什么争议。但如果嫁妆的经济价值较大，那么，情况就会完全不一样。典型的如男方家庭为小两口提供了一套结婚住房，或者女方家给女儿陪嫁了一辆轿车等。因此，对于经济价值较大的彩礼和嫁妆来说，以法律为代表的正式制度必须予以规范。

三、彩礼和嫁妆的制度控制

彩礼与嫁妆作为世界范围内一种普遍存在的婚姻习俗由来已久。在世界上的不同国家与民族中，在人类历史发展的不同时期，"彩礼与嫁妆"这一标签下的各种婚姻礼物也不尽相同，并随着社会的发展而经历相应地变化。与此同时，各种正式制度与非正式制度也对此进行着相应的规范与控制。

新中国成立以后，出于加强意识形态等方面的需要，国家提倡新型的社会主义婚姻观，在制定的第一部《婚姻法》以及一系列婚姻家庭政策中明确反对"借婚姻索取财物"和"买卖婚姻"。一段时期内，作为旧的、落后的婚姻形式典型表现的彩礼与嫁妆在中国的城市地区逐渐沉寂了，而在农村地区，这一习俗却一直存在，但是，这一时期的彩礼与嫁妆的经济价值并不很高。可让人始料不及的是，随着上个世纪七十年代改革开放政策的推行，以及随着而来整个社会经济水平以及居民收入的提高，在婚姻实践中，沉寂多年的彩礼与嫁妆似乎又回潮了。而尤其让人担忧的是，随着农村男女性别比例的逐步失衡，很多农村地区的男性娶亲越来越困难，由此导致彩礼的价格越来越高，出现了所谓的"天价彩礼"。"天价彩礼"的出现不仅加重了那些经济困难家庭的负担，还引发了一系列社会问题。

在关于婚姻交换中彩礼与嫁妆的传统人类学研究中，虽然研究的视角可能并不一样，但多数研究者"将婚姻花费视作新娘和新郎父母采用的家庭策略……进而，这种观点反映了一种广为接受的看法，即传统社会中的婚姻不是两个个人之间的私事，相反，它涉及两个亲属群体（亲族或家庭），因而构成了一件社区（公共的）事件"①。阎云翔通过研究认为，在当代中国社会，"婚姻交换不再是一种两个家庭之间礼物交换的循环，而成为一代人向下一代人分配财富的方式，或已婚的儿子在父母去世前继承家产的新形式。由此，新娘和新郎个人对夫妻独立的追求代替了父母对大家庭利益的考虑，而成为婚姻交换的协商和安排中最主要的决定因素……结果，婚姻交换不再是两个家庭间礼物交换的循环，而成为新娘和新郎追

---

① 阎云翔. 礼物的流动——一个中国村庄中的互惠原则与社会网络［M］. 上海：上海人民出版社，2000：196.

求夫妻独立性过程中用以索要其家产份额的手段"①。但实际上，从生活现实来看，如果婚姻当事人经由定亲并顺利结婚，且婚姻持续很长时间，甚至真正做到"白头偕老"，那么，在漫长的婚姻家庭生活中，彩礼与嫁妆这一婚姻缔结阶段双方家庭所进行的经济交换形式基本上处于"沉寂"状态，很难作为一个需要解决的问题出现。但如果定亲后因为各种原因男女双方未能结婚，或者结婚后很短时间就要离婚，此时，彩礼与嫁妆就会成为一个十分重要的问题。换言之，双方关于彩礼与嫁妆的返还就会发生争议，甚至会不惜诉诸法院。

在 F 村当地乡村社会的婚姻习俗中，假如男女双方在定亲后最终未能结婚，一般的做法或者被社会普遍接受的做法是：如果男方首先提出悔婚，那么，男方家庭将不会主动向女方提出返还先前交付给女方家庭的彩礼，除非彩礼的经济价值非常高；如果是女方首先提出悔婚，那么，女方家庭通常主动返还男方交付的彩礼。

在第一种情况下，对一些女方家庭来说，由于迁怒于男方家庭的悔婚，甚至当男方提出要求返还一些经济价值比较高的彩礼，如金银首饰等，女方家庭也会拒绝返还，此时双方如果协商或调解不成，往往会诉诸法院；而对另外一些女方家庭来说，当男方首先提出悔婚后，女方家庭会主动退还一切男方的彩礼，甚至包括男方的各种花费。在后一种情况下，由于男方会不满女方的悔婚，因此，当女方首先提出悔婚后，很多男方家庭会锱铢必较，不仅对正式交付女方的彩礼要求返还，而且还会要求女方返还之前的一切花费。也有极少数女方家庭，即使悔婚在先，但也拒不返还男方家庭的彩礼；女方家庭的这种做法不但会在当地引起社会舆论的强烈谴责，而且也会引起男方家庭的激烈反对，在协商调解不成的情况下，这类纠纷往往最终也会诉诸法院解决。

在 S 镇司法所，笔者参与旁听了镇司法助理员刘兵主持的一起由于男方首先悔婚，女方家庭因迁怒而不愿意返还"三金"（指金戒指、金项链和一副金耳环）彩礼的纠纷。男方和女方是经人介绍建立恋爱关系的，双方谈了三年多时间，现在由于男方移情别恋便首先提出和女方终止恋爱关系。双方家庭此前也按照当地的风俗习惯举办了定亲手续，男方除了其他必要的花费以外，还给女方买了上述三件金首饰。如果男方不提出要求女方返还定亲时给女方买的金首饰，女方家庭也只得接受对方悔婚的现实。

---

① 阎云翔. 礼物的流动——一个中国村庄中的互惠原则与社会网络 [M]. 上海：上海人民出版社，2000：197-199.

本来女方家庭对男方首先悔婚就觉得非常愤怒，现在男方居然还要求女方返还定亲时给买的"三金"彩礼，女方家庭自然很不愿意。双方为此发生纠纷，经过村委会调解也没有达成协议，于是，男方又要求镇司法所解决纠纷。

在调解过程中，镇司法助理员刘兵对女方说：

"根据《民法典》及其司法解释的有关规定，双方如果未办理结婚登记手续的，男方按照当地风俗习惯交付给女方的彩礼，女方应当返还。现在你们还没有办理结婚登记，而婚约又不受法律保护，因此，男方买给你们的这几样金首饰你必须要返还给男方。"

对此，女方辩解说：

"我和他谈了三年多时间，一直遵守婚约。现在是他单方面悔婚，不讲诚信。如果不和他订有婚约，我也许早就结婚了，可现在却耽误了我三年时间。我的这三年青春也不是这几样首饰能够换回来的。法律也得讲道理吧。"

针对女方的辩解，男方则这样反驳女方：

"我悔婚是我不对，但是这三年中我们家还花了很多其他的钱，杂七杂八加在一起也有好几万吧，这些钱我也没和你家要啊。我现在只是想要回那几样首饰，那毕竟是订亲信物，现在我们都解除婚约了，那些信物你应该返还给我。"

实际上，在乡村社会关于婚约的纠纷中，"有约必守"的传统诚信规则在其中发挥了重要作用。男方与女方哪一方首先悔婚，直接决定了各自对待彩礼返还的态度以及社会大众舆论如何对其进行评价。显然，这种情况是由各种关于婚姻交换的非正式制度决定的。首先，按照普遍流行的社会观念，当男女双方家庭决定正式缔结一桩婚姻，或者说，当双方履行了正式的定亲程序以后，这种定亲程序往往对双方家庭以及婚姻男女当事人都具有十分重要的约束力。在中国传统社会中，定亲是婚姻中一个非常重要的程序。定亲以后，双方家庭关系会更加亲密，双方家庭会像正式的亲戚一样开始交往。甚至在称呼上都会发生变化，例如，在 W 市的当地习俗中，男女定亲后，双方家长彼此会开始称呼对方为"亲家"。另外，无论这桩婚姻是否始于男女当事人的自由恋爱，定亲以后，婚姻双方当事人的身份就会转化为"未婚夫"与"未婚妻"。而上述这些情况在当地都会为社会公众所知晓。其次，在民间社会，"有约必守"这样的传统道德诚信观念深入人心。一般情况下，一旦定亲或订立婚约以后，双方家庭及男女婚姻当事人都会遵守婚约。而在诚信观念的影响下，那些首先毁约的一方就会受到社会舆论的强烈谴责。

因此，当双方家庭在定亲时已经进行了彩礼的交付，如果男方首先毁约，拒绝一桩婚事，即意味着在道义上失了分。此种情况下，作为首先毁约的一方，男方即使已经向女方交付了彩礼，只要其经济价值不是很大，且自己能够承担得起，男方一般也不会向女方要求返还彩礼。事实上，这时男方的彩礼会作为对自己首先毁约行为的一种惩罚，或者是对女方因此遭受声誉损失的一种补偿。毕竟，作为女方来说，在已经定亲的情况下，被男方毁约往往意味着声誉会受到一定程度的损害。此外，更重要的是，如果双方定亲后长时间没有结婚，那么，在男方首先悔婚的情况下，还意味着女方青春的浪费。而按照通常的世俗观念，女方的有效结婚时间往往比男方更加短暂。因此，事先交付女方的彩礼也会作为对女方浪费的青春的一种补偿。

反过来，如果是女方首先悔婚，那么，对于先前接受的男方家的彩礼，女方一般会主动返还。这是因为，作为率先毁约的一方，因为自己的毁约已经给对方带来了声誉上的损失，同样也会给男带来时间上的损失。因此，如果不返还彩礼，势必还要使男方遭受经济上的损失，让男方陷入"人财两空"的窘境，而这是社会普遍的公平正义观念所不能接受的。

在现实生活中，还存在一种情况，即男女双方按照农村地区的风俗习惯举办了婚礼，但是却没有领取结婚证，婚后时间不长，双方因为种种原因决定解除"婚姻"关系。此时，男方向女方索要支付给女方包括彩礼在内的各种费用，双方遂发生纠纷，最后男方诉至法院。

笔者是兼职律师。2023年初，老家F村的一个同乡老周找到笔者，想委托笔者代理他儿子小周的离婚案子。经过与老周的详细交谈，笔者最终搞清了老周儿子小周这桩婚姻纠纷的前后经过。2021年初，老周的儿子小周经亲戚介绍与另一个县的女孩小方相识相恋。两个年轻人谈了几次后，彼此中意，并于2022年五一期间按照F村当地的民间风俗举办了婚礼，但双方却没有领取结婚证。老周给了女方家二十万彩礼，加上结婚时的各种费用，周家一共花了四十多万。结婚前，小方一直在上海打工，小周在老家W市城开了一家规模不大的烟酒经销店。婚后，两人便一道回上海继续打工。结婚前，小方自己在上海租了房子单独居住。小两口婚后返回上海后也就顺理成章地一直居住在小方租住的房子里。但在后来的时间里，双方因为各种原因逐渐产生很多矛盾，尤其是后来上海因为新冠疫情封控期间，随着小周歇业在家，没有了收入，双方的矛盾愈演愈烈，最后，虽然小周坚决不同意，但小方坚决要求结束二人的"婚姻关系"。由于房子是小方租的，所以在小方对小周下了逐客令以后，小周迫于无奈，只得离开小方租住的房子。上海新冠疫情封控结束后，小周才回到老家，并告诉父母说自己和小方离婚了。

得知儿子和媳妇离婚，老周和爱人感到十分沮丧和郁闷。虽然现在年轻人离婚十分普遍，但在很多农村家庭，儿子离婚，尤其是媳妇提出离婚还是较难接受。一方面，男方家庭在当地觉得面子上不好看；另一方面，结婚时男方家庭支付给女方家庭的彩礼以及其他花费都有可能打了水漂，这也是男方家庭不愿意看到的。很快，老周就将儿子媳妇离婚的事情告诉了当初的媒人亲戚，希望媒人从中劝说一下。媒人得知后也十分震惊，并表示自己会立即问清楚是什么情况，尽全力从中劝和。但几天后，媒人却回复老周说没有办法劝和了，因为小方自己反复对媒人说她当初对小周了解不够，嫌小周人太老实，说小周不适合自己，这个婚是离定了，谁劝说也不行。从媒人那里得知小方的态度后，老周一家就开始考虑要向方家要回彩礼以及结婚的费用了，用老周自己的话来说，就是不能"人财两空"了。于是，又过了几天，老周和爱人专程赶到上海，并约了同在上海打工的小方的父母亲一道去小方租住的房子里，准备两家就彩礼以及其他的订婚与结婚费用返还等问题进行协商。

经过大半天的"讨价还价"，最终，方家愿意偿还周家二十万元，由于方家当时手头没有多余的钱，于是小方便出具了一张十万元的欠条给老周。但是，到了约定的时间，方家这十万元钱一直没有支付，在多次催讨无果后，老周便决定向法院起诉。可能一开始就考虑到会通过起诉解决，老周在去上海和方家协商彩礼返还问题时留了个心眼，将整个谈话用手机进行了录音。考虑到即将到来的诉讼需要向法庭举证，笔者在准备诉讼材料时也将录音进行了文字整理。通过阅读这一段录音文字，笔者详尽地了解了当代中国乡村社会真实的婚姻现状以及善良的村民们对于婚姻家庭生活的理解，尤其是两代人之间对于婚姻理解的差异。

首先，虽然在当代中国社会中离婚已经是一个十分普遍的现象，但依然有不少乡村社会的村民认为离婚不是一件十分光彩的事情。从对话中可以看出，老周夫妇对于儿子与小方的离婚十分介意，除了担心花费的四十多万元浪费了以外，老周夫妇在对话中反复强调，儿子的离婚是一件让他们在村中乡邻以及亲戚面前都十分丢面子的事情，甚至在夫妇二人这次来上海之前还一直在外面瞒着。小方母亲的对话中也有同样的意思。由此我们可以得出一个结论，虽然婚姻法律这样的正式制度规定了离婚自由，但是在乡村社会中，社会舆论等非正式制度依旧对离婚保持相对传统的态度。众所周知，近年来，我国离婚率一再飙升，这一方面与人们在现代社会中婚姻观念发生的巨大变化有很大关系，但另一方面与婚姻法越来越宽松的离婚规定也有很大关系，导致现实生活中很多年轻夫妻一言不合就能够轻易离婚。笔者由此认为，较之于婚姻法这样的正式制度，类似于乡村社会舆论等有关婚姻的非正式制度在某种程度上实际上发挥着比婚姻法更大的维护婚姻家庭稳定的作用。

其次，年长一代关于婚姻需要夫妻双方共同经营的体验要比年轻一代更深。从对话中得知，老周夫妇与小方父母亲在刚结婚时家庭经济条件都不好，但夫妻双方却都能够吃苦耐劳，共同经营家庭。从了解的情况来看，小周和小方结婚后在上海打工期间正值上海新冠疫情暴发，由于疫情封控，小周生意受到严重影响，短期内小两口经济状况不佳，这是导致双方矛盾冲突加剧的一个重要诱因。对此，在对话中，老周夫妇和小方母亲也反复说困难是暂时的，无论是打工还是经商，都需要时间和机会，过日子是慢慢来的。这些对话表明，老周夫妇和小方母亲这一代人在潜意识中都认为家庭生活是一个长期的过程，家庭的经济收入也是这样，用当地村民们的话来说就是"千万不要指望一口吃个胖子"，或者不能"急发财"。笔者认为，这种心态在当代中国社会急速变迁的背景下尤其难能可贵。众所周知，改革开放四十年多年来，中国的发展速度突飞猛进，人们都好像按了"快进键"一样向前飞奔，而这种快速的发展大都是围绕赚钱而来。这种状况也同样出现在成千上万的中国家庭之中。在一个家庭里，赚钱多少同样成了衡量家庭成员对家庭贡献大小的重要标准。与此同时，在很多家庭中，温情脉脉的亲情也被精明的利益算计所遮蔽，夫妻之间或父母子女之间因为经济纠纷诉至法院的纠纷也越来越多。老周夫妇和小方母亲在对话中有关家庭经济收入的一些说法虽然十分朴素，但却"大道至简"。如果年轻的夫妻们都能够静下心来，双方齐心协力，共同从事家庭生产或经营，注重缓慢积累家庭财富，而不是如前所述"想一口吃个胖子"，或者"急发财"，那么，家庭之中就会减少很多不必要的矛盾与纠纷，夫妻也就更不会动辄离婚。

再次，虽然老周夫妇对于小方和儿子离婚非常失望，但是在小方母亲说要让小方父亲把小方腿打断后，老周却一再说不能打，而且，老周夫妇也都认为，既然小方不喜欢自己的儿子，那也不能勉强。笔者认为，这些对话一定程度上暗示了老周夫妇对于婚姻法规定的婚姻自由原则的接受。虽然身处乡村社会，或许文化程度也不高，但淳朴中透露出的通情达理却显而易见。

由于新中国在成立后明确反对买卖婚姻与父母包办婚姻，因此，无论是原来的《婚姻法》，还是现在的《民法典》都没有关于彩礼与嫁妆的专门立法规定，甚至立法机关在婚姻法中也尽量避免使用"彩礼"与"嫁妆"这样的立法用语。但随着司法实践中当事人之间因为彩礼返还发生的纠纷越来越多，出于解决此类纠纷的目的，最高人民法院才在其制定的关于适用《中华人民共和国婚姻法》司法解释（二）中规定了彩礼返还的处理问题①。这与新中国成立后新中国对待婚姻家庭问题的态度有关。正如有学者所言，"婚约与彩礼是流行于传统中国和民间社会的重要婚嫁习俗，但由于立法者持有一种对传统习俗的不支持甚至否定的态度，所以，这两项在人们生活中极为普遍和备受重视的婚嫁环节在法律的正式文本中始终处于缺位的状态。因为新型的婚姻观强调的是以爱情为纽带的结合，尤其反对的是以功利为目的的结合，而婚约通常被视为父母包办的产物，彩礼被看作买卖婚姻的形式，两者常常连在一起，所以国家对彩礼与婚约从整体是反对的"②。为此，1950 年《中央法制委员会就有关婚姻法实施的若干问题的解答》中明确指出："禁止借婚姻关系问题索取财物"。但现实情况是，在现实生活中，绝大多数婚姻缔结中的男方向女方支付的彩礼并不具有"女方借婚姻索取财物"的意思，而是男方因为要缔结一桩婚姻向女方的赠予，且这种以彩礼形式表现的赠予还会在婚后以嫁妆的形式部分返还给男方。正是由于"彩礼问题的复杂性与普遍性，决定了立法者不能通过'一刀切'的方式予以彻底否认，而必须区别各种情况来处理"③。因此，1984 年最高人民法院《关于贯彻执行民事政策法律若干问题的意见》对有关彩礼问题又进行了细致翔实的规定④。2003 年，最高人民法院制定发布了《中华人民共和国婚姻法》司法解释（二），其中第 10 条对彩礼返还进行了规定。《民法典》颁布后，最高人民法院关于适用《中华人民共和国民法典》婚姻家庭编的解释（一）第五条对返还彩礼也继续做出相应规定⑤。尽管自新中国第一部《婚姻法》开始，我国的婚姻法律及其司法解释都明确反对买卖婚姻以及借婚姻索取财物。但是，如前所述，在民间习俗中，彩礼与嫁妆依然是人们在缔结婚姻时经常履行的重要程序，它们均构成整个婚姻过程的重要部分。因此，在关于彩礼与嫁妆的各种正式制度与非正式制度中，对其进行调整与规范的主要是各种以风俗习惯等形式表现出来

---

① 原《婚姻法》司法解释（二）第十条。

② 李拥军. 当代中国法律对亲属的调整：文本与实践的背反及统合 [J]. 法制与社会发展，2017，4：77.

③ 黑格尔. 法哲学原理 [M]. 范扬，张企泰，译. 北京：商务印书馆，2010：177.

④ 最高人民法院《关于贯彻执行民事政策法律若干问题的意见》有关规定。

⑤ 最高人民法院关于适用《中华人民共和国民法典》婚姻家庭编的解释（一）第五条。

的非正式制度。虽然新中国成立后我国出于构建社会主义新型婚姻家庭关系的考虑，在婚姻立法与政策等方面以正式制度对婚姻缔结阶段的彩礼与嫁妆进行限制，但是，在现实生活中，尤其在广大的农村地区，彩礼与嫁妆这一延续几千年的婚姻习俗却一直顽强存在，人们几乎在每一起婚姻中都能看到以不同形式出现的各类彩礼与嫁妆。在此，我们又一次看到了正式制度与非正式制度之间存在的巨大张力。

在当代中国社会变迁中，随着社会经济条件的逐步改善以及人们生活水平的逐步提高，一些先富起来的家庭在婚姻缔结中相互攀比，使得婚姻缔结中的彩礼"水涨船高"，出现了所谓的"天价彩礼"现象。这些"天价"彩礼或许对那些富裕家庭来说算不了什么，但是，在一些经济比较落后的农村地区，尤其在未婚女青年较少的贫困地山区，日益高涨的彩礼使得越来越多原本富裕的家庭因为一桩婚事而导致重新返贫，在一些农村地区，"因婚返贫"成了一个较为严重的社会问题。

针对当前部分农村地区出现的"天价彩礼"及其引发的青年农民"因婚返贫"等社会问题，龚晓珺认为，我们应该充分发挥各种非正式制度的作用来加以解决："作为不言自明的'隐形权威'，非正式制度与乡土中国的'无讼'传统和礼治秩序天然契合，不仅可以克服正式制度管不了的'无为'困境，亦可对彩礼这种非正式制度的'乱为'现象予以规约"[①]。在现实生活中，近几年来，一些地区开始以"村规民约"等方式规定彩礼与嫁妆的上限。凡此种种，都反映了社会对于近年来出现的"天价彩礼"问题的担忧与重视。与此同时，国家也开始从政策层面对民间社会愈演愈烈的"天价彩礼"问题予以禁止。2018年12月，民政部、中央组织部、中央政法委、中央文明办、司法部、农业农村部、全国妇联共七个国家部委联合发布了《关于做好村规民约和居民公约工作的指导意见》（以下简称《指导意见》）。《指导意见》明确提出要对一些地方出现的"天价彩礼"等问题进行抵制与约束。但由于此类政策性文件一般并不具有强制约束力，虽然它们以正式制度的形式出现，但在实践中的效果究竟怎样尚难预测。特别值得一提的是，2019年2月19日，中央一号文件对外发布，文件在乡村治理方面特别指出："对婚丧陋习、天价彩礼、孝道式微、老无所养等不良社会风气进行治理"。这是中央一号文件首次针对"天价彩礼"等社会不良风气明确提出治理要求。这也从一个侧面反映出，在婚姻缔结过

---

① 龚晓珺. 试析青年农民"因婚返贫"的非正式制度致因及其整体协同治理策略[J]. 中国青年研究，2018，3：71.

程中,"彩礼"与"嫁妆"等非正式制度"强大"的生命力,这些以民间习俗表现出的非正式制度与婚姻法等正式制度之间总存在巨大的张力,它们在现实的婚姻实践中反复博弈,共同塑造着人类的婚姻生活。

2021年以来,"中央一号文件"连续三年对治理高额彩礼、移风易俗提出要求。最高人民法院也一直高度重视婚姻家庭领域内的矛盾纠纷化解工作。就在本书即将定稿出版前,为贯彻落实习近平同志关于家庭、家教、家风建设的重要论述,贯彻落实党的二十大精神和"中央一号文件"关于推进移风易俗和高额彩礼专项治理要求,积极回应广大人民群众的关切,进一步完善《最高人民法院关于适用〈中华人民共和国民法典〉婚姻家庭编的解释(一)》第五条规定,2023年12月11日,最高人民法院根据《中华人民共和国民法典》《中华人民共和国民事诉讼法》等法律规定,并结合审判实践,起草了《最高人民法院关于审理涉彩礼纠纷案件适用法律问题的规定(征求意见稿)》(以下简称《征求意见稿》)。同日,最高人民法院公开发布了精选自地方法院报送的四个有关彩礼纠纷的典型案件,并会同民政部、全国妇联召开了一场新闻发布会。实际上,《民法典》颁布实施后,前述《最高人民法院关于适用〈中华人民共和国民法典〉婚姻家庭编的解释(一)》第五条也规定了处理彩礼返还纠纷的裁判规则,该条规定:"当事人请求返还按照习俗给付的彩礼的,如果查明属于以下情形,人民法院应当予以支持:(一)双方未办理结婚登记手续;(二)双方办理结婚登记手续但确未共同生活;(三)婚前给付并导致给付人生活困难。适用前款第二项、第三项的规定,应当以双方离婚为条件。"虽然上述第五条也区分了彩礼返还的不同情况,但总体来看,规定的内容相对简单,不利于各级法院处理现实生活中错综复杂、类型各异的涉彩礼返还纠纷案件。为此,最高人民法院拟制定这部专门调整与规范彩礼返还纠纷案件的司法解释。经过广泛征求意见,2024年1月17日,最高人民法院在《征求意见稿》的基础上正式公布了《关于审理涉彩礼纠纷案件适用法律问题的规定》(以下简称《规定》),于2024年2月1日正式施行。

《规定》共有七条内容。以下笔者将结合其具体规定以及笔者前述代理的F村老周家的婚约财产纠纷案件,对该七条规定的内容进行简要分析。

第一条明确规定了适用范围,即以缔结婚姻为目的依据习俗给付彩礼后,因返还产生的纠纷,适用本规定。

第二条禁止以彩礼为名借婚姻索取财物,即一方以彩礼为名借婚姻索取财物,另一方请求返还的,人民法院应予支持。

上述两条从正反两个方面规定了适用该司法解释的情形。首先,第一条从正面明确界定了以缔结婚姻为目的给付的彩礼,对与该彩礼返还有关的纠纷可以适用本司法解释。其次，第二条在《民法典·婚姻家庭编》第一千零四十二条第一款的基础上，对"以彩礼为名借婚姻索取财物"的行为予以明确禁止，如果一方以彩礼为名借婚姻索取财物，另一方请求返还的，人民法院应予支持。众所周知，法律中的禁止性规定具有强制性特点，任何人只要违反了法律中的禁止性规定，就必须要承担相应的法律后果。《征求意见稿》第二条中的这条规定，与男方及其家庭基于缔结婚姻为目的而按照当地婚姻习俗自愿给付女方及其家庭彩礼有明显区别，后者在一般情况下是受法律保护的，是法律这样的正式制度与风俗习惯这样的非正式制度相互协调的结果。当男女双方及其家庭发生彩礼返还纠纷时，法律也要区分各种情况，采取不同的处理。

第三条明确界定了彩礼的范围，规定人民法院在审理涉彩礼纠纷案件中，可以综合双方当地民间习俗、给付目的、给付的时间和方式、财物价值大小、给付人及接收人等因素，认定彩礼范围。此外，该条还从反面规定了不属于彩礼的范围，即婚约一方在节日、生日等有特殊纪念意义时点给付的价值不大的礼物、礼金；婚约一方为表达或者增进感情的消费性支出；以及其他价值不大的财物等都不属于彩礼。实践中，很多与彩礼返还有关的纠纷当事人在诉讼中往往要求接受彩礼的女方将男方的所有花费与支出全部予以返还。但现实情况是，一方面，这些费用与支出中的一些数额较小且次数较多，当事人又没有足够的证据予以支持，另一方面，男方的很多这些费用与支出又与当地的风俗习惯紧密相连，其中较多的是人情往来。实际上，从法律等正式制度的层面来理解，男方的很多这些费用与支出都具有赠与的性质。因此，法院在处理此类纠纷时就要注意协调法律等正式制度与风俗习惯等非正式制度之间的关系。此次最高人民法院发布的《征求意见稿》较好地解决了这个问题，为各级法院处理此类纠纷提供了裁判依据。例如，在前述笔者代理的F村老周家的婚约财产纠纷案件中，笔者在诉讼中就建议老周将他的儿子小周在"结婚"前后通过微信向小方转账"520"元或"1314"元等金额不要计算在请求返还的金额内。此外，对两家在春节期间往来的人情花费等也不要计算在内。虽然老周的爱人对我在起诉时将上述费用与支出扣除很不情愿，但老周却表示理解，而且在一审开庭时，老周还主动在法庭上表示前述费用与支出就算了，一定程度上取得了法官的认可。

第四条从程序法的角度规定了彩礼返还纠纷案件中当事人的主体资格，主要分离婚纠纷和婚约财产纠纷两类案件。一是在离婚纠纷中，一方一并提起返还彩礼诉讼请求的，当事人仍为夫妻双方。二是在婚约财产纠纷中，婚约一方及其实际给付彩礼的父母可以作为共同原告；婚约另一方及其实际接收彩礼的父母可以作为共同被告。在单纯的离婚纠纷中，由于提起离婚的一方当事人与对方当事人在法院判决离婚前是夫妻关系，因此，如果其中一方一并提起返还彩礼诉讼请求的，当事人自然是夫妻双方。但是，在婚约财产纠纷中，按照传统习惯以及民间风俗，彩礼主要是男方家庭支付给女方家庭的，因此，在彩礼返还纠纷中，男方及其家长可以作为共同原告。在前述笔者代理的 F 村老周家的婚约财产纠纷案件中，笔者就将老周和他的儿子小周列为共同原告。由于笔者代理的这个案件较为特殊，在小方决定与小周"离婚"后，双方家长就在一起对老周家为儿子婚事的费用与支出等进行了充分协商，最后达成协议，由小方家赔偿老周家二十万元的损失，并在协商好的第二天就支付了十万元，下欠的十万元则由小方以自己的名义向老周打了一张欠条。因此，在起诉时笔者只将小方列为单独被告。但笔者认为，在这个案件中，即使将小方的家长列为共同被告也是可以的，这不仅符合事实及法理，也有助于法官在庭审中进一步查清案情。

第五条规定了已结婚登记并共同生活时彩礼返还的条件，即男女双方已办理结婚登记且共同生活的，离婚时一方请求返还按照习俗给付的彩礼的，人民法院一般不予支持。但如果共同生活时间较短且彩礼数额过高的，人民法院可以根据案件具体情况，综合考虑彩礼数额、共同生活时间、彩礼实际使用及嫁妆情况、有无孕育子女、双方过错等事实，结合当地习俗，确定是否返还以及返还的具体比例。而在判断彩礼数额是否过高时，法院可以参考彩礼给付方所在地居民人均可支配收入、给付方家庭经济情况等事实情况，并结合当地习俗综合确定。

第六条规定了未办理结婚登记但共同生活时彩礼返还的条件，即男女双方未办理结婚登记但双方已共同生活，一方请求返还按照习俗给付的彩礼的，人民法院应当根据共同生活时间、彩礼实际使用及嫁妆情况、有无孕育子女、双方过错等事实情况，并结合当地习俗习惯，确定是否返还以及返还的具体比例。在笔者代理的 F 村老周家婚约财产纠纷这个案子中，小周和小方即属于"未办理结婚登记但共同生活"的情形。本案中，小周和小方按照 F 村当地的风俗习惯举办了一场"婚礼"，但并未领取结婚证。二人"结婚"后就去上海打工，共同生活不到一年时间，小方就决定与小周"离婚"。也因此，本案在一审中，法官主要根据小周与小方共同生活的时间、彩礼实际使用以及双方过错等事实情况做出了有利于老周的裁判，基本支持了我方的诉讼请求。

第七条明确了本规定的施行时间，并同时规定，在本规定施行后，人民法院尚未审结的一审、二审案件适用本规定。本规定施行前已经终审、施行后当事人申请再审或者按照审判监督程序决定再审的案件，不适用本规定。

2023 年 12 月 11 日，最高人民法院在发布涉彩礼纠纷典型案例时，又与民政部、全国妇联联合举行了一场"推进移风易俗 治理高额彩礼"新闻发布会。最高人民法院民一庭庭长陈宜芳、民政部社会事务司司长王金华，全国妇联家庭和儿童工作部副部长何敏、最高人民法院民一庭副庭长吴景丽等出席发布会，并回答了记者的提问。

最高人民法院发言人在新闻发布会上表示，移风易俗是社会文明进步的重要标志。党的十八大以来，以习近平同志为核心的党中央高度重视社会主义精神文明建设。习近平同志深刻指出，家庭是社会的基本细胞，是人生的第一所学校。不论时代发生多大变化、不论生活格局发生多大变化，我们都要重视家庭建设，注重家庭、注重家教、注重家风。党的二十大报告提出，要提高全社会文明程度。此次发布涉彩礼纠纷典型案例对于树立优良家风，弘扬家庭美德，引导社会形成文明风尚，统一类似纠纷案件法律适用，具有以下几个方面的重要意义。

一是以社会主义核心价值观为导向，让婚姻始于爱，让彩礼归于礼。众所周知，彩礼来源于我国古代婚姻习俗中的"六礼"，历史悠久。作为我国婚嫁领域的传统习俗，有着深厚的社会文化基础，蕴含着两个家庭对"宜其室家"的美好愿望。但是，近年来，彩礼数额持续走高，有人罔顾家庭经济情况，盲目将彩礼多少视为衡量爱情的标准；有人认为彩礼越多越显得自己有面子，攀比之风悄然蔓延。这不仅背离了彩礼的初衷，使给付方家庭因彩礼背上了沉重的经济负担，也给婚姻稳定埋下隐患，不利于社会文明风尚的弘扬。从司法实践反映的情况看，涉彩礼纠纷案件数量近年呈上升趋势，甚至出现因彩礼返还问题引发的恶性刑事案件。从大量纠纷处理中我们可以看到，高额彩礼并不是保障家庭幸福的秘笈，反而可能成为矛盾纠纷的导火索，不仅不利于婚姻关系的建立和长期稳定，甚至容易引发两个家庭之间的对立、矛盾和冲突，影响了社会和谐稳定。司法审判要立足社会现实，注重通过案件审判，引导人们向上向善向美，倡导建立以感情为基础的、平等、和睦、文明的婚姻家庭关系，坚决反对包办、买卖婚姻，反对借婚姻索取财物。以缔结婚姻为目的是彩礼最重要的特征，在无法实现或无法全部实现给付目的的情况下，应当以弘扬社会主义核心价值观为导向，实事求是地处理彩礼返还问题。既要依法保障妇女权益，也要考虑高额彩礼负担对给付彩礼一方生活的影响，妥善平衡双方利益。此次发布的四件典型案例均是结合当地经济社会发展情况，充分考虑共同生活时间长短、是否办理结婚登记、是否孕育子女等多重因素，较好地平衡了双方当事人的利益。"父母之爱子，则为之计深远"，我们希望通过这些案例引导父母从子女家庭幸福长远打算，理性对待彩礼给付，让彩礼定位于"礼"而非"财"，以实际行动营造健康、节俭、文明的婚嫁新风。

二是以矛盾纠纷诉源治理为抓手，从社会治理高度推动高额彩礼专项治理。2022 年 8 月，由农业农村部、中央文明办、民政部等八个部门联合发布《开展高价彩礼、大操大办等农村移风易俗重点领域突出问题专项治理工作方案》，提出治理的目标是高额彩礼等陈规陋习在部分地区持续蔓延势头得到有效遏制，农民群众在婚丧嫁娶中的彩礼等支出负担明显减轻。从司法审判的角度，就是要通过案件审理，服务和保障高额彩礼问题的专项治理。最高人民法院通过发布涉彩礼典型案例，总结归纳裁判要点，既明确裁判规则，依法平衡各方利益，也给予相关当事人以行为指引，推动建设文明社会风气。人民法院在治"已病"的同时，充分发挥司法能动性，积极融入社会治理大格局，下大力气预防"未病"，从源头上规范给付彩礼行为。通过发出司法建议等方式促进完善村规民约。如福建省龙岩法院坚持和发展新时代"枫桥经验"，积极构建"五联四化"诉源治理体系，结合办理彩礼返还纠纷案件中的问题，指导部分辖区 45 个村将彩礼金额、随礼数额纳入到村规民约中，为爱"减负"，破解"天价彩礼"治理难题，实现"办理一案、治理一片"的良好社会效果。

三是以贯彻实施民法典为目标，统一涉彩礼纠纷案件法律适用标准。关于返还彩礼条件，《最高人民法院关于适用〈中华人民共和国民法典〉婚姻家庭编的解释（一）》规定了三种可返还情形，主要包括：未办理结婚登记、已办理结婚登记但确未共同生活以及彩礼给付导致给付人生活困难。但现实生活中存在大量未办理结婚登记却按照当地习俗举办婚礼并共同生活以及已办理结婚登记但共同生活较短等情况，无法适用上述司法解释规定，彩礼是否返还以及如何返还成为难点。本批典型案例聚焦审判实践中的共性问题，明确处理涉彩礼纠纷的三项原则：一是明确严禁借婚姻索取财物这一基本原则。二是充分尊重民间习俗，以当地群众普遍认可为基础合理认定彩礼范围。三是坚持以问题为导向，充分考虑彩礼的目的性特征，斟酌共同生活时间、婚姻登记、孕育子女等不同因素在缔结婚姻这一根本目的实现上的比重，合理平衡双方当事人权益。比如，[①] 在案例一中，判决进一步明确给付彩礼的目的除了办理结婚登记这

---

① 具体案情参见 2023 年 12 月 11 日最高人民法院发布的《人民法院涉彩礼纠纷典型案例》。

一法定形式要件外，更重要的是双方长期共同生活。因此，共同生活时间长短应当作为确定彩礼是否返还以及返还比例的重要考量因素。该案中，双方共同生活仅一年多时间，给付方不存在明显过错，相对于其家庭收入来讲，彩礼数额过高，给付彩礼已造成较重的家庭负担，同时，考虑到终止妊娠对女方身体健康亦造成一定程度的损害等事实，判决酌情返还部分彩礼，较好地平衡了双方当事人之间的利益。再比如案例二中，双方虽未办理结婚登记，但已按当地习俗举行婚礼并以夫妻名义共同生活三年多时间，且已经生育一子。此种情况下，在处理涉彩礼返还纠纷时，就应当着重考虑共同生活以及孕育子女的事实。该案判决综合考量上述事实，对返还彩礼的诉讼请求不予支持，充分保护了妇女合法权益。在涉彩礼返还纠纷中，对于彩礼与一般赠与的界限以及如何认定"共同生活"也存在模糊认识。案例三在这两个方面具有典型意义。该案判决认为，案涉26万元的"五金"款符合人民群众对彩礼的一般认知，可以认定为彩礼。同时，明确双方登记结婚后仍工作、居住在两地，并在筹备婚礼过程中，对于后续生活未形成一致规划，没有形成稳定的生活状态，不宜认定为已经共同生活。但是考虑到已经办理结婚登记、短暂同居经历对女方的影响、存在共同消费等事实，判决酌情返还大部分彩礼，妥善平衡了双方利益。彩礼和嫁妆都是我国婚嫁领域的传统习俗，两者虽然表现形式不同，但是具有共同的目的，应当按照当地习俗适用相同的规则。在确定彩礼返还数额时，也要考虑嫁妆情况，比如案例四中，在确定彩礼返还数额时就扣减了放置在男方处的嫁妆数额。涉彩礼返还纠纷中还存在诉讼主体资格问题。根据中国传统习俗，缔结婚约及给付彩礼，一般由男女双方父母共同参与，因此，在婚约财产纠纷确定诉讼当事人时，亦应当考虑习惯做法。如果婚约当事人一方的父母给付或接收彩礼的，将其列为共同当事人，不仅符合习惯做法，也有助于查清案件事实。案例四对此进行了很好的探索。总之，最高人民法院是希望通过发布典型案例，进一步规范人民法院统一处理此类纠纷的裁判标准，加强以案释法，引导人民群众树立正确的婚恋观，倡导形成文明节俭的婚礼习俗。

最后，最高人民法院发言人表示，习近平同志深刻指出，"绝大多数人都生活在家庭之中。我们要重视家庭文明建设""广大家庭都要弘扬优良家风，以千千万万家庭的好家风支撑起全社会的好风气"。彩礼只是组建新家庭过程中的一个小环节，背后却牵动着移风易俗树新风的大关窍，我们每一个人既是社会传统习俗的遵循者，也是社会精神文明新风尚的创建者。希望大家尤其是青年朋友能够对此予以高度重视，最高人民法院将继续聚焦涉彩礼纠纷的难点痛点堵点，完善司法解释。本次典型案例发布后，最高人民法院将对《关于审理涉彩礼纠纷案件适用法律问题的规定》向社会公开征求意见，该司法解释强调了禁止以彩礼为名借婚姻索取财物的原则，并对彩礼的范围、返还的条件、当事人的确定等予以规范，以进一步统一裁判标准，更好地回应人民的新要求、新期待①。

第二节　婚姻关系存续期间：夫妻财产制与家务劳动

夫妻结婚以后，在漫长的婚姻家庭生活中，双方要共同面对一切家庭生活中的消费支出问题。例如，日常生活中柴、米、油、盐、酱、醋、茶的消费；生儿育女以及孩子的教育费用，而且，随着教育年限的延长以及提高工作技能的需要，夫妻自身在婚后也可能需要接受再教育而有所花费；赡养老人以及家庭成员的医疗费用的支出；此外，在中国，基于特殊的国情与民情，每个家庭还有很多人情方面的消费，等等。所有这一切消费开支所需要的费用都离不开足够的家庭经济收入来支持，如果夫妻收入过低，则家庭的日常生活将难以为继。因此，即使在家庭内部，经济问题也至关重要。正因为如此，婚姻制度也被人们视为一种经济制度，只不过它是一种家庭内部的经济制度而已。家庭内部的经济问题，即家庭经济收入的多寡及家庭日常支出的安排等问题，经常会导致夫妻之间发生矛盾，引发各种冲突，严重影响夫妻感情及婚姻生活。

实际上，从生活经验来看，夫妻之间的婚姻因为家庭财产因素受到影响，有时候并不一定取决于家庭经济收入的多寡。换言之，尽管人们常说"贫贱夫妻百事哀"，可现实中很多家庭虽然过着粗茶淡饭的日子，或者各项家庭支出捉襟见肘，严重的甚至家庭负债累累，但夫妻感情却很好，夫妻二人能够真正做到相濡以沫，患难与共。相反，许多经济条件优越的家庭，甚至很多豪门大户，夫妻之间却冲突不断，家庭内部矛盾重重，严重的会导致夫妻离婚，家庭解体。因此，尽管家庭财产因素的好坏与婚姻生活的幸福与否并不具有直接相关性，但是，在漫长的婚姻家庭生活中，财产因素却依然会对夫妻之间的婚姻关系构成实实在在的影响。如果将婚姻看作一种交换关系，那么，结婚以后，家庭的经济状况，即收入与支出等问题将构成这种交换的重要内容。如果夫妻对家庭的收入与支出问题处理不好，则意味着这种交换并不顺畅，双方的婚姻就会随之受到严重影响。

①https://baijiahao.baidu.com/s?id=1785041548917145587&wfr=spider&for=pc.2023年12月11日访问。

在现实生活中，由于各个家庭的经济状况千差万别，因此，夫妻对家庭经济问题的处理及其所导致的后果也大相径庭。本部分将根据日常家庭生活中的现实情况及我国现行《民法典》的相关规定，分别选择"夫妻财产制"以及"家务劳动"这两个几乎在每一个家庭中都会遇到的问题作为研究对象，具体分析探讨婚姻关系存续期间影响夫妻婚姻交换的财产因素。

首先，夫妻结婚组成独立的家庭以后，拥有属于小家庭的独立财产是二人开始新生活的经济与物质基础。但一般情况下，在建立小家庭的开始阶段，夫妻二人实际上并没有真正属于自己或者小家庭的独立财产，即使有，这样的财产也很少。小家庭的财产主要还是来源于双方的家庭支持与资助（或赠予）。而随着时间的推移，由于夫妻中的一方或双方已经开始参加工作或劳动，有了自己的经济收入，在长期的婚姻家庭生活中，夫妻二人会添置新的家庭财产。因此，夫妻家庭的财产构成实际上非常复杂，既有来自婚前双方家庭给予或赠予的财产，又有婚后双方以家庭收入共同购置的财产；既有属于家庭共同所有的财产，又有属于丈夫或妻子所有的个人财产，等等。由于夫妻财产关系是婚姻家庭关系的主要内容之一，夫妻财产制自然也就成了各国婚姻法规定的主要内容之一。以中国为例，2001 年，我国第一次对《婚姻法》进行了大规模修订，在这次《婚姻法》的修订中，立法机关首次在家庭财产制度中规定了夫妻"约定财产制"这一新的夫妻财产形式，这是法律这样的"正式制度"对婚姻生活中财产因素发生变化的第一次集中回应。但让立法机关始料不及的是，这次修法中增加的夫妻"约定财产制"以及后来最高人民法院制定的关于夫妻家庭财产方面的有关司法解释却引起了巨大的社会反响与争议。在下文的讨论中，笔者将一并对有关问题进行分析。

其次，家务劳动是夫妻结婚后为了维持正常的家庭生活所必须进行的各种家庭劳动。自有史以来，家务劳动一直主要由妻子来做，妻子做家务似乎是一件天经地义的事情。即使在近现代社会，虽然很多女性早已经走出家门成为职业女性，但是，下班回家后还是不顾工作带来的疲劳，立即开始洗衣、做饭等，而同样下班回家的丈夫却可以坐在沙发上抽烟、喝茶，惬意无比，悠闲自在。女性或妻子做家务是一种虽然不公平但却延续数千年的习俗，这是一种典型的"非正式制度"控制。通过这种"非正式制度"的控制，一方面，对那些没有工作的家庭妇女而言，无酬的家务劳动使得妻子觉得自己对家庭收入没有贡献，因而在丈夫面前自觉"矮人一等"，从而在家庭中心安理得地接受与丈夫不平等的命运安排。另一方面，对很多有工作的女性来说，下班之后继续在厨房进行的"战斗"可以充分展现自己"贤妻良母"的美好形象，在她们看来，虽然很辛苦，但这却符合社会公众或家人对于妻子家庭角色与社会角色的"美好"期待。作为一种家庭内部的劳动形式，家务劳动和社会劳动的主要区别在于家务劳动是一种无薪的劳动或一种无酬的服务，因此，和那些在家庭之外拿工资的人相比，从事家务劳动的人似乎对家庭的经济收入没有做出什么贡献。这种状况不仅导致家务劳动的承担者在家庭中处于不利的家庭地位，而且在离婚分割家庭财产时，其承担家务劳动的时间投入以及精力付出等也很难得到习俗与法律的承认，这是关于家务劳动的非正式制度与正式制度都需要予以关注并加以纠正的。

本部分将分别选择作为正式制度的《民法典·婚姻家庭编》中规定的"夫妻财产制"以及主要由社会习俗等非正式制度规范的"家务劳动"两种情况，对夫妻关系存续期间影响婚姻和谐与稳定的财产因素展开分析。

一、夫妻财产制

（一）夫妻财产制概述

如前所述，拥有独立的财产是夫妻结婚后开始自己家庭生活的经济与物质基础。但是，由于年龄关系，很多新婚夫妻要么没有参加工作，要么就是工作时间不长，因此，在现实生活中，大多数新婚夫妻其实并没有属于自己的独立财产，或者即使有一些属于自己的财产，但这些财产的价值也非常小。总体来看，新婚夫妻的家庭财产绝大多数都来源于双方各自家庭的支持与资助，且一般情况下大多数都来源于男方的家庭支持与资助，典型的如房产，目前夫妻结婚大都是男方购买房子。结婚后，尤其是分家独立生活后，夫妻一方或者双方将会开始工作与劳动，从而家庭的经济收入与家庭财产也会越来越多。由此，新婚夫妻的家庭财产构成将会愈加复杂。详言之，在家庭的财产构成中，既有来源于双方家庭支持与资助的财产，又有结婚后小两口自己工作的收入等。这些不同来源的财产在使用过程中很容易在夫妻之间引发各种冲突与矛盾。尤其在离婚时，这些家庭财产以及有关的家庭债权债务等经济问题更是会成为双方争执的焦点。而作为调整婚姻家庭关系的各国婚姻法，出于调整夫妻之间财产关系的目的，大都对夫妻之间的财产关系进行专门规定，并形成了相应的婚姻家庭财产制度。

实际上，从法律性质及价值取向来看，财产关系与婚姻关系是两种完全不同性质的法律关系，具有根本不同的价值取向。财产关系涉及的是人与物之间的关系，主要由合同法与物权法等有关财产法来进行调整；而婚姻关系主要涉及人与人之间的关系，主要由婚姻家庭法等身份法来予以规范。在价值取向上，财产法以个人主义为价值本位，它"以意思自治为核心、以'自由意志 - 自己责任'为基本逻辑链条、以公平和诚实信用为辅助修正的价值体系。在上述这套价值体系中，对个人意志的尊重，是一切价值判断产生的原点。因此，这套价值体系的基本特征，是以个人本位为其主要存在前提，在调整主体间关系时，是将个体间视为独立化乃至博弈化的关系"①。而婚姻家庭法则是一种身份伦理法，正如黑格尔所说："婚姻是具有法的意义的伦理性的爱"②。婚姻家庭法的伦理基础在于夫妻之间以及其他家庭家庭成员之间能够相互扶持，彼此忠诚，同甘共苦。婚姻家庭关系的身份伦理属性要求包括夫妻在内的所有家庭成员都必须以"家共同体"的形式来处理所有的家庭事务，由此可知，婚姻家庭关系强调的是一种集体本位。

当婚姻家庭法试图对夫妻家庭财产关系进行规范与调整时，必然会涉及如何处理或协调婚姻家庭内部财产关系与身份关系这两种不同性质的法律关系及其相异的价值取向等一系列矛盾冲突问题。从日常生活经验来看，夫妻之间在婚姻生活中因为家庭财产的使用问题发生矛盾与冲突主要源于以下一些现实原因。首先，当事人对属于自己或原来家庭的财产天然具有一种"优先"的或"强势"的使用权，他们认为自己对这些财产具有某种"优先"使用或"强势"使用的正当性。例如夫妻双方对自己工资、奖金等收入的使用，妻子对娘家的陪嫁财产的使用等等。其次，在家庭开支上，夫妻双方一般都不会对涉及家庭整体利益或者夫妻二人共同利益的开支存在争议。但是，当某项开支只与其中的一人或者与该一人原来的家庭有关时，关于这项家庭开支的争议就会出现，特别是在另一方不知情的情况下。例如，为家里添置一些需要的生活设施与用品，或者为孩子的教育所需要的花费等，这些开支一般不会在夫妻之间引发争议。但是，如果只为夫妻中的一人单独花费，或者只为丈夫或妻子的原来家庭花费，争议往往容易发生。

笔者在 F 村调研时偶遇一对年轻夫妻为家里的人情花费而发生争吵的真实事例。事情起因于妻子娘家的侄子考取大学，按照当地的习惯，孩子考上大学，家里的主要亲戚都要"随礼"。但这家的妻子在没有事先和丈夫商议的情况下给自己的侄子随了一千元钱的礼，于是丈夫知道后非常

---

① 申晨. 夫妻财产价值本位位移及实现方式——以约定财产制的完善为重点 [J]. 法学家，2018，2：2.

② 黑格尔. 法哲学原理 [M]. 范扬，张企泰，译. 北京：商务印书馆，2010：177.

生气，就对妻子骂骂咧咧，双方随之发生激烈的争吵。经过家里父母亲及邻居的劝说后，小两口的争吵停止了。事后经过笔者的询问，年轻的丈夫向我诉说了他生气的主要原因，他说："我主要气她两个：一个是她花钱"随礼"居然事先没有和我打招呼，就自己拿家里的钱给她侄子"随礼"，我觉得她是不尊重我。而且她自从结婚生孩子后就一直在家里带孩子，也没有出去做事，一分钱没挣，家里的钱都是我在外面打工存下的，这是我赚的钱，她花钱最起码应该和我说一下的吧。二个是我的外甥去年也考取了大学，可我们当时只随了六百元钱的礼，她还唠叨说随多了。但这次她给她自家侄子"随礼"居然花了一千元钱，我觉得她对两个孩子明显不一样看待。你说可气人吧？我能不发火和她吵嘴吗？"

上述情况实际上表明，在家庭财产的使用或家庭经济活动的安排上，不但存在着个人本位与家庭集体本位之间的差异，而且还会涉及夫妻背后两个家庭及其亲属之间的差异，并由此导致夫妻之间的许多矛盾与冲突。

（二）夫妻财产制的变化

"在婚姻史上，各个国家与地区关于夫妻财产制度的立法规定经历了诸多发展变化。一个基本的变化是从夫妻'共同财产制'向'分别财产制'的转变。特别是 20 世纪 60 年代之后，各国（地区）都出现了一波从传统的家产制转向男女平权的分别财产制的立法风潮"[1]。这种变化是与 20世纪世界范围内出现的妇女解放运动以及男女平权运动等社会运动分不开的。这些弘扬女性社会价值的社会运动使得婚姻制度及其家庭财产制度等也发生了相应变化。在上述社会背景下，很多西方国家从上个世纪 60 年代开始，先后对各自国家的婚姻法进行了大规模的立法改革。其改革的重点主要涉及两个方面，一个是在夫妻离婚中引入"无过错"标准，即一方提出离婚时可以不再像以前那样必须证明对方存在过错。二是在夫妻家庭财产制度中确立了"约定财产制"；从此，在一个家庭之中，在"寝同床，食共桌"的夫妻之间，财产第一次有了"我的"和"你的"二者之间的区分。

中国自从改革开放后，随着社会经济的发展与居民收入的提高，无论是农村家庭还是城市家庭，家庭财产的价值逐渐增加，财产的类型也逐渐增多。与此同时，在思想意识与价值观念等方面，人们的财产权利与个人权利意识以及男女平等观念等也逐步增强。这一切导致婚姻家庭内部的财产关系所引发的夫妻矛盾与冲突也越来越多。为了对现实生活中出现的上

---

① 艾佳慧. 婚姻财产制度的博弈分析——基于婚姻稳定与家庭安全的视角 [J]. 南京大学法律评论（秋季卷），2016：175.

述矛盾与冲突有所回应，尤其是为了妥善解决离婚诉讼中出现的婚姻家庭财产问题，中国的婚姻法对婚姻家庭财产制度也进行了相应改革。

2001 年，中国修订了《婚姻法》，修订后的《婚姻法》第一次以法律形式明确规定了夫妻家庭财产约定制，即夫妻在结婚后可以契约的形式约定家庭财产中哪些属于丈夫、哪些属于妻子。同时法律还规定了夫妻财产法定制，即由法律直接规定哪些财产是属于丈夫的法定财产，哪些财产是属于妻子的法定财产，哪些财产属于夫妻的共同财产①。国家以法律这样的正式制度的形式对夫妻家庭财产关系进行了上述规定，从表面看，法律似乎很是费心，它以夫妻家庭财产"约定制"及"法定制"这样"二分法"的形式将夫妻家庭财产进行了细致的区分。似乎这样规定以后，夫妻之间关于家庭财产关系的处理就会一清二楚了。但是，在现实生活中，基于家庭经济收入以及家庭财产处理情况的复杂性，各种各样的非正式制度都会对家庭财产的使用以及家庭债权债务关系的处理产生这样或那样的影响，而这些影响总会或直接或间接地与"婚姻是夫妻之间的一体关系"以及"家庭是一个利益共同体"等婚姻家庭的基本理念与现实情况相冲突，由此在夫妻之间会引发一系列的矛盾与冲突。而这样的矛盾与冲突无论在夫妻关系存续期间，还是在夫妻离婚时都会显得非常激烈。

随着整个中国社会经济发展进程的逐步加快，家庭财产的种类、数量以及价值会越来越多、越来越大，夫妻在家庭之中的财产关系也会越来越复杂。在这种日益变迁的社会情势下，调整夫妻财产关系的各种正式制度与非正式制度如何进一步融合，以共同担负起维护夫妻婚姻关系稳定与家庭和谐的重任，是一个值得认真研究的课题。

（三）婚姻关系存续期间家庭财产制度之间的博弈

实际上，在现实生活中，无论采取哪种婚姻财产制度，这些制度不但在夫妻婚姻关系存续期间发挥作用，还会分别对婚姻缔结以及离婚产生影响。在"正常的婚姻状态下，夫妻双方内心存在以家庭形式共同生活的情感基础，此时财产的归属利用自有商讨妥协的便宜空间，亦即夫妻财产法处于'沉睡'状态，而一旦婚姻关系存续的情感基础破裂，则双方在财产问题上的矛盾往往会走向激化，很难有动机牺牲自身利益以兼顾对方，此时才是夫妻财产法真正发挥效用的时刻"②。这表明夫妻财产制可以向后延

① 《民法典》第一千零六十二条、一千零六十三条、一千零六十五条规定。

② 申晨. 夫妻财产价值本位位移及实现方式——以约定财产制的完善为重点 [J].法学家，2018，2：11.

伸至离婚阶段，成为夫妻离婚时的一个十分重要的交换因素。此外，还有学者分析了夫妻财产制对于婚姻缔结的影响。研究表明，"在婚姻形成过程中，立法选择不同的法定婚姻财产制直接影响婚姻市场中未婚男女的博弈策略。在其他条件不变的前提下，分别财产制会导致双方选择'不谨慎'策略的囚徒困境，而在共同财产制下，这一囚徒困境会被打破，因为未婚男女在此制度下愿意为搜寻合适的婚姻伴侣投入高昂的搜寻成本和足够的谨慎小心，双方寻觅到理想伴侣的概率因此会大大上升"①。因此，不同的婚姻财产制度实际上会对婚姻的缔结以及婚姻关系的稳定产生不同的影响。

一般情况下，从人们对婚姻生活存续期间的预期来看，"白头偕老"是最理想的结局，但是，"理想很丰满，现实很骨感"，现实生活中，虽然有很多的夫妻能够真正做到"白头偕老"，相伴终生，同时也有很多夫妻的婚姻最终以离婚而告终。由于目睹现实生活中大量的离婚现状，虽然婚姻当事人会对婚姻抱有"白头偕老"的美好预期，但是，他们自身也不会对自己婚姻的最终结局始终抱有百分之百的信心。"如果万一将来离婚了，我该怎么办？我的生活会怎么样？"等类似的问题有时候会在他们的脑海中闪现。而一旦离婚，婚姻当事人最关心的无疑就是财产的分割与孩子的抚养（如果双方离婚时有未成年孩子的话）。此时，婚前财产与婚后财产的多少、个人财产与家庭共同财产的归属等等都会成为双方激烈争执的问题。

法律规范对于人们的行为具有一定的指引功能，因此，法律制度的设计将会引导人们对自己行为模式的选择。婚姻法对夫妻婚姻关系存续期间家庭财产制度的设计应该尽量做到在"维系婚姻家庭稳定"与"实现离婚自由"两个方面保持均衡，而欲保持这样的均衡，就必须考虑婚姻当事人在家庭生活中就婚姻关系存续期间的夫妻财产制度所可能采取的行为模式。

从经济角度看，在婚姻关系存续期间，男性与女性对家庭经济收入的贡献是不同的。在近现代社会的很多家庭中，即使女性婚后参加工作，她们也会将很多时间和精力投入到家务劳动中去，一边工作，一边照顾家庭，这是她们日常生活的真实写照。而这种状况无疑会妨碍她们职业技能的进一步提升。反过来，丈夫由于在家务劳动中花费的时间和精力较

---

① 艾佳慧. 婚姻财产制度的博弈分析——基于婚姻稳定与家庭安全的视角 [J]. 南京大学法律评论（秋季卷），2016：185.

少，他们的职业技能会进步更大，随着时间的逐步推移，这将会给丈夫带来越来越高的经济收入。由于妻子在婚后要承担更多的家务劳动，现实生活中，很多家庭中的妻子甚至在婚后为了照顾家庭而放弃了自己原来的工作，而丈夫则可以继续原来的职业工作。因此，在婚姻关系存续期间，丈夫和妻子对家庭经济收入的贡献实际上存在着一个此消彼长的动态变化过程，即随着婚姻时间的延长，丈夫对家庭经济收入的贡献会越来越高，而妻子对家庭经济收入的贡献会越来越低。

在现实生活中，对那些具有一定文化程度、平等独立意识较强的职业女性，为了提高自己的家庭与社会地位以及自己的"市场价值"，她们在婚姻家庭与工作事业之间会偏向于后者，如果丈夫对妻子的这种偏向不赞成或强烈反对，夫妻之间就会出现矛盾与冲突，从而不利于婚姻家庭的稳定与和谐，对婚姻家庭稳定产生非常不利的影响。

在 S 镇中学，自从上个世纪 90 年代开始，每年都会有几个老师通过考取研究生离开小镇，去获取更大的发展空间。同时，也有很多老师由于种种原因只得滞留在小镇。在其中一些夫妻双方都是老师的家庭中，有的丈夫满足于自己现在的生活，但是妻子却不甘于现状，也想通过考研求得更大的发展。于是，在这样的家庭中，夫妻经常发生争吵，而最终为了挽救婚姻家庭，妻子只得放弃考研。一位参加了两次研究生考试未被录取，最终因丈夫不支持只得放弃的黄老师对我说："要是他（指其丈夫）当初不反对我考研，对我全力支持的话，我会坚持下去，最后也一定能够考取的。可是他对我考研一点也不支持，我除了教学以外，还要干家务活，本来自己看书复习的时间就少，可他还在一旁喋喋不休，尽说一些气话，有时候还讽刺挖苦，你说我哪有心思看书学习呢。那几年为考研争吵的时候甚至想到过离婚，但是又一想，为了考研离婚也不值得，再说孩子也小，真离婚的话，孩子太可怜了。其实我也知道，他反对我考研最主要的原因倒不是害怕让我有时间看书而不得不分担一点家务，而是怕我万一真的考上了，学历比他高了，他脸上挂不住，就是大男子主义作怪。"

显然，在上述例子中，黄老师是将家庭的稳定放在首位，虽然自己想通过努力获得更大的发展空间，但由于丈夫的不支持，自己则将家庭和孩子放在第一位，因此，只得选择放弃了自己的理想，或者放弃了可能取得自己"市场价值"增值的机会，以此保全婚姻与家庭。贝克在其《个体化》一书中就夫妻在家庭中由于家务劳动分工以及自我形象与生活计划等方面产生冲突的原因及预防策略等问题进行了精彩的分析。他认为，随着社会的发展，"工作或职业成为妇女生活计划的一部分，它带给妇女超出家庭的认知、属于自己的金钱及个人发展。在这一过程中，性别关系中对公平和平等的期待也得到发展，至少部分是含蓄的，但有时也会是相对比较明晰的。但在日常生活里，几乎没有什么东西能够支撑这些期待。换言之，所谓平等只是修辞上的，通过重塑社会实践的方式来达成平等的做法并不多见……当男女生活在一起并组建家庭以后，这些充满差异的平等理念就开始盛行。对年轻女性来说，这带来了一个极易引起争论的结合……她们希望从男性伴侣那里获得亲密感与支持，但事与愿违，她们的伴侣表现出的态度和行为模式常常与关于公平的劳动分工及机会均等的理念相左，男性常常独自行使特权，把负担留给女性……女性对男性的期待和要求不只是令男性不舒服，而且是一种取消他们享有的特权的信号，这种特权是男性长久以来认为理所当然的，同时也冒犯了男性自信与自我形象得以确立的根基"[1]。在上述例子中，虽然黄老师和丈夫一样同在学校教书，两人都是家庭中的"bread-winners"，但尽管如此，当其想谋求更好的职业发展前景时，她同样遭遇到丈夫的阻碍，正如黄老师自己所言，丈夫不同意她考研背后的真正根源乃是担心妻子以后的学历比自己高，这会有损于丈夫作为男人的尊严。

当夫妻双方因为家务劳动分工以及妻子的职业生涯等问题发生冲突以后，双方会采取不同的策略解决这些冲突。贝克在有关研究的基础上对这些解决冲突的策略进行归纳，其中的一种策略是"压抑"，贝克借用了霍克希尔德"家庭迷思"的概念来分析女性在家庭中为了解决与丈夫之间的冲突而采取的这种自我欺骗的方法。比如，夫妻双方可能都会宣称想拥有一个平等的家务分工形式，但是丈夫所做的那部分非常少。霍克希尔德认为，这种生活主要的功能是满足妻子精神上的经济需求，这样她们就能保留一个现代的、开放的自我形象，而不用去看那些无法满足这一形象的日常家庭生活。然而，压抑和自我欺骗的成本非常高。这需要付出巨大的心理能量，或是如霍克希尔德所说的'情感工作'，来维持这种幻象[2]。很显然，在上述例子中，黄老师采取的就是典型的"压抑"策略，通过放弃考研，抑制自己的人生规划，以此来维持对自己明显不公平的婚姻家庭关系。但正如贝克所言，对女性来说，这种抑制和自我欺骗的成本非常高，需要付出巨大的心理能量。因此，这种"压抑"的最终效果很难预计，其

---

① 贝克. 个体化 [M]. 李荣山，范譞，张惠强，译. 北京：北京大学出版社，2011：122-123.

② 程燎原：全球性的法治化运动与民主化浪潮 [J]. 法治论坛，2016，5：123-132.

结果可能会导致夫妻关系逐渐恶化，乃至最终双方以离婚收场。

此外，众所周知，对于女性而言，年龄是一种非常重要的生理资源，也是一种十分珍贵的时间资本。在婚姻市场中，女性的年龄从来都是一种十分重要的交换资源，一般情况下，年龄较小的女性在婚姻市场中的"要价"会比年龄较大的女性要高。和那些年龄较大的妻子相比，在一桩濒临破裂的婚姻中，年轻妻子由于在离婚后的婚姻市场中潜在的"价值"要高，她们对于离婚后的婚姻市场会存在较大的心理预期，因此，当夫妻之间出现矛盾与冲突时，她们不会尽最大努力去挽救婚姻，从而更容易走向离婚，使得婚姻破裂，家庭解体。

F村的另一户周姓人家的小女儿周玉霞初中毕业后就去上海打工，打工期间认识了现在的丈夫——家住安徽六安市的小曹，经过短暂的恋爱后两个年轻人很快就结婚了。但是，婚后周玉霞却发现自己和小曹性格差异较大，很多生活习惯不一样。更重要的是，由于双方性格差异较大，二人在很多问题上很难达成一致，因此，争吵几乎成了家常便饭。结婚一年不到，周玉霞考虑再三，决定离婚。在访谈中说到离婚的理由时，除了提到二人性格不合的原因外，周玉霞还谈到了以下看法："女人要离婚就趁早，越早越好，最好是没有孩子就离婚。女人就是年轻值钱，即使不说年轻离婚以后再嫁容易，就是再出去找事情做挣钱也方便。夫妻感情不好还要勉强维持的话，一拖再拖，等到自己人老珠黄，又有孩子，那还不如不离婚。"

最后，在很多家庭中，年龄较大的妻子一般不会轻易同意离婚，哪怕这样的婚姻已经千疮百孔，毫无任何维持下去的必要，但考虑到离婚后自己在未来的婚姻市场中日渐贬值、越来越小的市场价值，她们会使出浑身解数，竭尽全力阻挠离婚，从而构成对离婚自由的某种限制。

关于世界范围内最近几十年来各国婚姻家庭法对家庭财产制度的上述立法改革，有很多学者都进行了深刻反思，除了上述内容中引述的有关观点以外，还有西方学者从整个西方社会"过度法治化"的角度进行理解。实际上，关于这种对西方社会"过度法治化"的质疑，早已有社会学家提出了类似的深刻洞见。早在20世纪初，针对当时西方现代国家制定的各种看似理性的法律以及在各种理性法律支配下的国家与社会治理现实，韦伯就不无忧虑地指出现代人已经陷入一种现代性的"铁笼"之中。韦伯认为，"这种法律形式化的最终结局，终将摧毁我们对形上法学思想的信仰，而这种思想是形式理性法背后作为权利理论基础的部分，这意味着形式法在合理化的发展下，剥蚀了背后的实质理性主义，因而可能会仅留下一个空洞的又具有强制性的形式，从而成为桎梏人类自身的'铁的牢笼'，这一沉重的代价值得人们思考"①。

但是，随着西方现代社会的逐步发展，法律治理的脚步并没有因为韦伯的忧虑而停下脚步，相反，以美国为代表的西方国家的法治化发展继续"狂飙突进"。"社会的法治化伴随着法律地位的提升，法律日益被认定为理解和应对社会问题的合理手段。而且在很多时候，法律被理所当然地接受为'首选'，是'最为有效''最为重要'的手段"②。在第二次世界大战以来的七十多年中，特别是近三十年来，从许多国家到国际社会，法治逐渐成为人们普遍认可与追求的理想，从而展开了一场世界范围内的全球性法治化运动③。到二十世纪末，这种风潮已经形成全球性的法治化运动，特别是在一些迫切追求现代化的欠发达国家和地区，法治不仅成了政治理想，而且成为解决转型过程中各种社会问题的"万灵药方"④。于是，在当代世界诸多国家中，人们不断地制定出新的法律，频繁地修改旧的法律。人们似乎做任何事情都需要依靠法律的指引；在做任何决定之前都需要根据法律来进行风险评估。这种唯法律"马首是瞻"的做法不知是人类的"福音"还是"不幸"？但在笔者看来，在以血缘、情感与亲密关系等为主要内容的婚姻家庭领域之中，这种动辄就考虑在夫妻之间或父母子女之间可能会出现某种法律风险的做法确实不值得提倡。

德国法兰克福学派的代表人物哈贝马斯曾尖锐地指出了西方社会"过度法治化"的弊病。哈贝马斯认为，在最近的法治化阶段，社会 - 福利法扩展到非正式的生活领域，并且通过抽象的媒介（金钱与权力）发挥规制作用，这极大地扭曲了法律的功能。最初，福利政策和法律的发展旨在缓解发端于生产过程的阶级斗争。随着法治化进程的深入，保护主义的立法从正式的雇佣劳动领域扩展到非正式的、原本属于私人生活的领域（例如家庭）。尤其关键的是，这些保护主义的立法必须与科层制权力和金钱等抽象媒介相结合，透过它们来发挥作用。其结果是，作为媒介的法律远离了生活世界，但同时又把抽象的、无法得到实质辩护的形式强加给日常生活世界，把社会情境（social situation）转化为法律情境（legal situation），把非正式的社会关系转化为正式的法律关系，迫使人们以一种客观化或对

---

① 谢立中主编. 西方社会学名著提要［M］. 南昌：江西人民出版社，2007：42.

② 王文卿，潘绥铭. 性暴力客观化的反身社会学分析［J］. 青年研究，2018：5（62）.

③ 程燎原. 全球性的法治化运动与民主化浪潮［J］. 法治论坛，2016，5：40.

④ See Carothers, T. 1988, "The Rule of Law Revival", Foreign Affairs 77 (2).

象化的、功利导向的态度面对彼此①。

如前文所述，作为一个具有长期"人治"历史且"家国一体"的后发的现代化国家，特别是自从上个世纪70年代末中国的国门打开以后，在当时特定的历史背景下，"依法治国"成了中国发展道路上的一个必要与重要对选项，被置于"治国方略"的高度。改革开放后，截至目前为止，伴随着中国社会的变迁与转型，在四十多年的时间里，中国制订了一系列的法律法规，国家为此自豪地宣布，我们已经建成了有中国特色的社会法律体系。而通过一系列的普法教育，国人的法律意识与权利意识也都有了明显的提高。为"一元钱"而打一场官司的事例也不时见诸媒体，被作为公民具有现代法律意识的典型而大加弘扬。几乎与此同时，"理性与刚性并重"的法律"触角"也开始伸进"感性与柔性并存"的婚姻家庭领域，婚姻法将在商品交易市场中通行的有关财产的"契约"意识与规则引入以亲密关系与浓厚情感为主要特征的婚姻家庭领域。从此，在一个家庭之中，夫妻财产或家庭财产中第一次有了"你的"与"我的"之分。原《婚姻法》及其随后制定的三个司法解释中的一系列法律规定使得众多的男女及其背后的家庭在结婚之前就对其财产问题充满顾虑和担心。特别是最近一些年来，随着商品房市场的逐步发展以及原《婚姻法》及其司法解释对有关夫妻住房问题的立法规定，因房产而引发的婚姻纠纷越来越多。《民法典》颁布实施后，基本沿用了原《婚姻法》关于夫妻财产制的相应规定。《民法典》第一千零六十二条规定了"夫妻共同财产制"，第一千零六十三条规定了"夫妻个人财产制"，第一千零六十五条规定了"夫妻约定财产制"。

现实中更为荒唐的是，为了规避政府的住房限购政策，很多大城市中的夫妻不得不采取"假离婚"的方式来购得一套房子，而其中的一些"假离婚"最后居然弄假成真。仅仅为了一套房子，神圣美好的婚姻就这样被人们以戏谑可笑的方式加以演绎。所有这些都使得人们开始重新反思婚姻家庭的意义与价值，并质疑婚姻法律制度到底是在维护婚姻家庭关系的稳定，还是在动摇婚姻家庭关系的基础？

而关于"假离婚"问题，在现实生活中还出现了很多这样的案例，即为逃避家庭债务，夫妻也用"假离婚"的方法，其中一方将所有家庭财产转到另一方名下，然后自己"净身出户"，同时将所有债务留给自己，从

---

① See Habermas, J. 1987, The Theory of Communicative Action, Vol. Two, Life World and System: A Critique of Functional Reason, translated by Thomas McCarthy. Boston: Beacon Press.

而使得债权人的利益无法得到有效保障。虽然《民法典》第一千零六十四条对夫妻共同债务与夫妻个人债务进行了规定，但在现实生活中，包括债权人在内的很多当事人对夫妻家庭共同债务与夫妻个人债务很难及时保留证据，由此导致纠纷经常发生。以下笔者结合自己代理的一起民间借贷纠纷案进行说明。

本案的基本案情其实非常简单，张某以自己经商需要本钱为由分别于 2019 年 1 月、2 月间向李某借款三次共计 21 万元。张某与爱人袁某于 2019 年 12 月协议离婚，并签署一份《离婚协议书》，在协议书中，双方约定，家中包括房产在内的所有财产归袁某所有，此外，协议书表明二人离婚时家中没有债务。2020 年 5 月，李某不幸患癌症，因治疗需要大笔钱，李某和爱人潘某要求张某归还欠款，但张某以经商亏本为由，一再拖延还款。2020 年 12 月，李某不治身亡。李某去世后，潘某不断找张某要求其还款，但张某一直未还款。最终，潘某于 2022 年 5 月委托笔者将张某起诉至当地法院。

法院在审理中，张某对借款一事并没有否认，但一直说现在没有钱还债，同时表示自己已经和爱人离婚了，现在一无所有，等哪天有钱了一定还债。虽然本案中我们都十分清楚张某与妻子袁某"假离婚"是为了逃避自己的家庭债务，但由于当事人潘某没有证据证明张某欠的债是用于家庭共同生产经营，因此，在张某已经与妻子离婚的情况下，法院也无法判决让已经与张某离婚的袁某承担连带还款责任。当然，从法律实务的角度来说，潘某还可以向法院再提起撤销权诉讼，即请求法院撤销张某在与袁某签订的《离婚协议书》中有关处分自己财产的约定，因为这样的财产处分行为实际上损害了债权人的利益，而根据《民法典》的规定①，这样的财产处分行为是可以撤销的。

最近一些年来，现实生活中类似的案例非常多，这类纠纷的发生其实很大程度上与原《婚姻法》以及现《民法典》对于夫妻婚姻关系存续期间的家庭财产制度以及家庭债务的规定有很大关系。很多时候，婚姻家庭法律这样的正式制度在规范婚姻家庭关系时会遭遇一定的困境，陷入尴尬境地。

总之，以夫妻关系与父母子女关系等亲密关系为主要内容的婚姻家庭的生活世界与社会世界毕竟是两个性质完全不同的"世界"，因此，"嵌入"其中的经济关系与陌生人之间的经济关系也具有完全不同的性质。家

---

① 《民法典》第五百三十八条。

庭一直被誉为"无情世界中的避难所"，如果婚姻之中充满算计，家庭之中充满猜疑，在家庭这一亲密关系最为浓厚的共同体中，如果"我们的"变成了"我的"和"你的"，那这样的婚姻还有何意义？而这样的家庭又有何温情可言呢？

二、家务劳动及其制度控制

在讨论家务劳动之前，首先简要分析一下与家务劳动十分类似的家庭劳动。家庭劳动一般是指发生在家庭之中，且与社会劳动相区别的一种劳动形式。在传统的农业社会，家庭既是一个生活单位，又是一个生产劳动单位。人们在家庭中以自己的劳动来维持家庭生活，家庭劳动的产品除了满足家庭成员的日常之需以外，多余的还可以拿到附近的集市去进行交换。在货币没有出现之前，人们通常采取物物交换，即易货贸易的形式，以自己的劳动产品换取自己需要的其他产品。在作为一般等价物的货币出现以后，人们将多余的产品拿到集市上去卖，然后以卖得的货币再购买家庭需要的其他生活用品。

在传统乡村社会中，男耕女织是大多数家庭的劳动方式，基于男女两性身体与生理特点上的差异，"男主外，女主内"是一种通行的家庭劳动的分工形式，即男性主要从事家庭之外的以重体力消耗为主或危险性较大的户外劳动，如在田地种植粮食、上山打猎或下河捕鱼等。女性由于怀孕生子以及哺乳等原因，大都留在家中从事洗衣、做饭等家户内的劳动；在时间或精力充裕的情况下，女性也会和男性一道参加户外的家庭劳动。家庭劳动的一个主要特点是，这种劳动都是无报酬的，通俗地说，家庭劳动是劳动者为自己及整个家庭进行的一种劳动形式。虽然家庭劳动都是无报酬的劳动，但这并不意味着各个家庭成员各自所从事的家庭劳动在对整个家庭的价值或者重要性上没有任何区别。因为，各个家庭成员所从事的家庭劳动在劳动时间的投入、劳动强度的大小、劳动成果的多寡、劳动过程或劳动技术的复杂性、劳动经验的多少等方面都会存在一定的差别，由此，每个家庭成员所从事的家庭劳动对整个家庭的价值和重要性也会不一样。从这个意义来说，虽然家庭劳动是一种无报酬的劳动，但是，基于家庭成员所从事的家庭劳动的上述区别，相应家庭成员在家庭中的地位还是会有所区别。此外，由于家庭劳动是无报酬的，因此，除了传统社会的农业劳动以外，后期工商业社会中出现的以家庭（族）为单位的家庭（族）企业也存在类似情况，也就是说，在家庭（族）企业中从事各种企业活动（劳动）的家庭（族）成员也是无报酬的，因此，这类劳动也可以认为是一种家庭劳动。

与家庭劳动相对应的社会劳动是随着资本主义工商业的出现以及社会

分工的细致发展而出现的一种劳动形式。这种劳动形式之所以被称为"社会劳动",是因为劳动者在家庭之外的工作场所从事相关劳动,并以自己的劳动或专业技术、技能等获取货币工资,以工资来养家糊口。由于这种远离家庭的劳动需要在特定的工作场所进行,因此,家庭与工作场所之间这种空间上的分离决定了从事这种社会劳动或者职业劳动的人无法照顾家庭。在这种社会背景下,专门照顾家庭的家务劳动就显得更加重要与必要。但由于社会劳动可以获取工资收入,是一种有报酬的劳动,因此,和无报酬的纯粹的家务劳动相比,至少从表面来看,社会劳动比家务劳动似乎价值要更大,虽然真实情况并非如此。

基于当代中国社会的变迁与转型,一方面,在农村里,大量农村剩余男劳动力离开家庭,远离农村前往城市打工或经商,而将妻子留在家中,这种模式使得家庭中的家务劳动完全由妻子承担;另一方面,在城镇中,随着越来越多职业女性的出现,一大批家庭中的女性参加工作,但与此同时,她们却丢不下各种繁重的家务劳动,承受着社会(职业)劳动与家务劳动的双重压力。

(一)家务劳动与家政管理

家务劳动是指家庭成员在家庭内部为了满足其成员精神生活和物质生活的需要而进行的一种无酬劳动。"在世界不同地区,虽然在农业、贸易和其他家庭活动中妇女就业有天壤之别,但在所有社会里,妇女实际上都有分担家务劳动的义务,在照料孩子和准备食物方面尤其如此"[1]。在一个家庭中,基于衣食住行的需要,很多的家庭事务需要及时处理。例如,如果家里不生火做饭,家庭成员就会吃不饱肚子;如果不做衣服和鞋帽,家庭成员就会受冻;如果不及时收拾屋里的各种物件,家中就会乱成一团糟;等等。在传统社会中,这些家务活基本上是由妻子来做的。"男主外,女主内"一直是家庭中劳动分工的传统模式。因此,福柯认为,"婚姻生活的特点一直是以补充的方式分配各种任务和行为。男人需要做女人无法完成的事情,而女人则要完成不属于她的丈夫分内的工作。正是共同的目标(家庭兴旺)通过不同的界定让这些活动和生活方式统一了起来"[2]。

与家务劳动相近的一个概念是"家政管理"。简言之,家政管理是指家长对家庭中各项日常具体事务的管理,包括但不限于做具体的家务劳

---

[1] 加里·斯坦利·贝克尔. 家庭论 [M]. 王献生,王宁,译. 北京:商务印书馆,2014:75.

[2] 米歇尔·福柯. 性经验史 [M]. 余碧平,译. 南京:译林出版社,2005:414.

动。一般来说，家政管理并不适用于普通的小家庭，它主要适用于较大的家庭或家族，由于大家庭或家族事务较多，需要由专人来对大家庭或家族事务统一进行各项安排。在中国的传统社会中，这些大家庭或家族一般都有专人从事这项工作，例如我们熟知的传统社会里一些大家庭或家族中的"管家"就是在主人的安排下从事家政管理。也有一些大家庭或家族是从家庭成员内部挑选精明强干的人从事家政管理，如中国古典小说《红楼梦》中王熙凤对贾府的管理就是一种典型的家政管理。普通的小家庭由于家庭事务较少，也较为简单，因此，一般很少涉及专门的家政管理，只有一些具体的家庭劳动需要有人承担。

在古希腊，以柏拉图为代表的古典哲学家们在论述希腊政体及其家庭生活时频频提及到家政管理。他们将家长管理家庭生活与君主管理城邦联系在一起。此外，他们在论述家政管理活动时还将家政管理与夫妻之间的关系联系在一起。例如，"以婚姻为问题的伟大的古典文本—色诺芬的《家政学》、柏拉图的《理想国》或《法律篇》、亚里士多德的伪篇《家政学》……都是在一个很大的范围内反思夫妻关系的：这一范围有城邦以及它生存和繁荣所必需的法律或习惯，也有家庭以及支撑它或使它富裕的管理。我们不应该从这种以市民的或家庭的功用为目的的婚姻中得出结论，认为婚姻自身是一种毫无重要性的联系，它的价值只在于为国家和家庭提供一个有利的后代"[①]。显然，在福柯看来，婚姻不仅仅是生儿育女，只是为国家和家庭繁衍后代；婚姻的内容或者夫妻之间的关系涉及很多方面，而其中的家政管理或家务劳动对于融洽夫妻之间的婚姻关系同样具有重要的意义和价值。

一般来说，由于家政管理主要涉及大家庭或大家族的事务处理，本文主要论述的是普通家庭的家务劳动，因此，并不涉及家政管理活动。

（二）家务劳动的历史变迁及其后果

家务劳动在人类社会的漫长岁月中随着社会和家庭的发展也经历了巨大变迁。家务劳动的这种变迁折射了社会变迁与人类进步，反映了人类社会生活与家庭生活发展变化的诸多面向。

1. 随着社会的发展，越来越多的家务劳动已经社会化了。这种社会化主要表现在社会上出现了许多专门化的机构代替了传统社会中的很多家务劳动形式。例如，幼儿园、托儿所等可以大大缓解人们在家庭中照顾孩子

①埃米尔·涂尔干. 社会分工论 [M]. 渠东，译. 北京：生活·读书·新知三联书店，2000：405.

的压力；养老院等社会福利机构同样可以减轻人们在家中赡养与照顾老人的负担。此外，服装厂以及鞋帽制作公司的出现也代替了传统的家庭手工制作衣服及鞋帽等家务活，现代女性已经基本不用自己在家里做这些手工活了。以上这些显然都是传统家庭中家务劳动的主要内容，而现在，这些家务活都可以通过金钱购买的方式来进行了。

2. 随着科学技术的进步，很多用于家务劳动的发明创造出现了，如洗衣机、吸尘器等，这些发明创造用于家务劳动可以大大减轻做家务活的人的劳动量，为她们节省了大量的时间。"技术自动化的过程延伸尽进家庭劳动。各种各样的器具、机械和消费品减轻和清除了家庭劳动。它们成为在工业生产、有偿服务和技术装备完善的私人家庭之间不可见的和从不停息的'遗留工作'"①。

就家务劳动的上述两个变化，笔者在此特别需要说明的是，虽然在近现代社会中，家务劳动的市场化与现代化确实在很大程度上减轻了人们从事家务劳动的时间与精力，但是，家务劳动的社会化与现代化却并没有将人们完全从有关的家务劳动中解放出来。典型的如，家长每天必须要花费一定的时间接送上幼儿园的孩子；虽然衣服和鞋帽不用亲手制作了，清洗也有洗衣机，但是晾晒衣服却自己动手；此外，各种用于家务劳动的家用电器的清洗或修理等都同样需要人们花费很大的时间与精力。

3. 随着资本主义大工业的发展、工厂劳动及各种新型职业的出现，社会劳动与家务劳动第一次有了明显的区别，即社会劳动可以用货币衡量其价值，这种劳动是有报酬的，而此时的家务劳动仍然与从前一样是没有报酬的。这导致了从事两种劳动的家庭成员对各自劳动效果，或者两种劳动对家庭的贡献产生一个认识上的误区。人们普遍认为社会劳动才是对家庭有贡献的劳动，而家务劳动则对家庭没有经济贡献，或者贡献较少。由此，从事社会劳动或职业劳动的家庭成员往往会对从事家务劳动的其他家庭成员表示轻视，这导致夫妻之间出现种种矛盾与纠纷。

4. 随着社会的发展及男女平等意识的增强，家务劳动早已经不再是女性一人负担了，男人参加家务劳动的也有很多。可即便如此，在全社会范围内，女性做家务劳动的依然占大多数；而女人就该做家务活的观念也还是多数现代人，尤其是男人们所认可的。但是，随着时代和社会的变化，越来越多的女性从家庭走向社会，从家庭妇女变为职业女性。但与此同时，家庭却与女性联系却并没有中断。一方面，很多女性结婚以后，由于

---

① 贝克. 风险社会 [M]. 何博闻，译. 南京：译林出版社，2004：134-135.

怀孕与生育的原因，她们只能选择辞职。另一方面，女性的传统角色模式使得一些女性继续将做家务劳动看作是符合自己社会角色的分内工作。

（三）家务劳动的意义与价值

自从人类社会的婚姻家庭制度建立以来，为了维持家庭成员的正常生活，家务劳动就是一项必不可少的日常事务。在传统社会，家务劳动大都是由女性来承担，她们负责家庭成员的衣食住行以及各种各样的家庭杂务，而男人则外出劳动。几千年来，无论中外，"男主外，女主内"一直是家庭成员在家庭内部进行劳动分工的基本模式。正是依靠这种家庭分工模式，长期以来，成千上万的家庭生活得以正常运转，男人们外出劳作，女人们勤俭持家，共同承担起繁衍后代子嗣和家庭成员之间彼此守望、相互扶持的家庭使命。在漫长的历史发展进程中，直至近代资本主义大工业及市场经济肇始之前，这种"男主外，女主内"的家庭分工模式一直没有受到社会的广泛质疑，而生活于家庭之中的男女也并没有因为这种家庭分工模式而发生矛盾与冲突。特别是那些从事家务劳动的女性，即使深受家务劳动之累，她们似乎也没有任何怨言，总是默默地、日复一日地重复着每天的家务劳动。

当西方国家进入资本主义社会及市场经济社会以后，特别是男性的外出工作能够以工资的形式与货币进行交换以后，男性的这种社会劳动从此与女性在家中从事的不能换取货币或无法获得报酬的家务劳动就产生了重大差别。从此以后，那些在家庭之外从事获取工资报酬的社会劳动的男人们就被社会视为或自认为是养家糊口的人，英语中的"bread-winners"这个词就是一种十分形象的表达。与此同时，那些足不出户、在家庭中从事家务劳动的女性，由于其家务劳动没有获取货币工资，她们家务劳动的真正价值开始被社会所遮蔽，被家庭所忽视，更是被她们的丈夫所轻视。由此，社会劳动与家务劳动的鸿沟在历史上第一次正式形成。"家庭外的有偿劳动与家庭生活中被视为'爱的劳动'的无偿工作即家务劳动被逐渐地区分开来，家庭内的劳动从此具有了与社会劳动不同的性质。这种区分对于男性和女性产生了不同的而且不平等的结果——男性日益走向公共领域，而女性承担的家务劳动便成为必须但却只是对男性的生产型劳动的补充"①。更重要的是，由于女性从事的是无报酬的家务劳动，因此，她们与男人在家庭权利的享有及家庭权力的行使等方面的原有差距也进一步扩大，由此导致了夫妻之间的矛盾与冲突。一个众所周知的事实是，很多为

① 黄宇. 家务劳动的女权主义批判考察 [J]. 河北法学，2007，5：91.

家庭赚取工资收入的男人在家庭中的权威往往比那些整日围着锅台转的女人要大得多，这些男人们在家中既是"bread-winners"，又是为家中各种大事"拿主意"的人。这些男人们在家中享有至高无上的权威，心安理得地享受妻子提供的各种家庭服务，将其视为理所当然。

然而，事情并没有到此结束。随着越来越多职业女性的出现，这些从事社会劳动并同样赚取工资收入，对家庭甚至做出比男性更多经济贡献的女性却依旧没有摆脱家务劳动的束缚。在每天辛苦的职场工作下班以后，等待她们的依旧是一大堆家庭事务。而同样工作的丈夫们下班以后却可以舒服地坐在沙发上，或看书报，或看电视，悠闲自在，等着妻子把饭菜做好端到桌子上。至于洗衣服、整理杂乱的家庭杂物等家务活更似乎是天经地义的女性"专利"。这样一来，职业女性与男性之间关于家务劳动的矛盾与冲突就比以前更加激烈，由此导致一系列家庭问题，严重影响到婚姻关系的和谐及家庭的稳定。

正因为如此，无论在生活实践中，还是在理论研究中，人们开始对家务劳动中存在的性别分工进行反思。在现有的理论研究中，人们的研究重点在于讨论家务劳动中普遍存在的性别歧视与男性压迫。更多的研究对女性承担家务劳动颇有微词，并对家务劳动中的性别不平等分工持有异议，进而将这种家庭内部的性别歧视及不平等纳入范围更大的社会结构之中进行讨论，认为家务劳动中的性别不平等是整个社会结构中的性别不平等现象在家庭中的反映。

1. 家务劳动分工是社会分工在家庭中的一种形式，它和社会分工的功能没有本质区别

无论从家务劳动分工的起源，还是从其发展历程来看，家务劳动分工其实都是社会分工的一种特殊形式，是社会分工在家庭中的表现。因此，这种家庭内部的劳动分工一方面具有某种合理性，另一方面具有和社会分工一样的功能。首先，就早期的人类社会家庭劳动分工来说，虽然有关男女分层或性别差异在人类学中有着种种解释，但在原始社会的家庭分工中，男人与女人主要还是根据各自的身体及生理特征进行抉择。其次，从家务劳动分工的发展与演进来看，家务劳动分工也是家庭成员尤其是夫妻之间理性抉择的一个结果。最后，家务劳动分工和社会分工一样，促进家庭成员彼此之间的团结是其主要的功能。正如涂尔干所说："如果说分工带来了经济利益，这当然是可能的。但是，在任何情况下，它都超出了纯粹经济利益的范围，构成了社会和道德秩序本身，个人才会摆脱孤立的状态，而形成相互间的联系；有了分工，人们才会同舟共济，而不一意孤

行。总之，只有分工才能使人们牢固地结合起来形成一种联系，这种功能不只是在暂时的互让互助中发挥作用，它的影响范围是很广的"①。因此，家庭分工应该是一种理性的分工形式，而不应该成为性别歧视的原因。"男主外，女主内"的家庭劳动分工理应成为促进夫妻感情与家庭和谐的一种正常的分工形式。

2. 家务劳动既是家庭生计的必要手段，又是一种"爱的劳动"，是维系家庭成员之间情感的重要手段之一

家庭成员之间表达情感与亲密关系以及加强联系的方式有很多种，除了闲暇时家庭成员彼此在一起谈心交流以及一起共同处理家庭或者个人的生活事务以外，共同从事衣食住行等家务劳动也是彼此表达情感及加强亲密关系的一个重要方式。有学者研究表明，"在家庭生活中，两性都会以分担家务劳动的方式表达对配偶的情感，也恰在男女两性基于情感因素参与家务劳动意义上，家务劳动的情感属性得以凸显，即家务劳动具备情感功能，而不仅仅是一种'负担'"②。

以传统的手工做服装为例，在传统社会中，家庭成员穿的衣服都是手工制作的。在一个家庭中，孩子们的衣服一般都是母亲亲手做的，丈夫的衣服则是妻子亲手做的。"游子身上衣，慈母手中线。临行密密缝，意恐迟迟归。谁言寸草心，报得三春晖"。唐朝诗人孟郊的这首《游子吟》就道出了远离家乡亲人、在外地流离颠沛的游子，通过母亲为自己亲手做的衣服寄托对母亲及家乡的思念之情。当妻子亲手为丈夫织一件毛衣时，在一针一线中都包含着对丈夫的浓浓爱意。此外，当全家人坐在一起无论是享受妻子（母亲）或是丈夫（父亲）亲手操办的晚餐时，家中都会自然涌现出一股温馨和谐的气氛。以中国每年除夕的年夜饭为例，随着人们经济条件的逐渐好转以及工作与生活节奏的加快，现在很多家庭将年夜饭直接安排在饭店里，虽然吃得很好，也确实省去了许多做年夜饭的麻烦。但与此同时，人们却总是感到缺少了以前那种在家里做年夜饭的其乐融融的感觉和气氛，缺少了以前的那种"年味"了。

实际上，如同其他的社会劳动可以增加劳动者们彼此之间的联系一样，家务劳动对于增强家庭成员之间的情感联系同样起着非常大的作用。

---

① 埃米尔·涂尔干. 社会分工论 [M]. 渠东，译. 北京：生活·读书·新知三联书店，2000：24.

② 佟新，刘爱玉. 城镇双职工家庭夫妻合作型家务劳动模式——基于 2010 年中国第三期妇女地位调查 [J]. 中国社会科学，2015，10：96.

当我们审视家务劳动时，如果只一味看到家务劳动的辛劳和烦琐，而无视其对于家庭生活及家庭成员之间的积极影响，自然会对家务劳动持贬斥的态度。但是，家务劳动显然具有更为积极的意义。西方的女权主义一直对女性从事家务劳动持批判态度，但是，"20 世纪后期，也有女权主义者开始从更为积极的角度分析家务劳动的意义。她们认为人类尚未认识到良好的家务劳动对个人安康的贡献、对美学发展的促进和对减轻紧张程度的帮助"[①]。

虽然和一般意义上的社会分工很相似，但是，较之于社会分工，家庭内部的家务劳动分工还是存在自身的特点。家庭成员之间的关系与普通社会成员之间的关系相比存在霄壤之别，判若云泥。因为，家庭成员之间具有明显的婚姻、血缘及姻缘等关系。"家庭是以人为目的的社会组织，是充满价值理性的组织。这里的核心价值是关爱、互惠乃至牺牲"[②]。从这个意义上讲，外出工作赚钱养家与在家庭承担家务劳动对于整个家庭来说，其意义和作用一样大，二者都是以各自的方式表达对其他家庭成员的爱、义务及责任。

3. 家务劳动对于孩子成长的意义与价值

家务劳动很重要的一个内容就是孩子的抚育。女性在生育以后，家庭生活中一个很重要的内容就是孩子的抚育，因此，抚育未成年的孩子实际上构成家务劳动的一个重要内容，它占据了家长的很多时间，消耗了家长的极大精力。为了抚育孩子，很多职业女性甚至不惜放弃了自己的职业。一般来说，孩子在成年之前的近 20 年时间里，其生活及教育等诸多事项都需要家长操心，特别是在上初中之前，关于孩子的各项生活及教育方面的事务就更多了。因此，有关孩子生活及教育方面的家务劳动对孩子来说自然意义重大。

此外，在孩子社会化的过程中，作为最基本的社会组织，家庭在其中发挥了巨大的作用，"家庭塑造了子女的心理特质，传递一套规范和价值，它对子女生活习惯、行为、态度、信念的作用是其他任何机构所不能比拟的"[③]。其中，有关劳动的观念、态度及教育等对孩子的成长至关重要。一

---

① 黄宇. 家务劳动的女权主义批判考察 [J]. 河北法学，2007，5：94.

② 孟宪范. 家庭：百年来的三次冲击及我们的选择 [J]. 清华大学学报（哲学社会科学版），2008，3：13.

③ 贝克. 个体化 [M]. 李荣山，范譔，张惠强，译. 北京：北京大学出版社，2011：144.

般来说，劳动是人类生存繁衍的根本，正是劳动创造了人类。"劳动不是追逐利益的工具、惩罚的手段以及规训的方式，而是自主性、道德性以及创造性的活动"①，家务劳动尤其应该这样。可以毫不夸张地说，家务劳动是孩子自出生以后第一次见到的劳动形式，自懂事起，他就可以亲眼看到父母亲每天在家里忙碌的身影。而对于有些孩子来说，他们自己也会直接参与一些力所能及的家庭劳动。例如，对很多农村孩子来说，他们在成长的过程中几乎无一例外地参与了很多的家务劳动，典型的如女孩子在家里洗衣服、做饭，男孩子喂牲口等等。但遗憾的是，随着我国市场经济的逐步发展，市场经济意识逐步"侵入"到家庭之中。一段时间内，极少数家庭中家长为孩子做家务而支付"报酬"的事例在媒体上被当作培养孩子"按劳取酬"意识的典型而广泛宣扬。应当说，培养孩子"按劳取酬"的意识本身并没有错，但笔者认为，这种对孩子"按劳取酬"意识的培养却选错了地方。家庭是"温暖的港湾"，是"无情世界中的避难所"，是家庭成员之间表达深厚感情的场所，对孩子来说，家庭还是培养他们对父母长辈及兄弟姐妹之爱的地方，而在力所能及的范围内承担一些家务活恰恰是孩子表达这种爱意的最好方式。

因此，家务劳动在孩子社会化的过程中起着非常重要的作用。众所周知，家务劳动涉及全家人日常生活的方方面面，其中很多与孩子自身的生活密切相关。通过耳濡目染，以及亲身参与各种形式的家务劳动，孩子在成长过程中不仅能够学习基本的生存技能，积累一定的生活经验，更重要的是，还可以充分理解家庭成员之间团结互助、互帮互爱的意义与价值。

4. 家务劳动有利于现代社会的婚姻家庭重建

在近现代社会，家庭的传统价值日渐式微，甚嚣尘上的个人主义狂飙突进，一路高歌，传统家庭大有解体之势。很多学者从不同方面解释了近现代社会家庭功能逐渐弱化乃至易于解体的主要原因，例如，肖瑛从个人主义与自由劳动力市场之间存在的悖论进行了相当详尽的分析和论述②。对于现代社会的婚姻家庭来说，由于女性外出工作而导致的与丈夫之间关于家务劳动的矛盾与冲突愈益激烈。例如，在我国很多家庭中，一方面，由于受传统观念的影响，职业女性承担着职业工作与家务劳动的"双重负担"。但另一方面，随着越来越多女性的经济地位、受教育程度以及

---

① 赵荣辉. 劳动德性论 [J]. 教育学术月刊，2016，1：18.

② 肖瑛. 从占有性到制度化—个人主义作为现代意识形态的演变 [J]. 学术研究，2016，1：59-68.

法律知识水平的提高，家务劳动分配上的男女失衡问题也已成为夫妻家庭矛盾，甚至是夫妻离婚的重要诱因之一。正如贝克所说，尽管"人们可能会质疑，妇女越来越不满家务劳动分工是否真的在这一趋势中（指社会的高离婚率—笔者注）扮演那么重要的角色。我们可以构想出下面这些相关性：如果性别角色与劳动分工之间的冲突并没有通过各种途径，像回避、协商或压制加以消解，那么它很可能会逐步升级，到最后只能以放弃婚姻来终结冲突"[①]。

（四）作为正式制度的婚姻法等该如何规范非正式制度专为女性安排的家务劳动？

在几千年的中国传统社会中，在家庭之中，"男主外，女主内"以及"男尊女卑"的格局一直相延未改。及至进入现代社会，传统家庭伦理、风俗习惯以及社会舆论等各种非正式制度仍然将家务劳动视为妻子的"专利"，是她们在家庭之中应尽的职责，哪怕这些妻子也和丈夫一样是家里的"bread-winners"，但这也丝毫不会改变人们对于女性应该做家务劳动的"刻板印象"。

新中国成立以后，虽然国家在全社会层面一直都大力提倡并广泛宣传男女平等，且《婚姻法》也将男女在家庭中的法律地位平等作为《婚姻法》的基本原则之一。但是，在现实生活中，"男尊女卑"这一根深蒂固的传统思想观念仍然继续或隐形或显形地指导着人们的生活实践。例如，在计划经济时期，家庭妇女除了要承担家务劳动以外，还要参加生产队的集体劳动，虽然家里家外都要忙活，但当时妇女参加集体劳动获得的工分却少于男性劳动力获取的工分。即便到了今天，很多的职业女性即使从事自己的职业工作，但是回到家里也还要继续忙里忙外，承受着"家务劳动"与"职业工作"的双重压力。

笔者在调研中接触到的几乎所有双职工的工薪家庭中，至少有95%以上的女性在家里承担了几乎全部的家务劳动，洗衣服、做饭以及家庭清洁等家务活都是由女性来承担。承担 S 镇中学初三毕业班班主任工作的女教师江老师这样对我说："每天天没亮我就得起床，洗漱后就要立即做早饭。早饭做好后简单整理收拾好自己上午上课的资料，接着喊丈夫和在镇上读小学的孩子起床。有时候还得将早饭盛好，端到桌子上，让他们两人吃。孩子吃完后，我就得立即骑电瓶车将孩子送到距离中学不远的镇小学，然

---

① 贝克. 个体化 [M]. 李荣山，范譞，张惠强，译. 北京：北京大学出版社，2011：32.

后再回校做自己的事情。中午放学就得马上做中饭。晚上吃过晚饭后还得批改作业，每天都忙到深夜。"

在访谈中，大多数双职工家庭中的女性都这样说："有什么办法呢？女人做家务好像是天经地义的，偶尔忙不过来让他'插一把手'（当地方言，意思是帮一下忙），心情好的时候他还会帮一下，心情不好的时候就会朝你吼，说这些家务事就是女人做的。你要是为这些事情和他争吵，社会上对你的评价就会很糟糕。所以只有自己做，能不要他做家务就尽量不要他做，落个清净。"

但也有的女性这样说："男人做家务就是不行，忙手忙脚的，又脏又乱，让他们做我还不放心，看着一点都不满意，还不如自己去做。"

针对上述于女性明显不公平的现实情况，一方面，传统习俗观念等非正式制度将其视为一种正常的情况；另一方面，婚姻法等正式制度在很长时间内也对此一直保持着"沉默"，任由传统习俗、家庭伦理等各种非正式制度维持着女性必须做家务劳动的陈规。随着时代的进步，人们日益认识到女性的家务劳动虽然是无薪的劳动，但对于整个家庭生活功不可没，意义重大。随着人们对女性家务劳动价值认识的逐步深入，在立法实践中，很多国家的亲属法中都明确认可了家务劳动的价值。

我国直到 2001 年《婚姻法》修订时，立法机关才在《婚姻法》中对于女性承担的家务劳动价值予以有限度的承认[1]。原《婚姻法》第四十条规定的虽然是夫妻离婚时的一方对另一方请求经济补偿制度，但该条实际上等于承认了家务劳动的经济价值。但从原《婚姻法》第四十条的规定内容来看，婚姻法虽然第一次正式承认了家务劳动的价值，但是立法却同时设置了一个前提条件，即必须是在那些采取夫妻约定财产制的家庭中，那些在抚育子女、照料老人、协助另一方工作等付出较多义务的一方，才可以在离婚时请求另一方予以补偿。但是，众所周知的是，虽然 2001 年我国《婚姻法》明确规定了夫妻财产约定制，然而，由于受中国特定历史文化传统的影响，绝大多数中国里，尤其是广大的农村家庭，实行夫妻财产约定制的微乎其微；即使在城市家庭，夫妻对家庭财产实行约定制的也很少。因此，夸张一点说，上述《婚姻法》第四十条的规定实际上"形同具文"，在司法实践中几乎得不到正式适用。在夫妻离婚案件中，绝大多数夫妻都没有实行夫妻家庭财产约定制，因此，即使在这些家庭中妻子承担了绝大多数的家务劳动，但在离婚时依然不能为自己在婚姻关系存续期

---

[1] 原《婚姻法》第四十条。

间的家务劳动付出得到任何补偿。基于上述原因，为了更好地维护那些在家务劳动中付出较多一方的合法权益，许多学者提出，《婚姻法》应该做出相应的修订，即无论是否采取家庭财产共同制还是分别财产制，只要一方当事人在家务劳动中付出较多，则其和对方离婚时就有权要求对方进行相应的补偿。对此，2021 年 1 月 1 日施行的《民法典》第一千零八十八条做出了立法回应，该条规定："夫妻一方因抚育子女、照料老人、协助另一方工作等负担较多义务的，离婚时有权向另一方请求补偿，另一方应当予以补充。具体办法由双方协议，协议不成的，由人民法院判决"。由上述规定可以看出，和原《婚姻法》的规定相比，《民法典》关于家务劳动补偿不再区分"夫妻财产共同制"与"夫妻分别财产制"。应当说，《民法典》的这一规定更能体现家务劳动补偿制度的价值。当然，在司法实践中，具体的补偿数额如果双方协议不成，应该由法院综合个案的实际情况进行判定。笔者赞同一种比较普遍的观点，即一方对另一方进行家务劳动的补偿数额可以参照当地家政市场的服务价格来确定。

第三节　离婚涉及的财产因素及其制度影响与控制

　　婚姻交换不只体现在婚姻的缔结阶段和婚姻关系存续期间，夫妻双方在离婚时这种交换依然在发挥作用。由于夫妻一方或双方已经决定离婚了，因此，在离婚阶段，一个显而易见的情况是，那些在婚姻缔结时以及婚姻关系存续期间有助于婚姻及家庭稳定的诸多交换因素，如爱情、性、社会地位与身份、身体健康状况及相貌等等，对于正在准备离婚的当事人来说已经没有任何实际意义了。或者说，正是上述那些因素发生了变化，才导致当事人离婚，典型的就是双方之间已经不存在当初将他们结合在一起的爱情了。

　　然而，出于夫妻即将离婚的现实情况以及婚后各自生活的继续，财产因素，即家庭财产的分割、家庭债权债务关系的处理以及未成年孩子的抚养与教育等等，在离婚时反而会成为一个必须要加以解决的问题。特别是当这些家庭经济问题随着婚姻双方当事人将其离婚请求被一并提交法院时，婚姻法对家庭财产所确立的一系列正式制度及其适用就会成为一个主要的问题，因为，基于各种主客观原因，例如，社会大众及道德伦理对被离婚的一方与未成年孩子的同情、对因另觅新华而抛妻弃子丈夫的痛恨以及"不离婚是一家人，离婚就是两家人"这样朴素观念的影响，等等，以道德伦理等为主要表现的非正式制度也会对夫妻离婚时的财产处理施加种种影响。因此，离婚时婚姻双方当事人会在各种正式制度与非正式制度的框架下，使用各种策略来进行关于离婚时的财产交换。

事实上，夫妻离婚时，无论是协议离婚还是法院判决或调解离婚，在此期间，双方及其背后的家庭都会卷入到一场有关家庭财产分割、债权债务承担等一系列问题的"讨价还价"的博弈之中。博弈的程度视双方的具体情况而定，有时候，双方能够心平气和地达成关于财产分割、家庭债权债务关系等问题的处理协议。有时候，双方则剑拔弩张，争吵激烈，极少数夫妻及其双方的其他家庭成员等甚至会在庄严的法庭上大打出手。此外，在通常情况下，如果夫妻有未成年的孩子，那么，在离婚时还会涉及未成年孩子的抚养问题。对于离婚后承担未成年孩子抚养义务的一方来说，由于未成年孩子的抚养需要大量的金钱以及时间与精力的投入，因此，未成年孩子的抚养实际上也会涉及夫妻离婚时的财产因素，故本部分将其一并予以论述。

在现实生活中，夫妻双方的离婚会涉及各种情况。一是夫妻双方都同意离婚，且能够对家庭财产的分割及债权债务关系的处理、未成年孩子的抚养等问题达成协议，那么，双方一般会协议离婚，而不会诉诸法律。当然，在这种情况下，双方实际上也会就上述问题"讨价还价"，进行各种交换。例如，不愿意抚养未成年孩子的一方或许会在经济上做出一些额外补偿；或者，首先提出离婚的一方为了换取对方同意离婚，也会在经济上做出一些重大让步，甚至有极少数婚姻当事人为了能够换取对方同意离婚而"净身出户"，一分钱都不带走，以完成一种"对方同意离婚"与"自己放弃家庭财产"的彻底交换。二是一方同意离婚，但另一方根本不同意离婚。由于此时双方争执的焦点是离婚本身，因此，这种情况并不会涉及家庭的经济问题。实际情况往往是，只有在一方或者双方都同意离婚的情况下，家庭财产问题的处理才会"浮出水面"。三是双方都同意离婚，但是对家庭财产的分割及债权债务的承担，包括对未成年孩子的抚养等问题达不成协议，这时候双方就会将争议提交法院处理。此时，法律这样的正式制度就会"闪亮登场"，担负起处理夫妻离婚时经济问题的重任。除了立法承担起制定各种有关处理夫妻离婚时家庭财产分割及债权债务关系的正式法律制度以外，法官在个案的处理中也应该灵活适用相关的法律规定。此外，从国家与政府的层面来说，那些因离婚而处于弱势地位的妇女及未成年孩子如何制定相应的社会政策，在当今社会高离婚率的背景下也具有十分重要的现实意义。

由于本文第六章将专门讨论正式制度与非正式制度对离婚的控制，因此，有关离婚时涉及的财产因素及其制度控制详见第六章的有关讨论。

第五章 婚姻交换中的非财产
因素及其制度控制

在婚姻生活中，除了前一章我们集中讨论的对婚姻交换起重要作用的财产因素，即婚姻缔结阶段的"彩礼"与"嫁妆"，以及婚姻关系存续期间的"夫妻家庭财产"与"家务劳动"等财产性因素以外，影响婚姻交换的还有其他一些非财产因素。其中，最典型的有爱情、婚姻当事人及其家庭的社会地位与身份、性与子女等因素。此外，人类生活于其中的时间与空间这两种因素也对男女的婚姻交换发生作用。上述影响婚姻交换的各种非财产因素在现实的婚姻实践中随处可见，它们以自己独特的方式对男女之间的婚姻交换关系产生各种各样的影响，或有利于一桩婚姻的缔结，或有益于一桩婚姻的维系，或者会使得一桩婚姻走向解体，等等。在人类社会的婚姻史上，这些影响婚姻交换的非财产因素也会受到各种制度的规范与约束，并随着人类社会的变迁发生相应的变化，在不同的时空条件下，它们共同塑造着人类社会的婚姻家庭生活。

第一节 爱情：制度不能强人所爱／不爱

在婚姻交换的诸因素中，爱情是一种表面上看起来虚幻但却对于婚姻有着最为实际效用的非财产交换因素。说爱情虚幻，是因为爱情乃是一种看不见摸不着的人类情感，这种情感起始于男女之间的相互喜欢。但爱情究竟是什么却没有一个统一的界定。"什么是爱情？其说不一，但大多数人在一点上是共同的，即爱情是在物质基础上的精神现象，是精神上的两性关系，是男女之间在精神上对异性的追求和爱慕。固然，性和性行为是爱情的前提和生理基础，爱情也还会有其他社会基础，但爱情并不等于性和性行为或其他。它只有借助于思想和感情（如志趣、爱好和理想等）才能升华为爱情"①。在人类社会的婚姻史上，基于爱情而缔结婚姻是晚近的事情。虽然我们不能否认在传统社会的婚姻中，爱情对于一桩婚姻的重要意义，但认为爱情是婚姻基础的观点确实是最近两百多年来才出现的事情。据英国学者劳伦斯·斯通考证，"浪漫爱情起初是 12 世纪的抒情诗人文学里的婚外感情，到 16、17 世纪由于印刷术的发明和文字的传播而有所变化。它是主导 16 世纪末、17 世纪的诗、剧场和爱情小说的主题，并在 18 世纪中叶进入实际生活"②。关于这种出现在中世纪之前的浪漫之爱，罗素曾经有过如下评价："浪漫之爱的本质是，它把所爱的对象看作是极难拥有的，是十分珍贵的，因而求爱者需要做出巨大的努力，通过多种多样的方式，比如通过诗歌、歌曲、武艺或者可以用其他任何可以想到的最能取悦女人的方式，才能赢得所爱对象的爱"③。从这个意义上来说，当时的浪漫爱情其实是男女之间一种十分崇高纯洁的情感。男人具有的这种对所钟爱的女人表现出的爱情与当时基督教的禁欲主义有关。也因此，这种浪漫之爱是一种柏拉图式的爱情，是一种与纯粹的肉欲无关的崇高情感。

在中国，尽管传统社会中不乏有一些年轻人追求两情相悦的爱情婚姻，但是，纯粹因为爱情而结婚的人还是凤毛麟角，个体的爱情婚姻在整体的家庭婚姻面前往往不堪一击。因爱情而结婚是个体婚姻对家庭婚姻的胜利，是个人婚姻自由摆脱家庭束缚与父母包办婚姻的体现。婚姻因为男女当事人之间纯洁美好、浪漫温馨的爱情而缔结，这一说法凸显了爱情在近现代人类婚姻生活中的价值。自从爱情在男女婚姻中的地位得到社会承认、价值得以彰显以后，人们对爱情一直进行热烈的歌颂，各种溢美之词被人们加在了爱情的头上。

作为婚姻交换中一项非常重要的因素，始于当事人之间爱情的婚姻更加容易缔结；而在婚姻关系存续期间，夫妻之间的爱情也会更加有利于一桩婚姻的维系，使得婚姻关系愈发紧密与和谐。在婚姻生活实践中，爱情在离婚中的表现十分微妙，显现出一种十分奇怪的混合。在绝大多数情况下，夫妻离婚是因为双方之间的爱情已经消失，"爱情是婚姻的坟墓"这句话就是这种情况的典型表达，而婚姻法也将"夫妻感情确已破裂"作为夫妻离婚的法定条件。但在极少数情况下，因为某些特殊的原因，夫妻一方提出离婚恰恰是因为双方之间有爱情，而且双方感情还非常之深，一方

---

① 潘允康. 试论婚姻的交换价值［J］. 社会科学战线，1985，4：141.

② 劳伦斯·斯通. 英国的家庭、性与婚姻（1500-1800）［M］. 刁筱华，译. 北京：商务印书馆，2011：317.

③ 罗素. 幸福婚姻与性［M］. 陈小白，译. 北京：华夏出版社，2014：49.

提出离婚更多的是因为婚姻的存续会因为某种原因而危及另一方的利益，为了保护另一方的利益或者不给另一方造成麻烦或带来损失，一方当事人忍痛提出离婚。因此，从某种意义上来讲，因为爱情而离婚更加显示出爱情的伟大，这是爱情在婚姻中的一种另类表达。

一、爱情是婚姻缔结的情感前提

传统婚姻是家庭（族）之间的事情。在中国传统社会中，"父母之命，媒妁之言"一直是男女缔结婚姻的主要方式。在西方的传统社会中，男女之间的婚姻也基本上是父母或家庭做主。因此，以个体主义、自由主义为核心价值或主要特征的爱情在传统社会的婚姻中是没有一席之地的。虽然传统婚姻中缺乏爱情，但是并没有证据表明传统社会中男女所缔结的婚姻因为缺乏爱情而必然会出现种种问题。相反，在传统社会中，幸福美满的婚姻同样比比皆是。可尽管如此，始于爱情的婚姻显然更加有利于一桩婚姻的缔结，而爱情的持久与"保鲜"也会更加有利于维系一桩婚姻，使得婚姻关系更加紧密。

爱情其实是一种较为复杂的人类情感，但是，和人类的其他情感一样，爱情也会经历一种从低级形式（简单形式）到高级形式（复杂形式）的逐渐演变过程。爱情的低级形式（简单形式）就是喜欢，例如，所谓一方对另一方的"一见钟情"就是这种喜欢。这种喜欢可能源于一方的相貌、身材和穿着等外在表现；也可能源于一方的气质、知识与修养等内在品质；还可能是源于其他一些说不清、道不明的原因，典型的如人们通常所说的"眼缘"等，总之，也就是人们所说一方对另一方的"第一印象"比较好。

那么，这种一方对另一方的喜欢是不是就是爱情呢？显然不是，即使从爱情的低级形式（简单形式）来说，这种喜欢也不是爱情。因为，爱情在任何时候都是相互的，它始终是一种男女之间的情感互动，哪怕在它的初级阶段。无论是经由他人的介绍，还是双方自己认识，只有当相遇或相识的双方彼此相互喜欢，相互吸引，我们才能说男女双方产生了爱情。反之，如果只是一方对另一方的喜欢，而另一方却无动于衷，或者，压根就不喜欢对方，那么，这种一方对另一方的喜欢就是前文所说的"单相思"，而"单相思"显然并不是爱情，更不会导致一桩婚姻的缔结。

黑格尔认为："所谓爱，一般说来，就是意识到我和别一个人的统一，使我不专为自己而孤立起来，我只有抛弃我独立的存在，并且知道自己是同别一个人以及别一个人同自己之间的统一，才获得我的自我意识。但爱是感觉，即具有自然形式的伦理……爱是一种不可思议的矛盾，绝非理智所能解决的，因为没有一种东西能比被否定了的而我却仍应作为肯定的东西而具有的这一种严格的自我意识更为顽强的了。爱制造矛盾并解决矛盾。作为矛盾的解决，爱就是伦理性的统一"①。作为一个研究辩证法的哲学大师，黑格尔从矛盾的对立与统一角度，用哲学的特有语言对爱进行了阐述。在黑格尔看来，爱是发生在两个人（爱人者与被爱者）之间的一种既对立又统一的矛盾状态。爱既是人的一种主观感觉和意识，又是一种具有自然形式的伦理。一方面，从人的主观感觉与意识来说，爱使一个人（爱人者）感觉到或意识到自己与另一个人（被爱者）是统一的，在爱的状态下，一个人是不能独立存在的，他必须依附于另一个人的存在而存在，只有抛弃自己的独立存在，才可以获得自我意识。另一方面，爱具有两个环节，首先，爱使得一个人不想成为一个独立的个人，换言之，在爱的状态下，一个人必须与被爱者共同存在，生命才有意义。其次，在爱的状态下，爱人者与被爱者之间必须相互承认，且彼此都能够感觉到对方对自己的承认。因此，爱是一种具有伦理性的矛盾统一。

　　虽然黑格尔这一段关于爱的经典论述因其特有的哲学语言表述略显晦涩难懂。但其表达的意思主要就是，爱必须首先是双方的、相互的，爱必须是男女之间的一种情感交换与互动；一方对另一方爱的付出必须要得到对方的相应回报，这样的爱才会不断持续下去。因此，单方面的喜欢或好感并不是真正的爱情，它充其量只是一种"单相思"，而一见钟情式的激情也同样不是爱情。

　　马克思与恩格斯也都认为爱情应该是相互的，"恩格斯在论述爱情的两条基本特征时曾说'现代的性爱，同单纯的性欲，同古代的爱，是根本不同的。第一，它是以所爱者的互爱为基础的；在这方面，妇女处于同男子平等的地位，而在古代爱的时代，绝不是一向都征求妇女同意的'。恩格斯特别强调爱情是相互的，相互本身就是一种交换。马克思在《1844年经济学哲学手稿》中也提出过类似的看法。他说'如果你在恋爱，但没有引起对方的反应，也就是说，如果你的爱作为爱没有引起对方的爱，如果你作为恋爱者通过你的生命表现没有使你成为被爱的人，那么你的爱就是无力的，就是不幸'"②。因此，男女之间的爱情必须是一种情感之间的良性互动，如果恋爱期间，男女之间的这种良性互动能够继续下去，双方之间越来越亲密，那么，男女就可以考虑谈婚论嫁。总而言之，真正的爱情确

---

　　① 黑格尔. 法哲学原理 [M]. 范扬，张企泰，译. 北京：商务印书馆，2010：175.

　　② 潘允康. 试论婚姻的交换价值 [J]. 社会科学战线，1985，4：140.

实能够在婚姻生活中起到很大的作用，真正值得称颂的伟大爱情确实可以排除一切婚姻中的障碍，让男女双方患难与共，白头偕老。

在近现代的爱情婚姻中，完全出于男女当事人的自由意思与个人意志，在没有任何外界因素的干扰下，如果男女双方彼此喜欢，然后继续交往，双方就进入了自由恋爱阶段。通常的模式是，男女双方自由恋爱要经过一定的时间以后才可能正式谈婚论嫁。因为，虽然说双方相识后彼此喜欢，相互吸引，并愿意接着交往下去，但是，这种喜欢毕竟只是第一印象。只有随着交往时间的逐步延长，双方才可能进一步加深彼此之间的了解，掌握对方更多的信息，如人品是否好、性格脾气如何、为人处世怎样等等。无论男女，只有在充分了解对方有关真实情况的基础上考虑缔结婚姻才是比较理性与正确的做法。否则，如果一方仅仅是喜欢对方，在未对另一方有关情况加以详细了解的情况下，就仓促决定和对方结婚，往往会在结婚后与对方共同生活时发现自己与对方压根就不合适。也正因为如此，在很多允许子女自由恋爱的家庭中，理性的父母亲总是这样对自己的孩子说："既然你喜欢他／她，可以和他／她相处一段时间看看，多了解了解，看看你们到底是不是适合在一起。"

然而，遗憾的是，爱情是一种十分奇妙的人类情感，坠入情网的少男少女往往会被爱情冲昏头脑，在没有经过深思熟虑的情况下就匆忙决定结婚，最终却以离婚收场。在近年来的中国社会，发生在一些年轻人身上的"闪婚"现象就是上述情况的典型例证，由于缺乏深入了解，只相信"一见钟情"式的爱情，很多年轻人的"闪婚"大都以"闪离"告终。一些婚姻失败的年轻人为此会怀疑爱情，并重弹起"婚姻是爱情的坟墓"这样的老调来感叹自己的婚姻失败。但其实问题是出在自己对于爱情这一人类崇高与复杂情感的不完全甚至是错误的理解之上。

就人类社会各种制度对婚姻交换中爱情因素的规范来说，传统婚姻中，男女当事人之间的爱情无论在正式制度还是非正式制度中都没有一席之地，最好的情况是，在父母包办的婚姻中，如果男女相识后能够彼此喜欢，相互有好感，那么，这将是父母包办婚姻的理想结局。事实上，在传统婚姻中，男女当事人之间的爱情从来就没有成为一桩婚姻得以缔结的决定性因素。在世界范围内，自从爱情婚姻出现以后，以婚姻法为代表的正式制度逐渐开始承认爱情在婚姻缔结中的地位。由于爱情是一种极端复杂的人类情感，它始于个体的自由意志，因此，当法律制度正式承认爱情在婚姻缔结中的作用以后，婚姻法往往将爱情表述为婚姻自由，即将婚姻的自由决定权交到男女当事人自己的手中，从而排除了父母包办婚姻。例如，在英国，"发生在 17 世纪末、18 世纪的许多法律、政治、教育上的变化是有关婚姻关系本质的概念变化的结果……一旦'情感能在婚后自然发展'的说法被怀疑，婚事决定权就必须被转移到婚姻当事人本人，且越来越多的婚姻当事人在 18 世纪就开始置情感希冀于名利野心之前"①。正是在上述社会背景下，爱情婚姻逐渐在西方社会成为男女当事人缔结婚姻的一种主要方式。

在中国，自 20 世纪初，随着西学东渐，西方社会中的新思想与新观念也相继传播到中国，其中，自由恋爱、爱情婚姻等新的婚姻思想观念对年轻人的婚姻观产生重大影响，在当时的一些大城市中，反对父母包办婚姻、自由恋爱一度成为年轻人择偶的时尚。新中国成立后，国家制定的第一部法律即《婚姻法》中明确规定了男女婚姻自由，反对父母包办婚姻等内容，第一次从正式制度上赋予了爱情在婚姻中的合法地位。基于新中国成立后所处的特殊时代背景，虽然《婚姻法》规定了婚姻自由，也赋予了男女当事人自己决定婚姻的权利，但出于意识形态管控的需要，青年男女的"爱情"也被赋予了极其浓厚的社会主义政治意识形态的意味。在日常生活领域，青年男女之间的爱情表达甚至在方式上都受到来自国家与社会的诸多限制。尽管正式制度已经承认了爱情在婚姻中的地位，尤其在婚姻缔结中的地位，但是以习俗等为代表的非正式制度却对爱情在婚姻中的地位持有一种较为矛盾的态度。一方面，在婚姻缔结阶段，即使在今天，乡村习俗大都还是认为仅凭爱情就轻易缔结一桩婚姻不是很靠谱；同时，一些村民既对婚姻自由与爱情表示赞同，但又对婚姻自由颇有微词，表现出十分复杂的矛盾心理。在 F 村调研时，一些年龄较大的村民就这样对我说："现在的小青年简直就是瞎胡闹，见个面没几天，只要喜欢就说两个人之间有爱情了，然后就考虑结婚了。听说村上有的年轻人还是在什么网上认识的，连个面还没见就说是在谈恋爱，这不是在瞎胡闹么？结婚以后是要在一起踏踏实实过日子的，爱情个能当饭吃啊？结婚是一辈子的终身大事，哪能这样随随便便马虎呢？"

另有一些村民则这样说："婚姻要子女自己同意当然最好了，捆绑不成夫妻，强扭的瓜不甜。现在婚姻法规定婚姻自由，父母亲也不能强求子女的婚姻了，干涉太狠的话政府也不饶你。但是有时候孩子年轻不懂事，在外面打工认识了，相互不了解，就谈起恋爱，即使父母看着不满意也没太好的办法，不像以前还能强迫孩子，现在只能慢慢劝，孩子听大人的劝

---

① 劳伦斯·斯通. 英国的家庭、性与婚姻（1500-1800）[M]. 刁筱华，译. 北京：商务印书馆，2011：22.

还要好一点，但有的不听劝就没办法了，他一句'婚姻自由，我自己的婚事我做主'你就没辙了。"

另一方面，在习俗观念中，几乎没有人会否认婚姻关系存续期间夫妻感情好对于密切婚姻关系的重要性。而我国《民法典》也明确将"夫妻感情破裂"作为离婚的法定条件。虽然表述不同，但感情无疑是爱情在婚后的重要表现形式。在笔者看来，夫妻婚后的感情其实是一种集夫妻二人爱情及家庭成员之间亲情为一身的混合情感。也就是说，在婚姻关系存续期间，夫妻之间的爱情依旧发挥着维系夫妻婚姻关系的重要作用。

二、爱情是婚姻关系维系的道德基础

男女之间的一见钟情大都是爱情的作用使然。相互之间彼此萌生爱情的男女，在爱情之火的燃烧和煎熬中，会有一种"一日不见，如隔三秋"之感。说爱情对婚姻有着实际效用，是因为和其他的婚姻交换因素相比，如与家庭社会地位、身份、财产状况、时空因素等相比，爱情可以让男女跨越上述各种因素的界限而缔结婚姻。这方面最典型的例子就是传说中古代的皇帝可以为了爱情而"不爱江山爱美人"，这是婚姻之战中爱情取得完胜的经典战例。此外，如果夫妻之间的爱情真的能够维持一辈子的话，那么，在漫长的婚姻家庭生活中，无论夫妻双方发生什么变化，或一方罹患疾病也好，或一方大富大贵也罢，双方的婚姻都会毫不动摇。因为爱情而缔结，且婚后爱情依旧存在并继续"保鲜"的婚姻会将两个人完全结合成一个拆不散的整体。

在传统社会中，虽然婚姻中的男女当事人之间也会有感情存在，但总的说来，一桩婚姻的缔结与当事人之间是否存在爱情其实并没有多大关系。以中国为例，在相当长的历史时期中，"父母之命，媒妁之言"一直是男女缔结婚姻的主要方式。很多夫妻甚至直到结婚的当天晚上才第一次见面。因此，人们戏称传统社会的夫妻大多是"先结婚，后恋爱"。这种不以爱情为基础的婚姻主要源于女人在家庭中处于屈从地位。如果女人在家庭中处于屈从地位，那么，她在婚姻中就是一个被单纯用来交换的客体，是一个真正意义上的婚姻交换对象，而非一个独立的个人。总之，在传统社会中，爱情对于婚姻中的男女来说，不仅是一件稀罕之事，也是一件陌生之事。

从生活经验来看，爱情更多的是在婚姻缔结阶段起作用。中国有一句谚语"良好的开端是成功的一半"，基于爱情的婚姻，或者男女通过自由恋爱缔结的婚姻由于有爱情因素掺杂其中，因此，无论是当事人自己或是其他人，都会对这样的婚姻报以很深的期待，并相信这样的婚姻一定会持续很久。在现实生活中，尽管有不少的反例，但就大多数建立在爱情之上的婚姻来说，这些婚姻还是经得住时间考验的。爱情在婚姻中发挥作用的关键是，婚姻之前的爱情在婚姻中继续"保鲜"，并在婚后可以成功地转化为感情或亲情，以及对家庭的责任，这是维系婚后夫妻婚姻关系的关键。正如罗素所说"婚姻是一种制度，通过生儿育女这一事实，而构成紧密交织的社会的一部分，它的重要性远远超过夫妻间的个人感情。浪漫之爱应该成为结婚的动机，这兴许是对的，我也认为这是对的，但是应该知道，那种能够使婚姻幸福美满并实现其社会目的的爱并不是浪漫的，而是更亲密、更有亲情和更现实的东西。婚姻是一件比相互陪伴、两情相悦更为严肃的东西"[1]。因此，虽然婚姻可以因为爱情而缔结，且在婚后的生活中爱情的作用依然不可以轻视，但一旦男女结婚以后，爱情就不再是婚姻生活的唯一了。如果说爱情只是夫妻二人之间的事情，是专属于夫妻二人的感情"专利"，那么，婚姻则不是这样，因为经由婚姻而组成的家庭已经构成了社会的一个基本单位，婚姻家庭不只是夫妻二人之间的事情，当夫妻结婚后，原来专属于夫妻二人的爱情就应该服从于整个婚姻家庭利益。

　　尽管在近现代社会中爱情对于婚姻的缔结十分重要，但是，人们却又常常认为"婚姻是爱情的坟墓"。这句显得十分丧气、充满悲观论调的谚语其实道出了爱情在人们结婚后的真实状态，即现实的婚姻可能会将浪漫的爱情无情埋葬。因此，"婚姻变成一段爱情的结局，而不是一种新状态的开始，有变成一种行为而不再是一种身份的趋势"[2]。虽然一方面人们相信基于爱情的婚姻是美好的，但另一方面，很多年轻人却开始怀疑爱情与婚姻之间是否真的有必然的联系，即美好的爱情是否一定能够带来幸福的婚姻？亲眼目睹现实生活中诸多不幸福的婚姻，很多年轻人往往会暗自思忖"要是只谈恋爱不结婚该有多好"。但实际上，如前所述，那些婚姻失败的人其实并没有完全真正理解爱情在婚姻家庭生活中的意义与价值。在漫长的婚姻家庭生活中，真正的爱情不仅意味着"同甘"，更意味着"共苦"；既意味着"共通享有快乐"，也意味着"彼此分担悲伤"；既是夫妻之间的"自由和权利"，也是他们的"义务和责任"。上述内容紧密交织在一起，通过夫妻之间正常的情感与行为互动，爱情才能持久"保鲜"，婚姻也才会长久幸福。

　　从现实生活中很多的婚姻家庭来看，情况似乎是这样。对无数在婚前

---

　　① 罗素. 幸福婚姻与性 [M]. 陈小白，译. 北京：华夏出版社，2014：57.

　　② 让 - 克洛德·布洛涅. 西方婚姻史 [M]. 赵克非，译. 北京：中国人民大学出版社，2008：390.

爱得死去活来的人来说，他们在婚后却再也感受不到那种曾经让他们激情澎湃的爱情了。在中国夫妻婚后的生活中，有一句"七年之痒"的说法，意思是，即使通过热恋，夫妻在结婚后的几年时间里也会因为日常生活的乏味而激情消退，夫妻关系总会面临一定的风险。很多夫妻的离婚往往就发生在婚后的最初几年中。相反，当夫妻关系存续很长时间以后，除了极少数的例外，夫妻之间的婚姻反而会趋于稳定。换言之，年龄越大的夫妻，其离婚的情况也越少见。

对婚后生活中爱情减退或消失的失望，并可能因此导致婚姻的失败，主要源于这样一个事实，即结婚后夫妻双方中的一方关于爱情的想象过于浪漫，或关于爱情的体验过于浓烈，从而导致夫妻双方关于爱情的交换无法达成。如前所述，爱情是男女之间所萌发的一种特殊情感，在结婚之前，双方的爱情是互动的，因而每一方都对相互之间的爱情报以积极且强烈的反馈。但是，结婚以后，平平淡淡的家庭生活会让夫妻感觉到无聊，双方都可能因为各种家庭琐事而不再像婚前一样浪漫，这会导致夫妻双方之间的爱情交换很难实现。而一旦爱情交换在丈夫和妻子之间难以实现，那些对于爱情继续报以希望的一方将会对婚姻生活非常失望。

自从爱情婚姻出现以来，在近现代社会中，从婚姻法等正式制度的规定来看，例如，无论是以前的《婚姻法》，还是现行的《民法典》都只规定了婚姻自由和感情，婚姻立法中并没有出现"爱情"这样的措辞。这其实并不是立法的疏漏，而是因为，爱情是一种难以进行立法规定的人类特殊情感。法律不能规定一个人必须去爱另外一个人，也无法规定一个人不爱另一个人。但是，爱情与自由却是密不可分的。男女之间的爱情正是建立在最充分的自由基础之上：可以最自由地表达爱情，可以最充分地享受爱情。如果没有自由，爱情也就不复存在。婚姻立法正是通过规定了婚姻自由原则来确保爱情婚姻的实现。近现代婚姻立法中规定的婚姻自由原则从此确立了男女婚姻当事人自身在婚姻中的主体地位，确保其在自身婚姻中自由意志的实现。

在传统社会中，正式制度所规范的婚姻中没有体现平等主义的爱情的一席之地；在民间社会中，习俗或者道德伦理等非正式制度也没有对婚姻中的爱情因素予以充分的关注，在婚姻中更多的只是强调妻子在家庭中的义务和责任。虽然传统婚姻并非始于爱情，但是，在婚后漫长的生活中，大多数家庭中的夫妻二人却能够在共同生活中相濡以沫，相敬如宾，同甘共苦，培养出深厚的感情。因此，"先结婚，后恋爱"照样可以成就一个美满幸福的婚姻。

总之，在现代社会中，爱情在婚姻中的核心地位是毋庸置疑的。特别是随着医学科学技术的发展，人的平均寿命延长了，不离婚的夫妻，平均算起来要在一起共同生活 50 多年，甚至更长的时间。在如此漫长的共同生活经历中，爱情在夫妻婚姻生活中就显得更加重要了。

第二节　社会地位和身份：或公开或隐匿的制度控制

一、社会地位和身份与婚姻交换的一般分析

美国社会学家布劳认为，"地位就是指所有不构成类别范畴而按等级变化的社会位置。因此，地位差异属于人们在彼此交往中形成的社会差别。它们根据反映某种社会距离的等级来区分角色关系，而不是一分为二地将角色关系划分为内群体角色关系和外群体角色关系。这一宽泛的地位定义包括所有按等级变化的社会属性—比如权力、声望、财富、收入和教育——的差异的那些地位差异。所有产生人们角色关系的等级差异的那些人类属性的等级差别反映了某种社会资源（可能只限于资源的重要意义）的差别"[①]。与人的社会地位密切相关的是人的身份，身份一般是指个人属于某一特定社会群体的一种表达。从某种意义上来说，人的社会地位与身份之间具有正相关关系，即一般来说，人的社会地位越高，其身份也更加尊贵。根据不同的分类标准，人的身份有很多种，如职业身份、政治身份、民族（种族）身份、宗教身份等等。此外，在日常生活中，一个人还可以同时具有多种身份，或集几种身份为一体，典型的如一个人在政治上可以属于某一党派、在经济上可以归入富人的行列、在职业上可以是一个大学教授、在宗教上可以属于某一教派，等等。

在社会学关于婚姻制度的研究中，有关婚姻当事人及其家庭的社会地位与身份的讨论既涉及"婚姻交换"的概念，又涉及"婚姻匹配"的表达，而在现实生活中，后者往往使用得更多，也更普遍，众所周知，"婚配"在汉语中就是一个十分普遍的常用词。实际上，婚姻匹配主要讨论的是婚姻的配对模式，人们一般将婚姻的配对模式分为"同质婚"和"交换婚"两种形式。同质婚是男女双方在很多方面，如宗教信仰、教育程度、家庭背景以及从事的职业等方面相匹配的婚姻；交换婚是指夫妻双方在各种人口和经济特征上差异比较明显，带有利益交换色彩的婚姻，典型的如年龄较大的男方以自己较高的经济收入或者较大的权力等与女方的年轻

---

① 彼得·布劳. 不平等和异质性 [M]. 王春光，谢圣赞，译. 北京：中国社会科学出版社，1991：70.

貌美进行交换等。布劳认为社会交换中存在一种以"异质性"为主要特点的"异质交换"。"异质交换"是指社会地位与身份之间存在差异的社会群体之间的社会交换形式。布劳认为，"如果地位差异就是相类似的社会资源的差异，那么交换原则意味着，如果有两人在两个地位维度上完全是不同的，那么他们俩大概会是同等人，因此他们会比那些在一个地位维度上有所不同的人更有可能建立一种友善的或亲密的关系，这就需要根据大致相同的资源进行互惠交换。因此，下面的趋势已成了陈规：富裕男人与贵族女儿联姻，有学识男人与富裕女人结婚，足球明星与舞会皇后联姻。巨大的财富差别阻碍了友善的往来，但穷酸的著名诗人很可能会被恭请进富家豪门"①。因此，上述交换婚也可以认为是一种异质交换婚。总之，社会地位与身份在婚姻交换中主要呈现两种情形：一是人们都愿意找一个和自己社会地位与身份相同或者近似的人为配偶，此为同质交换；二是很多时候，出于各种原因，人们也会与自己具有不同社会地位或身份的人缔结婚姻，这是异质交换。

新中国成立后至今近70年时间，以1978年举行的第十一届三中全会为界，我们可以将这近70年时间大致分为两个重要的历史阶段。第一个阶段为前30年时间，是以"计划经济"为特征的社会主义经济体制的形成和确立时期。第二个阶段为后40年时间，是有中国特色的社会主义市场经济体制逐步形成与确立的时期。在新中国成立后的前30年社会主义计划经济时期，首先，根据《宪法》"中华人民共和国是以工人阶级为领导的、以工农联盟为基础的社会主义国家…"之规定，一方面，工人与农民在全体国民中享有较高的政治身份与待遇，但另一方面，由于特殊的时代背景，再加上农民人口总数过大，所以和当时的工人阶级相比，实际上中国农民在经济生活中处于极端弱势的地位。而和农民相比，在当时的国营或集体工厂工作的工人却既享有较高的政治身份，又享有较为优越的经济待遇。其次，处于当时社会分层顶端的是各级党政领导干部及政府机关工作人员，又由于当时新中国脱胎于战争年代不久，因此，军人在当时社会中的政治经济地位也都比较高。再次，以教师、医生等专业技术人员为代表的职业人群在当时的社会分层中也处于较为优越的地位。最后，由于新中国成立后不久政府便实行城乡二元分割的户籍管理制度，因此，当时具有城市（镇）户口的"城里人"较之于具有农村户口的"农村人"或

---

① 彼得·布劳. 不平等和异质性［M］. 王春光，谢圣赞，译. 北京：中国社会科学出版社，199：209.

"乡下人"具有更高的社会经济地位。

但随着我国 1978 年开始实行改革开放政策，一系列的改革措施相继推行，在近 40 年中，中国人的社会地位分层及身份与前 30 年相比发生了很大的变化，这一变化也同时对男女的婚姻交换产生了很大影响。

二、社会地位和身份在当代中国婚姻交换中的变迁

由于特定的社会及历史背景，新中国成立至今，很多中国人的特定社会地位和身份在婚姻交换中先后发挥了不同的作用，经历了较为曲折的变化，折射出当代中国社会复杂的变迁及其对人们婚姻家庭生活产生的诸多影响。下面笔者将选择改革开放前后变化较为典型的几种国人社会地位和身份在婚姻交换中的相应变化情况进行分析。通过前后对比，我们可以从中看到婚姻交换中当事人及其家庭的社会地位和身份变化与国家和社会在特定历史时期的一系列正式制度与非正式制度存在很大关系。

（一）受教育身份：学历与文凭

在近现代社会中，一个人的受教育身份主要表现为其获得的文凭和学历。客观地说，一个人获得的文凭与学历只是一个人接受教育年限或程度的凭证以及学习经历的证明而已。在中国，文凭学历与婚姻的关系可以追溯至两千多年前的传统社会。自从隋朝开始通过科举制度选拔人才以后，在长达两千多年的中国历史中，无论是在真实的现实生活中，还是在小说、戏剧等文艺作品中，文凭学历与婚姻之间就一直存在很大的关系。尤其在小说、戏剧等文艺作品中，由于艺术的夸张与想象，文凭学历与婚姻之间的关系几乎一直是这类文艺作品表现的永恒主题，也是普通社会民众津津乐道的话题。在众多的古典戏剧中，年轻人考中举人或状元，或者意味着会成就一桩美满的婚姻，这是喜剧婚姻；或者意味着会终结一桩已有的婚姻，这是婚姻悲剧。电影与戏剧等文艺作品中的经典桥段往往是：前者是因为那些考中举人或考上状元的未婚年轻人会立即被皇帝招为驸马或被朝中某个重臣招为上门女婿，并随之委以重任，加官晋爵；后者是指那些考中举人或者考上状元的已婚男子为了寻求一个美好的前程而抛妻弃子，解除了原来的婚姻。

在世界范围内，很多国家的文凭学历在婚姻市场上也一直具有较高的交换价值，例如，韦斯特马克在其《人类婚姻史》一书中对亚洲部分国家中新郎的文凭与学历在婚姻市场中的"要价"进行了研究，他指出："新郎的学历已对其身价产生了很大的影响。在孟加拉国，出身卡亚斯塔种姓的大学毕业生通常都可卖得 500 至 1000 卢比，有的甚至达到 10000 卢比的记录"①。近40年来，学历文凭在中国的婚姻市场中经历了一个巨大的变化。上个世纪70年代末，中国恢复高考后的最初几届大学毕业生中，其学历文凭在婚姻交换中的价值最高。但自从2000年前后，随着我国高校招生制度的改革，特别是随着国家取消对高校毕业生"统一分配工作"并要求自主择业等政策的施行，大学毕业生的文凭与学历，特别是本科及其以下的文凭与学历在婚姻市场中的"交换价值"明显降低。

众所周知，自从上个世纪70年代末中国恢复高考制度以后，一直到90年代末，很多来自农村的大学毕业生只凭一纸文凭就可以跨越很多原先存在的婚姻障碍，缔结一桩自己及其父母家庭原来想都不敢想的婚姻。当时最常见的是来自农村的、农业户口的男大学毕业生会很容易娶到一个城里的、非农业户口的姑娘。实际上，与其说当时文凭学历在婚姻交换中的价值巨大，倒不如说是在特定的社会背景下，文凭学历背后所承载的其他一系列社会价值和经济价值巨大。例如，按照当时的国家政策规定，农村户籍的孩子考上大学以后，其农业户口就会立即转为非农业户口，而大学毕业后，他们的工作也都是由国家统一分配。到单位工作后，房子也是由单位分配。因此，当时大学毕业生的文凭与学历实际上象征着工作收入、社会身份以及其他一系列丰富的物质条件，这些隐藏在文凭学历背后的因素才是其真正的价值所在。换言之，文凭学历之所以在当时的婚姻交换中"要价"较高，全赖其背后的那些更为实际的因素。

笔者在调研中经过详细统计得知，自恢复高考制度以后，F村从1979年开始，先后通过考上大学而脱离农村的共有14人。根据笔者的记忆及这次调研的了解，2000年以前，特别是上个世纪80年代及1979年考取的几名大学生在当时的F村引起的轰动效应最大。特别是1979年和1980年，F村先后在两年内考取了两名本科生。当时，考上大学的这两名学生及其家庭不但在F村，甚至在F村隶属的整个S镇都成了一个"大新闻"，成为众多家庭羡慕的对象。在调研中，一些F村的老人还回忆了当时F村这两名学生考取大学时的一些情景，一位老人在回忆中依然带着羡慕的表情说："乖乖，那真是一个天大的喜事啊！就像中状元一样，全村人都来祝贺。1980年周自强家的小儿子考上大学时，还掏钱请了公社的放映队专门在村子里放了三场电影，每晚一场，全村就像过年一样热闹。"

我明知故问，开玩笑问道："不就是考个大学吗？值得那么高兴吗？"

---

① E. A. 韦斯特马克. 人类婚姻史 [M]. 李彬，李毅夫，欧阳觉亚等，译. 北京：商务印书馆，2015：807.

老人不屑地对我说："不就是考个大学？说得轻巧，那时候考上大学可不一样哦，考上大学算是彻底离开农村了，不但不用干又脏又累的农活，还成了"公家人"，以后就能够"吃皇粮"了，"公家"还分房子，娶媳妇也不愁了。农村人哪有这待遇啊。"老人的话中依然透着对当时大学毕业生所享有的各项国家优惠政策的无限羡慕。

但是，随着上个世纪末中国的高校扩招以及大学毕业生不包分配工作、自主择业等一系列政策的实施。一方面，大学毕业生的数量越来越多，由于取消了统一分配，所有的毕业生都要自己找单位，而且所找单位的性质也是五花八门。如果不顺利的话，一些大学毕业生可能在毕业几年后还是找不到满意的单位。另一方面，原先与大学毕业生诸多现实物质利益挂钩的国家优惠政策已经没有了，最典型的是，自从国家实行住房制度改革以后，单位已经取消了福利分房，大学毕业生去单位工作已经没有住房可分，他们要么租房，要么买房。在上述这些社会背景下，大学毕业生的学历与文凭在婚姻中的交换价值显然大大降低。

上述变化在 F 村 2000 年后考取的三名大学生身上得到了部分经验证明。这三名学生都是高校扩招以后考取大学的。由于高校扩招同时伴随着高校收费，而这三名学生的家庭经济条件一般，因此，四年大学已经让三个家庭在经济上不堪重负。可是，到了毕业后，由于三名学生所学的专业在求职中没有太大的优势，因此一直在外面频繁地换单位，不停地"跳槽"，经济收入始终上不去；加之现在大学毕业生在外地"打拼"大都需要自己租房子，开销都很大。因此，其中的一名大学生甚至有时候还要父母在经济上予以帮助，对此，这名学生的父亲在我聊天时无奈地苦笑说："念个大学一点用处都没有，还白白花了那么多冤枉钱。三十多岁的人了，到现在还像个浮萍一样在水上漂着，连个女朋友都没有。早知道是这样的结果，还不如不让他上大学，要是初中毕业或高中毕业就让他出去打工，恐怕现在都赚不少钱了，婚也早结了，我也该抱孙子了。村里好多人家的孩子没念大学，钱不也照赚么。可是，你看，到现在我和他妈啥也没捞着，还不时拿钱给他花。"

关于高等教育的目的、本质或作用等问题或许有更纯粹的解释与更理性的分析，或者还会有更科学的说明，但无论我们如何理解高等教育，对很多普通人来说，功利性仍然是高等教育的一个重要属性。即使不说这些淳朴的农民，笔者相信，绝大多数人都会持有这样的观点，即如果花了四年时间和数万元所接受的高等教育对于改善自己的生活没带来任何好处，那接受这样的高等教育就是一项"不划算"的投资。所谓有比较才有鉴别，同样是读大学，同在一个村，二十年前读大学的人所享有的那些优越待遇，二十年后读大学的人就完全享受不到，对于那些文化程度不高、无法理解国家宏观决策与大政方针的村民来说，这确实是一个巨大的心理落差。也正因为如此，当大学学历与文凭的价值，包括在婚姻中的交换价值降低时，或者说，大学生的文凭与学历已经很难让持有相应文凭与学历的大学生摆脱某种社会阶层的限制时，对很多年轻人来说，读大学还有必要吗？正如保罗·威利斯所说："当文凭的效力和目标备受质疑的时候，将自我及其能力投资于文凭之中是明智之举吗？"①。

此外，大学文凭与学历作为一个人接受高等教育的证明与凭证，其在婚姻交换中的具体作用是，作为一种在当时社会上的优质资源，它实际上可以用来交换另一个同等优越的资源。这种情况在当时女大学毕业生的婚姻交换中表现得较为明显。这可以看作是文凭与学历在女大学生婚姻中的一种异质交换。

笔者在这次调研中专门针对自 1977 年开始（这一年国家开始恢复高考制度），直到 1999 年（这一年我国高校开始扩招）为止共计 23 年中从大专院校毕业的在 F 村所属的 S 镇本镇工作生活的女性毕业生的婚配情况进行了统计分析。

经过笔者的详细统计，这 23 年中来自农村但从各大专院校（包括早期的中专生）毕业后在 S 镇工作并结婚成家的女性毕业生共有 27 人，她们分别在 S 镇的部分中小学、镇政府及其所属的镇直各单位（包括县直单位在乡镇设立的一些派出机构，如镇卫生院、计生办、派出所、法庭等）工作。这 27 名女性中共有 13 人嫁给了县城有关政府机关或者事业单位的工作人员，经了解，这 13 名嫁到县城的女性其丈夫学历低于本人的共有 6 人。剩下的 14 人都在本镇结婚，其中，丈夫学历低于女方的共有 9 人，而这 9 名学历低于妻子的男性的家庭在当地的社会及经济地位却都比较高，其中 6 人的父亲或母亲都是当时 S 镇政府的党政领导或者镇直单位主要负责人、其余 3 人的家庭在当地都是较有名的富户。在本镇结婚的另外 5 名女性主要都在镇上的两所中学做老师，她们的配偶都是本校或附近中小学校的公办老师，主要是在工作中通过自由恋爱或者别人介绍结婚的。而与此形成鲜明对照的是，在 S 镇工作的男性大中专毕业生中的绝大多数配偶要么是无业，要么是一些单位的临时工，再或者是在集镇上做一些小生意、小买卖之类的。总之，这些男性大中专毕业生在 S 镇很少能够找到

---

① 保罗·威利斯. 学做工：工人阶级子弟为何继承父业 [M]. 秘舒，凌旻华，译. 南京：译林出版社，2014：168.

一个和自己学历相同或相近，或者在一些比较好的单位工作的妻子。

最后，在婚姻交换中，男方与女方的学历和文凭还遵循一种婚姻交换中的梯度理论，即男方的学历文凭一般情况下要比女方高，这样的婚姻才更有可能达成。一段时间内，有一个关于男女婚姻中学历匹配的段子流传很广，这个段子是这样说的："博士男找硕士女；硕士男找本科女；本科男找专科女；然后女博士找了一个……"。由于女博士学历最高，按照前述的婚姻坡度理论，女博士已经找不到学历比自己更高的男性了，最后只能陷入某种尴尬的处境中。也正因为这样，现实生活中，确实有一些女博士在婚姻问题上反而显得十分被动。实际上，这种文凭与学历上的"男高女低"的梯度模式同样在一定程度上反映了婚姻交换中的男权主义思想。

（二）户籍身份："城里人"与"农村人"

新中国成立以后，政府自上个世纪 50 年代起正式实行严格的户籍管理制度。自此以后，城乡"二元"户籍分割管理的体制在中国持续了几十年时间，人们被人为地划分为"城里人"与"农村人"两种社会身份。虽然国家政策与法律并没有规定城里人与农村人不得通婚，但是，在现实生活中，由于城乡生活的巨大差异以及城镇居民与农民身份所享有诸多权利的不同，事实上，城里人是不愿意与农村人通婚的。也就是说，在计划经济时代，由于户籍管理的"二元"体制，城里人与农村人的不同身份构成了人们通婚的巨大障碍。

按照当时的户籍管理制度，计划经济时代孩子的户籍采取"随母亲"的方式取得，即如果母亲是非农业的城镇户口，那么，其所生的孩子也会自动取得非农业的城镇户口，从而成为城里人。但如果一个非农业户口的男性和一个农业户口的女性结婚的话，他们所生的孩子将无法享有城镇居民的各种待遇。因此，城镇男青年很少有愿意和农业户口的女青年结婚的。但是，如果城市家庭中的男孩子有某种生理上的缺陷或者因为家庭中有其他原因，导致这些家庭很难娶到城市的女孩，他们也会娶一个农村的女孩子。由此，在当时的现实生活中，有不少农村的女青年往往把嫁给城镇男性作为改变自己人生的一个途径。

在 F 村，上个世纪 80 年代，全村共有三名女性嫁到 S 镇街道，其中的两名女性还是亲姐妹，姐姐叫孙晓华，妹妹叫孙彩玲。但是，当时三名农村女孩的丈夫不仅文化程度不高，而且都没有正式工作，直到结婚时，孙晓华和孙彩玲的丈夫都还各自待业在家，另一位女孩张丽的丈夫黄飞在镇上的粮站做一名临时工。此外，这三名男性的家境在 S 镇上也不算太好，当然，这些也恰恰是他们愿意或不得不娶农村女孩为妻的重要原因。

不过，好在国家的改革开放政策已经开始施行，商品经济的序幕已经拉开。孙晓华和孙彩玲与各自的丈夫开始在 S 镇上经商做买卖，其中，姐姐孙晓华和丈夫与另一家合伙在 S 镇上开了一家冰棒厂，而妹妹孙彩玲和丈夫则在 S 镇上开了一家服装店，从事服装销售。由于姐妹俩自小在农村长大，吃苦耐劳，经过多年的努力，姐妹两家的日子都过得十分红火。

和同村的孙晓华与孙彩玲姐妹相比，张丽的婚姻显得不那么幸福，且最后以离婚告终。张丽的丈夫黄飞一贯为人轻浮，好吃懒做。和张丽结婚后，由于粮站改制，很多正式工都下岗了，作为临时工的黄飞自然也被粮站辞退了。此后，黄飞做生意吃不了苦，外出打工也不行，于是便整日在街上游手好闲，不务正业。时间久了，张丽自然看不惯，于是夫妻整日争吵，最终，二人在 90 年代初离婚了，而张丽在离婚后就带着当时只有几岁大的女儿去北京打拼去了。2017 年春节期间，笔者回老家，张丽的大哥张山告诉我说，张丽目前在北京经营一家服装店，专卖高档服装，生意非常好；而且，为了怕女儿受委屈，张丽至今也没有再婚。说到多年前自己的妹妹嫁到 S 镇街道这件事情，张丽的大哥张山告诉我说："当时是镇上的一位亲戚介绍的这门亲事。你也知道，那时候，街上人（当地方言，意思是指住在城镇的非农业户口的人）与农村人的差别还很大，农村的女孩子谁不希望嫁到街上（指城镇）呢？再加上当时黄飞在镇上的粮站上班，那时候粮站这个单位好红啊（指单位效益好的意思），所以，亲戚介绍以后，家里也就立即同意了。实际上，在见了几次面以后，我二妹对黄飞的印象并不好，认为他油嘴滑舌，轻里轻狂的，所以不想同意这门婚事。但是，我阿爷阿妈却认为街上的年轻人都这样，并认为我二妹嫁到镇上后会过上好日子的，所以就百般劝说、压服我二妹，最终，我二妹只得同意嫁给黄飞。想不到黄飞后来下岗了，做买卖也不照（不行的意思），好吃懒做，根本就不是过日子的人，所以我二妹后来要求离婚时，全家人也都同意。我阿爷阿妈后来也后悔说了这门亲事，说是害了我二妹。想想也是，街上人要不是家庭或者个人差一点，怎么会在乡里找老婆呢？"

进入 90 年代初，随着国家关于小城镇户籍政策的出台，小城镇以及县城的非农业户籍已经和农业户籍没有多大区别了。这一政策的出台使得原来在婚姻市场中"要价"较高的小城镇户籍在婚姻交换中不再具有任何优势了。一位 F 村的村民说："现在只要有钱就可以买到小集镇的户口，只要买房子，也可以在县城上户口。光有个城镇户口有什么用呢？又不能当饭吃。如今的户口政策和往年不一样了，农村的女孩子找婆家不会只看户口喽。"

（三）政治（阶级）身份

在新中国成立后一段特殊历史时期内，出于稳定新政权的需要，过于频繁的政治运动使得当时很多中国人被打上特定的政治身份烙印。众所周知，在新中国成立后至改革开放前近三十年的时间里，由于当时特定的国内及国际形势，人们的政治身份在各种身份背景中居于十分重要的地位，对当时中国人的生活产生了重要影响，对人们的婚姻交换也产生了相应影响。

实际上，在人类社会婚姻史上，在婚姻缔结中，男女双方及其所属家庭的各种身份，如宗教、民（种）族等身份历来就是一个十分重要的因素。但新中国成立后的很长一段时间里，中国人的政治身份对于婚姻的影响却很大。"婚姻的政治化导致婚姻因政治而成立，因政治而解体。这种因婚姻政治化而产生的婚姻现象是婚姻本质的一种异化，这种政治化的婚姻很少有爱情的独立价值，爱情可以因为突然降临的政治原因而割裂，而放弃。于是，家庭情感的价值大大下降了"[1]。新中国成立之初，国家甚至专门制订了一系列相关政策对此进行规范。1950 年，当时的政务院制订了一份名为《关于划分农村阶级成分的决定》的文件，其中就规定了不同人的阶级成分与其婚姻之间的关系[2]。这种由新政权正式确立的阶级成分划分制度对当时很多人的婚姻产生了重大影响。实际上，笔者认为，婚姻研究中的所谓"阶层内婚制"在当时的中国已经主要变成了"阶级内婚制"。

在 F 村，笔者在调研中还没有发现村民中有因为政治身份的原因对婚姻产生影响的案例。经过进一步详细了解笔者才得知，F 村是上个世纪 50 年代初，由外村几户贫农迁移落户并慢慢发展成为现在的村庄的，后来加入该村的也都是贫农。因此，按照当时的阶级成分的划分，实际居住在 F 村的村民都是清一色的"贫下中农"，压根就没有地主、富农等阶级成分的村民。但经过询问村中的老人，笔者还是发现了一起与当时政治身份有关的婚姻故事。

---

① 尧水根. 社会变革转型与中国农村家庭关系的变迁 [J]. 农业考古，2013，6：112-113.

② 例如，该文件中就有这样的规定："凡在解放后结婚的，工、农、贫民女子嫁与地主、富农、资本家，其原来成分不变更。地主、富农、资本家女子嫁与工、农、贫民，须从事劳动，主要生活来源满一年者，承认其为工人、农民、或贫民成分。如不从事劳动，及从事劳动不满一年者，依原来成分不变更"。参见《建国以来重要文献选编》第 1 册，中央文献出版社 1992 年版，第 402 页。

故事的主角是 F 村中一位姓胡的老奶奶，七十多岁，其父母解放前在上海的一位商人家中打工，父亲当时是账房先生，母亲则是保姆。胡奶奶和她的哥哥被父母留在乡下，由一位姑母收养，兄妹俩类似于今天的"留守儿童"。1949 年上海解放时，商人家决定举家前往台湾，由于对胡奶奶父母亲都很信任，彼此关系很好，因此，便极力劝说胡奶奶的父母亲和他们一道去台湾。由于对新政权缺乏了解，加之听信当时国民党政权的负面宣传，因此，胡奶奶的父母亲便决定和商人家一道去台湾。由于走的时候十分匆忙，没有时间回乡下接走胡奶奶和她的哥哥，胡奶奶和哥哥就在姑母的抚养下长大成人。由于胡奶奶的父母去了台湾这件事情在当地尽人皆知，因此，按照当时的政策，胡奶奶属于具有"海外关系"的一类人，在当时特定的历史背景下，是被新政权所"管制"的对象。只是由于当地政府知道，虽然胡奶奶的父母在上海的商人家里面工作，并于解放时去了台湾，是属于当时所谓"敌对阵营"的人，但兄妹二人自小一直由姑母抚养，也算是"长在红旗下"，因此当地公社以及大队等基层组织实际上在平时也并没有过分为难胡奶奶和她的哥哥。胡奶奶长大后于 60 年代认识了当地一位在抗日战争中牺牲的烈士的儿子周国宏。周国宏初中毕业后在当地大队做会计，而胡奶奶在大队食堂做炊事员。由于长时间的接触，两个年轻人彼此都有好感，后来在别人的介绍下确立了恋爱关系。由于周国宏是烈士的儿子，用当时的话来说，属于"根红苗正"，而胡奶奶则具有"海外关系"，因此，当胡奶奶和周国宏开始谈婚论嫁时，对于二人的婚事当地却有一些人觉得不合适，尤其是当时周国宏所在的大队党支部中就有人对他们结婚表示担心，怕违反政策。此外，周国宏的母亲也担心二人结婚会影响儿子的前途。虽然有这些反对，但是周国宏最后还是顶住压力和胡奶奶走到了一起。

在这一起婚姻中，胡奶奶的"海外关系"身份在当时特定的历史背景下显然是一种对其十分不利的"政治身份"。众所周知，在当时，很多具有"海外关系"的人在政治上是得不到政府与社会信任的；严重的甚至会被定性为"外国特务"，受到当时政策与法律的惩罚；至于因为这种"海外关系"身份而在个人生活如升学、就业、参军、入党、提干、结婚等方面受到不利影响的，更是司空见惯。但尽管如此，胡奶奶最终还是嫁给了周国宏，并没有因为其"海外关系"身份而受到影响。在调研中，当笔者问起已经 70 多岁的胡奶奶当时能顺利嫁给周国宏的原因时，胡奶奶笑着说："我父母亲当时确实都在台湾，但是我和哥哥自小就在老家长大，人又老实，村里人都对我们很好，我们自己当时也积极要求进步，我和哥哥在生产队做事情都不怕吃苦，大队和生产队干部对我和哥哥印象都很好。

虽然当时的政策不倾向于我们结婚，大队一些人和我婆婆对我们结婚也有担心，一开始都不是很赞成，但当时我和老伴都是真心的，在我们两个人的一再坚持下，最后大家也就都同意了。我还记得我当时和大队干部们说的话呢，我和他们说：'现在是新社会了，婚姻法上都说婚姻自主，我父母亲是在台湾，但我又不是坏人'。大队干部们觉得我说的有道理，也就同意我们结婚了。政策是政策，事在人为哦。"

尽管在 20 世纪 70 年代中期以前，政治因素对男女的婚姻选择具有重大影响，当事人的家庭成分、政治面貌、社会关系等条件在其择偶过程中占有重要地位，但是，在具体个案中，婚姻当事人及其家庭在择偶时还是会根据具体情势来决定婚姻状况。应当说，在胡奶奶的案例中，其"海外关系"身份在当时的社会背景下显然会成为其婚姻的严重障碍，但胡奶奶兄妹二人自小在家乡长大，在当地的现实表现一直很好，以及胡奶奶与周国宏相互真心喜欢，再加上胡奶奶自己敢于用《婚姻法》来进行抗争，等等，所有这些情况导致当时胡奶奶的"海外关系"身份并没有对其婚姻构成多大的障碍，最终得以缔结婚姻。

（四）几种特定的职业身份

某些特定职业使得从业者具有某种身份，而这种身份在当事人择偶的时候可以发挥特定的作用。新中国成立后，工人、农民、解放军（即当时所谓的"工农兵"）这三种身份的人在社会上处于较为优越的地位。宪法明确规定，中国的国体是工人阶级为领导的、以工农联盟为基础的社会主义国家，因此，工人阶级和农民阶级处于领导阶级的地位。但与此同时，由于 50 年代确立的城乡分离的二元户籍制度，加之当时整个社会的经济发展程度较低，因此，农民虽然在政治上身份较高，但是在经济上却处于较低的社会地位，生活水平整体上处于较低的程度。但工人与军人不但在身份上享有较高的社会地位，在经济上也处于相对较高的水平。因此，在计划经济时代，工人与军人在当时社会上都受到人们的普遍尊重，在婚姻市场上也最受欢迎。除了上述三种典型的职业身份以外，当时的社会上还存在一种特殊的职业身份，即各种各样的"手艺人"，也即通常所谓的"匠人"，主要包括木匠、铁匠、篾匠、泥瓦匠等。这些匠人掌握特定的技艺，或走街串巷，或上门服务，凭借自己的手艺养家糊口。在民间一直流传着这样一句话："荒年饿不死手艺人"，因此，这些活跃在城乡的各色手艺人在婚姻市场上也较受欢迎。限于本文篇幅及调研的重点对象，本部分主要简单论述一下其中的"城镇工人"与"军人"两种特殊身份。

1. 城镇工人

在计划经济时代，当时的全民所有制企业和集体所有制企业中有大量的未婚男女青年。如前所述，这些城镇职工除了在当时享有较高的政治地位以外，在经济上也处于优势地位。他们除了正常的工资收入以外，还享有较高的单位福利，如各种困难补助、医疗待遇以及劳保福利等。按照当时国家的有关政策规定，工人的直系亲属往往也会享受一定的政策照顾，例如，工人的直系亲属患病时，可以在企业医院免费诊治，手术费及普通药费等医疗费用都可以报销，由企业负担。此外，还有政策规定，全民所有制企业或集体企业的职工在死亡后，可以像国家干部一样，其子女可以"顶替工作"，即所谓"顶职"。正是基于上述优势，当时的城镇职工往往在婚姻市场上占据优势地位，嫁给一个国营企业的工人也就成了很多没有工作的城市女性特别是农村女性的一个梦想。

但改革开放后，随着一大批国有企业或集体企业改制，工人的铁饭碗被打破了，很多工人也随之下岗，原来的很多待遇也就不复存在了，至此，他们在婚姻市场上的优势也没有了。而随着私营企业与公司的增多，越来越多的年轻人在私营企业或公司工作，实际上，"工人"的概念已经被"员工"所取代。在很多私营企业或公司中，收入较高的员工在婚姻市场上依然具有较高的吸引力，特别是那些在大企业或大公司工作且收入颇丰的员工，其在婚姻市场上的吸引力就更大。

2. 军人

基于特定的传统与现实原因，新中国成立后至今，国家对军人一直给予较高的政治与经济待遇。也因此，军人在婚姻市场上就处于更加优越的地位。由于职业的特殊性，一般情况下，军人除了在政治上可靠以外，人们对军人的身体素质、道德品行等都充分表示信任。这些情况使得军人很容易就能够缔结一桩婚姻。这种情况还可以从反面得到印证。即在现实生活中，那些冒充军人进行婚姻诈骗活动的犯罪往往更容易得逞，这实际上也正是人们对军人比较信任所导致的。因此，在当时农村社会的婚姻市场中，即使一个退伍军人也会比一般的农民占据优势地位，从而更加容易缔结一桩婚姻。此外，按照当时的国家政策，如果一个来自农村的士兵在部队表现较好的话，他有可能不会退伍，而是被"提干"（即提拔为"干部"）或是转为"志愿兵"，而一旦被"提干"或是被转为"志愿兵"，即意味着这名来自农村的士兵将不会退伍回农村老家种田，农村户籍士兵这一身份变化的重要性丝毫不亚于高考制度刚恢复时农村的孩子考上大学时的身份变化。但也正是这种身份的变化会导致婚姻关系的变化。

在上个世纪 80 年代初的 F 村中，就曾经发生过一起因男方在部队当兵期间被转为"志愿兵"而悔婚的事情。

20 世纪 80 年代初，M 村（F 村所隶属的行政村）支部书记老高在部队当兵的儿子高冰河和 M 村支部委员会委员 F 村的老孙在家务农的二女儿孙燕定亲了。在全村人看来，这是一桩门当户对的好婚姻，老高和老孙都在村委会工作，平时两家的关系也都处得非常好。但是，外界不知道的是，高冰河自己一开始对这桩婚事根本就不同意。高冰河初中毕业，小伙子长得非常精神，父亲又是全村的"一把手"，因此，自我感觉一直非常好，尤其是当兵以后，在外见识了一点世面，眼界就更高了。而孙燕没有读过书，一个字也不认识，长相一般，人又比较老实本分，是那种比较传统的农村姑娘。因此，孙燕并不是高冰河喜欢的那种类型的女孩子。这桩婚约主要是双方的家长促成的，其中最关键的是高冰河的母亲，她为了说服儿子接受这门亲事，不惜以断绝母子关系甚至自杀作为要挟。迫于父母的压力，高冰河只得答应了这门亲事。

按照双方家长的意思，一旦高冰河退伍回家就把孩子们的婚事办了。但是，让两家人意想不到的是，高冰河在临近退伍前被所在部队转为"志愿兵"。按照当时国家的有关政策，义务兵转为志愿兵以后将不再回地方，而是留在部队继续服役，并将农村户口转为城市户口，服役结束后由国家统一安排，转业至地方工作。在上个世纪 80 年代，对来自农村的义务兵来说，在部队转为志愿兵不亚于考取大学。因此，当高冰河转为志愿兵的消息传回老家以后，邵家人却并不感到高兴，反而隐隐有一些不安，为孙燕和高冰河的婚事担忧起来。而对老高夫妻二人来说，儿子转为志愿兵并成为"城里人"以后，是不是还要履行与邵家原先的婚约也是一件让夫妻二人颇为头痛的事情。此时，面对儿子身份地位的变化，老高夫妻，尤其是高冰河的母亲显然再也没有像当初劝儿子接受这桩婚事时那般态度坚决了。最终，还是高冰河自己亲自去老孙家退了这桩婚事，老高夫妻随后也亲自上门赔礼道歉。由于老孙家人都比较老实，他们也没有像其他被悔婚的人家那样，去对方家里大吵大闹一番，以解心头之气。但是，这件事情显然对两家人的关系产生了很大影响，此后很多年，除了老高和老孙在工作中接触以外，两家人几乎没有往来。

在和老孙的访谈中，老孙对当年与老高家的这桩婚事还耿耿于怀，但是，由于事隔多年，老孙也坦言："哎，换作是我家儿子在部队转为志愿兵的话，也不一定同意这门亲事。当初要是让孩子们自己为婚事做主，而不是由家长做主事先将亲事定下来的话，也就不会有后面那么多事情了。大人为孩子婚事烦神多了反而不好。"

在老高和老孙两家的儿女婚事中，一方面，当高冰河没有被转为志愿兵以前，其母亲不惜以自杀相威胁让高冰河同意她所包办的婚姻。但是，当高冰河转为志愿兵后，其母亲的态度就发生了明显的变化，不再对儿子的婚事以死相逼了。如前所述，这一变化的主要原因显然在于，当儿子转为志愿兵后，按照当时的政策，义务兵转为志愿兵后就不用退伍回老家种田，而是继续留在部队服兵役，直至转业回地方再分配工作。也就是说，高冰河被转为志愿兵后，其个人的身份与命运将会发生逆转，这种情况下，作为大字不识一个且在农村种田的女人，孙燕再嫁给自己的儿子显然不太合适了。因此，为了儿子以后的前途，再加上高冰河自己本来就不愿意这门亲事，高冰河的父母亲对这桩他们当初力主的婚事就不得不打退堂鼓了。

总之，社会地位与身份是一个社会中家庭与个人所属社会阶级或阶层的标志，而婚姻往往是维护既定阶级或阶层利益的一种十分重要的方式，作为维护特定阶级或阶层利益的很多制度安排都会对人们婚姻缔结中当事人及其家庭的社会地位与身份做出某种限制。因此，有史以来，各种制度对于婚姻交换中的地位与身份因素都有很多具体规定。在中外婚姻史上，国家的法律规范与各种教会的宗教教规等各种正式制度都会对婚姻交换进行各种规范。典型的如，不同种族的人不能通婚、不同社会地位与身份的人不得通婚、不同宗教的人不能结婚，等等，违反这些规范结婚的人，不仅婚姻会被认定为无效，而且当事人还会受到严厉的处罚。

随着社会的发展与文明的进步，特别是随着人类社会交往程度的日益加深，种族、民族、宗教、政党或意识形态等在关于婚姻的正式制度中早已不再是婚姻的障碍了。在当代中国，经过改革开放 40 年的发展，伴随着财富的急剧增长和经济不平等的加剧，社会结构也发生了巨大的变化。随着国家以"经济建设为中心"取代了以"阶级斗争为纲"，经济资源在社会分层中的重要性日益显现，并取代了计划经济时期以政治身份为主的社会分层标准；不同社会群体的地位也发生了巨大变化，例如，以商人、企业家为代表的社会阶层乘势崛起，而工人群体却相应变得较为弱势，尤其是那些下岗职工更是处境艰难；此外，大量农村剩余劳动力进入城市，他们一方面可能通过打工或者经商在经济上获得很大的成功，但另一方面却无法获得城市的身份和相应的福利。与此同时，与这些新的社会分层相匹配的社会成员的地位与身份在婚姻交换中也得到相应的体现。

第三节　性与子女：制度对个体与家庭的双重控制

就婚姻本身来说，性与子女无疑是男女婚姻家庭生活中最为重要的内容之一。性关乎夫妻彼此对婚姻的忠诚以及婚姻的和谐与稳定，而子女则关系到由婚姻而组成的家庭（族）后代的繁衍以及家庭财产的合法继承。正因为性与子女在婚姻家庭生活中的重要性，自从人类社会的婚姻现象出现以来，各种有关婚姻的正式制度与非正式制度对于婚姻交换中的性与子女问题就给予了很大关注。本部分内容主要就调整婚姻交换中的性与子女的正式制度与非正式制度的有关问题进行分析。

一、婚姻关系中的性交换

（一）性在婚姻交换中的意义与价值

自古以来，性一直就是一种用来交换的重要身体资源。卖淫嫖娼就是一种最为典型的例子：妓女用自己的性来换取嫖客的金钱。此外，在非婚姻关系男女之间的各种性行为中，除了前述从传统到现代各个国家与地区一直普遍存在的卖淫嫖娼现象以外，在很多"婚外情"的例子中，性也发挥着重要的交换功能。当然，在"婚外情"中，当事人之间除了性交换以外，可能也夹杂着一定的情感与其他经济利益或非经济利益的交换。

实际上，在夫妻之间的婚姻交换当中，性也是一种十分重要的交换资源。首先，在婚姻关系中，性行为被严格限制在夫妻之间，也即性交换只能发生在丈夫和妻子之间。如果丈夫或妻子与其他异性之间发生性关系，那么，这种性交换就会违背道德伦理、法律规范与风俗习惯等，从而对婚姻产生消极影响，严重的会导致婚姻解体。其次，正常的性生活是婚姻生活中的一部分。如果其中一方因为生理等原因不能进行正常的性行为，同样会对夫妻之间的婚姻生活产生消极影响，一方甚至可以据此提出离婚。因此，对于婚姻关系存续期间夫妻之间的性行为来说，一方面，社会禁止夫妻一方与其他的异性发生性交换；另一方面，婚内夫妻之间的性交换又必须要能够正常进行。这是总的原则。但是，在现实生活中，我们却发现很多例外情况明显违背上述原则，但是婚姻关系却依旧可以存在。这些例外情况主要包括以下几种：

第一，在有些婚姻中，夫妻中的一方与其他异性发生性关系，即使这种情况并非偶一为之，甚或是长期的，但在另一方即使知道的情况下，婚姻关系还是得以维系。显然，这种根深蒂固的关于夫妻关系存续期间丈夫或妻子不得与其他异性发生性行为的观念在现实中也并非坚不可摧。

第二，在有些婚姻中，即使没有性生活，但是基于爱情与家庭责任等因素，夫妻中的一方或双方将性生活置于一种次要的地位，婚姻关系也可以维系下去。因此，无性婚姻同样颠覆了婚姻之中必须有性生活的教条。

众所周知，婚姻制度是人类社会区别于其他生物社会的一种特有制度，婚姻制度的生物学基础在于男女两性之间的结合。虽然同性婚姻在当前世界一些国家已经是一种合法的婚姻形式，但异性婚姻毕竟仍是社会主流。在人类社会早期，男女之间通过性的结合，担负起繁衍后代、生儿育女的重任，这是传统社会中婚姻制度存在的重要价值，即《昏义》中所谓的"婚姻者合二姓之好，上以事宗庙，下以继后世也"。在近现代社会，虽然婚姻制度中繁衍后代的功能有所弱化，但一方面，生儿育女依旧是绝大多数婚姻的重要目的，另一方面，在现实生活中那些不以生儿育女为目的的婚姻中，性依旧发挥着维系婚姻的重要价值。因此，性在婚姻中有着重要意义和价值，甚至可以说，在婚姻缔结阶段与整个婚姻关系存续期间，性一直起着重要作用，它决定着婚姻的缔结，影响着婚姻的维系，也可能会直接导致婚姻的破裂。此外，如前所述，随着社会文明程度及包容度的提高，同性婚姻在一些西方国家也逐渐获得了合法地位。但是，即使在同性婚姻中，性的意义和价值也依旧不容忽视，除了无法承担生殖功能以外，性在同性婚姻中的地位一点也不逊色于其在异性婚姻中的地位。基于异性婚姻在整个人类社会中的普遍性，本节论述的重点将是性在异性婚姻中的意义和价值。

作为一项基本的生理特质，性在人类繁衍后代中一直起着十分重要的作用，虽然在科学技术十分发达的当代社会，体外受精、试管婴儿等现代生殖技术已经使得人类繁衍后代的手段成功脱离了男女之间的性交方式，但在日常生活中，绝大多数的后代繁衍主要还是依靠男女之间的性交。因此，性与婚姻的关系一直密不可分。然而，和很多人类的思想观念或者行为一样，随着社会的进步，性与婚姻在历史的发展进程之中逐渐呈现一定程度的分离之势。性不再与婚姻固结为一个密不可分的整体。性与婚姻之间这种固结与分离的变化对男女之间的婚姻家庭关系产生了一系列影响。这种影响不但体现在人们的日常生活与思想观念之中，也体现在国家的婚姻法律制度之中。

1.性在婚姻中的一个主要目的是生育子女，夫妻之间的性行为是否导致生育对于婚姻能否维系意义重大

性行为的一个直接后果是导致女性怀孕生子。但是由于种种原因，婚

姻中的男性或是女性可能会由于生理上的某种原因导致无法生育，无法达到结婚的生育目的。由此，婚姻就会面临解体的风险。在传统社会中，一方面，由于传宗接代的目的，当女人婚后不生育时，其丈夫或夫家就可以将其休弃，因为"无后"是传统法律规定的离婚事由之一。但另一方面，在传统社会的一些婚姻中，即使夫妻婚后无法生育，也可以采取"抱养"等方法收养其他人家的孩子，以此来维持婚姻的存续。此外，在妻子无法生育的情况下，传统社会的法律和习俗还允许丈夫再次和其他的女子结婚，即纳妾，让这些女子为自己及家族生育后代。在近现代社会的婚姻中，性的生育功能虽然依旧存在，但其作用或者影响显然已经较之传统社会减弱了。

虽然在传统社会中男女缔结婚姻的主要目的是为了繁衍后代，但仅仅是繁衍后代难道就需要缔结婚姻、遵守特定的婚姻规则、履行特殊的婚姻义务吗？答案显然不是这样。道理很简单，即使不是采取婚姻的形式，特定的男女之间只要发生性交关系，同样可以繁衍后代。换言之，繁衍后代并不一定意味着发生性交关系的男女之间必须缔结一桩婚姻。因此，这种对缔结婚姻的男女双方之间的性行为施加诸多限制的各种正式制度与非正式制度一定有许多其他的理由。韦斯特马克认为，"婚姻不仅仅规定了男女之间的性交关系，它还是一种从各方面影响到双方财产权的经济制度"[①]。因此，婚姻作为一种对男女之间性行为进行规制的社会制度，其存在的价值和意义还体现在家庭财产关系等经济关系、夫妻之间以及父母子女之间的抚养关系等一系列社会关系之中。正因为婚姻不仅仅涉及男女之间的性关系，因此，各种正式制度与非正式制度才对夫妻在婚姻中的性施加了特别的义务，由此引出了婚姻中性的第二个属性，即性在婚姻中的专有属性。

2. 性在婚姻中具有专属性

当人类社会的婚姻制度出现以后，除了在不同历史时期出现的一妻多夫制及一夫多妻制的社会以外，在所有的一夫一妻制婚姻中，性，尤其是女人的性就具有了专属性。也就是说，婚后的女人只能和自己的丈夫发生性行为，丈夫对妻子的性具有某种垄断的性质。康德甚至认为，"婚姻就是两个不同性别的人，为了终身互相占有对方的性器官而产生的结合体"[②]。

---

① E. A. 韦斯特马克. 人类婚姻史 [M]. 李彬，李毅夫，欧阳觉亚等，译. 北京：商务印书馆，2015：35.

② 康德. 法的形而上学原理——权利的科学 [M]. 沈书平，译，林荣远，校. 北京：商务印书馆，1991：94-95.

如果女人在婚内与丈夫以外的其他男性发生性行为，将会招致非常严重的后果；反之，一个未婚或离婚的女性，以及丧偶的寡妇如果和其他的男性发生性行为，其面临的后果要比婚内的女性和其他男性发生性行为轻得多。几乎所有的民族及文化都对结婚女性施加了贞操义务。在中国传统法律中，妻子如果和丈夫以外的其他男性发生性关系，丈夫会直接将其"休弃"，即离婚。妻子对丈夫不忠是丈夫可以和妻子离婚的法定理由之一。对已婚女性的性戒律主要基于以下一些理由：

首先，对已婚男女的性严加防范的主要目的是为了确保家族血统的纯正及家族财产的继承。在传统社会，由于缺乏避孕技术及亲子鉴定技术，发生性行为的直接后果就是怀孕生子。如果妻子与其他男性发生性行为导致怀孕生子，那么将无法确认妻子所生的孩子是否为丈夫亲生，这样，家族的血统延续也就无法得到确认。这会带来很大的麻烦，不仅涉及家族的名誉，也涉及家族财产的继承。"对男性而言，婚外生子往往意味着无穷的'麻烦'：私生子是其婚姻不忠的铁证，使其婚外关系更容易曝光于其意图隐瞒的对象（比如妻子）面前；非婚生子女具有的抚养权、继承权等合法权利，意味着男性需要承担相对长期的责任，甚至会对其家庭造成极大影响。换言之，非婚生子增加了男性抽离婚外亲密关系的难度和成本，还可能对男性的家庭、声誉和社会地位造成负面影响"①。因此，传统社会设计了一系列制度与做法确保已婚女性能够在婚姻中保持自己的贞操，不和丈夫以外的男性发生性行为。在这方面，中国古代儒家思想中有很多被传统社会视为圭臬的防止妻子与丈夫之外的男性发生性行为的具体做法，典型的如"男女有别，授受不亲"等规范男女之间关系的基本规则。"通过这些相对简单却严格的规则，家庭乃至社区有序化并组织起来了，不仅可以预防潜在的冲突，维系秩序稳定和扩展，而且有利于必要的集体行动。'差序格局'其实只是这些原则实践的现实状态，而非对原则的要求。恰恰相反，在社区内，就社会结构而言，儒家概括和抽象的完全是制度的、普遍的和规则性的，甚至非常刚性。后代称其为'纲常'，则典型地反映了这是最普遍的制度追求"②。

其次，西方的传统社会认为，规定性戒律是基于很多原则，"其中最为基本的乃是这项宗法原则：每一个女性都是其父亲或丈夫的财产，所以任何陌生人与之发生性关系，都得被视为一种盗窃，一种对其亲属严重的

---

① 肖索未. 欲望与尊严——转型期中国的阶层、性别与亲密关系 [M]. 北京：社会科学文献出版社，2018：122.

② 苏力. 纲常、礼仪、称呼与秩序建构 [J]. 中国法学，2007，5：43.

侮辱"①。因此，在传统社会中，强奸和通奸行为通常不被视为对女性权利的侵犯，而是被视为男人对男人权利的侵犯。更有甚者，遭到强奸的女人不仅不被视为受害者，反而可能会受到惩罚。

除了世俗观点对于男女在婚姻关系存续期间的性忠诚规定了义务以外，各种宗教也持有同样的观点，而很多宗教对于婚姻中的女性违反性忠诚的义务还规定了较为严厉的处罚措施。例如，基督教也对通奸持反对态度，且对男女的婚外性行为与世俗的观点一致，即男性的婚外性行为会受到社会舆论的宽容，显示了一定的男权主义及男女不平等的倾向。"《旧约》与早期文明的大多数法典一样是禁止通奸的，但它所谓的通奸，是指与已婚妇女的性交……这是古代通行的法则，一个有婚外性行为的妇女被认为是恶的，但是一个有婚外性行为的男性则不会受到谴责，除非他与另一个男人的妻子发生了性行为，他犯了侵害他人财产的罪行"②。罗素认为："基于婚姻中性并非唯一的交换资源，虽然夫妻之间确实具有性忠实的义务，但是，对于那些偶然失足的丈夫或者妻子来说，不忠行为一旦发生就被当作某种可怕的事情对待，那就不是好事了。如果再进一步，认为异性之间全无友谊，那也是不可取的。美好的生活不能建立在恐惧、禁忌和彼此干涉自由的基础上。如果没有这些仍能保持忠贞，那固然不错，但如果需要这一切才能达到忠贞的目的，则付出的代价未免太大了，倒不如对偶尔的失足彼此能够稍微宽容一些"③。正因为如此，虽然习俗与法律等都要求婚姻关系中夫妻彼此要保持对另一方的性忠诚，但是，如果丈夫或妻子之中的一方偶尔失足，法律或习俗就强制要求当事人必须离婚，那么，这种制度的刚性就与脆弱的人性形成了强烈的反差，反而不利于人类婚姻制度的正常发展。因此，当夫妻之中有一方偶尔"越轨"，制度将这种情况下婚姻是否继续维系下去的决定权交由另一方，这种制度安排或许更为人性化。

3.性无能是有效婚姻的障碍，可以导致婚姻无效

愉悦的性生活是婚姻生活中的一项重要内容，但需要男女双方都具备正常的性功能。如果因为种种原因导致其中的一方或者双方无法过正常的性生活，那么，即使这样的婚姻在双方当事人看来是幸福的，但它至少也是不完美的和有缺憾的，甚至是不人道的。在传统社会，一方面，在闺房

① 法拉梅慈·达伯霍瓦拉.性的起源：第一次性革命的历史［M］.杨朗，译.南京：译林出版社，2015：26.
② 罗素.幸福婚姻与性［M］.陈小白，译.北京：华夏出版社，201：35-36.
③ 罗素.幸福婚姻与性［M］.陈小白，译.北京：华夏出版社，2014：225.

之内，男人与女人享受甜蜜的性生活；但是另一方面，在社会上，男女之间的性行为却是一件讳莫如深之事，人们羞于在公共场合提及这样的事情。当然，也有很多夫妻之间即使在闺房之内也对性生活持有一种十分平淡的态度，认为夫妻之间的性生活只是事关生育而已。西方社会的基督教一度对男女之间的性施加严厉的管制，视男女之间的性行为为洪水猛兽。基督教教义甚至认为，一切不以生育为目的的性交都是违法的，起码也是不道德的。为此，在西方中世纪很长一段时间内，很多的神职人员为了表达对上帝的信仰甚至选择独身。佛教中也有类似的做法，很多佛教徒为了表达自己对于佛教的信仰，也都会选择终身不婚。

对于性无能，历史上各个国家与民族的风俗习惯与法律制度采取了相应的应对方法。其中之一是，由法律规定在婚姻关系中，夫妻之中如果有一方性无能的话，则另一方可以提起离婚诉讼，由法院判决婚姻无效或者当事人离婚。但由于早期的基督教不准离婚，因此，对于夫妻一方性无能就采取夫妻分居的方法。

4. 性与合法婚姻的分离

由于性与婚姻的密切关系，以及由于来自社会的各种对于婚姻中性关系的管制，在现实生活中，一些当事人采取了一种婚姻外的性关系，即我们通常所说的"非婚性关系"。这里的非婚性关系并非指那种偶一为之的与妓女发生的性关系，也非指近些年男女之间的"一夜情"。现实生活中的非婚性关系，主要是指男女当事人没有结婚或者不以结婚为目的，但却长期、共同生活在一起，也即我们通常所说的非婚同居关系，典型的如男人对女人的长期"包养"关系，或是在外地打工的农民工结成的"临时夫妻"等。在日常生活中，这种非婚性关系与婚姻关系有很多相似之处，除了男女长期共同生活在一起以外，其中有些男女之间也存在较深的感情，具有一定的亲密关系。上述类型的非婚性关系使得男女之间的性关系与婚姻关系发生了一定程度的分离。

综上所述，"在性是人类自身再生产的资源要素或手段的基础上，可以看到，性资源的配置与获取，直接体现了人与人之间的关系；由婚姻所体现的制度规范的聚焦点，也就是对性资源的配置或对性资源的占有与交换的划分、支配和管理……从更深的层面上看，婚姻这一制度规范性资源配置与获取所导致的区隔，是作为人类现实状况的一种特殊表达而存在的……对人类种种的性行为来说，并不存在一成不变的定则；从更大的范围来看，即使人类具有最正常的、能为社会所接受的性行为模式，也只是生命存在中的一个特殊变奏。婚姻作为对这种行为的制度规范或模式塑造，仅仅只是基于生产性基点上所完成的一个具有局部性意义的文化建构"①。因此，"当我们仅仅只从显性的或法律的制度层面来谈论婚姻时，也就把大量以习俗、禁忌等要素作为制度性规范排除在特定的婚姻之外。更重要的是，它使我们无力面对以反抗某种主导性制度设置而产生的事实婚姻，以及由性的多重衍生功能所促发的变体婚姻（如同性恋婚姻或是获取了制度认可但不生育的婚姻等）与某种主导性制度婚姻的冲突……"②。

（二）婚姻关系中性交换的制度控制

对婚姻关系中的性是管制还是放纵，既与特定历史时期的社会文化习惯有关，也与特定社会的发展情势有关。各种正式制度与非正式制度对于人类婚姻中的性进行着不同形式的控制。在人类社会漫长的婚姻史上，为了维持婚姻家庭与社会秩序，人们制定了各种制度对婚姻中的性进行管制，各种各样的性戒律普遍存在于婚姻法等正式制度以及风俗习惯、道德伦理等非正式制度中。从现实情况来看，正式制度与非正式制度对于婚姻中性行为进行管制的主要目的和宗旨是一样的，即将性交换严格置于夫妻之间，以确保家族血统的纯正和家庭财产的继承。各种关于管制婚姻中性行为的制度在长期的发展过程中虽然历经许多变化，但是上述目的与宗旨却一直相沿未改。规范婚姻中性行为的各种正式制度与非正式制度本身也存在很多差异，这些差异主要表现在以下几个方面：

1. 规范婚姻中夫妻之间性关系的正式制度沿着一条从集体强制到个人干预的路径发展

历史上，无论是宗教规范还是国家法律，对于婚姻中性关系的管制都体现了鲜明的集体强制色彩。例如，在传统社会中，无论是宗教规范，还是国家法律，都将通奸视为一种严重的犯罪行为，并予以毫不留情的严厉惩罚。但在近现代社会，各种关于婚姻中性关系的正式制度逐渐从集体强制转向个人干预，即不再将婚姻中的性关系纳入集体强制的范围内，而是将其主要置于婚姻当事人自主选择的境地，由集体强制转向个人干预。

在"20世纪80年代之前的几十年，性几乎是一个完全禁忌的话题，人们只能做不能说，甚至'做'也是有着统一模式化地'做'，主流社会

---

① 陈庆德，刘锋. 婚姻的理论建构与遮蔽 [J]. 吉林大学社会科学学报，2006，5：86-87.

② 肖索未. 欲望与尊严——转型期中国的阶层、性别与亲密关系 [M]. 北京：社会科学文献出版社，2018：85.

对任何性行为的'越轨'都视为'流氓'。'流氓'在那个年代里是一个非常流行的词汇，《刑法》中有'流氓罪'，从调戏妇女到当街大小便，都可以归入流氓罪。司法界人士有一个调侃的说法：'流氓罪是个筐，什么都可以往里装'"[①]。此外，出于意识形态的考量，婚外性行为在当时还被看作是资本主义腐朽的生活方式，是个人与社会堕落的象征。

但随着改革开放的逐步深入以及国门的逐渐打开，以广播、电影、电视、小说等各种艺术形式为载体的有关性的信息铺天盖地而来，让国人目不暇接。

改革开放后的社会变迁终于使得中国人的性由"幕后"走到"台前"。尤其是当性愉悦或性快乐的体验进入夫妻之间性生活的核心以后，性在中国人的夫妻婚姻生活中就逐渐扮演了越来越重要的角色，开始承担了除生育以外的快乐功能。当夫妻在婚姻关系中找不到性快乐时，婚外性就是一个必然的选择。

当人们的性观念与性实践越来越多样化以后，正式制度对于全社会性监管的范围也在逐步缩小。这主要表现在两个方面：

第一，随着中国社会市场化改革的逐步深入以及社会阶层的逐步分化，越来越多的人逐步从"单位"走向社会，有学者认为，"越是市场化的领域，单位对个人私生活的控制力也越低；或者换言之，违背控制时所可能得到的'惩罚'对个人影响越小，个人越有可能置单位的控制于不顾"[②]。因此，随着全社会自由职业者越来越多，国家对于这些人的婚外性行为干预的力度也越来越小。最终，通过法律、纪律等正式制度规范社会成员婚外性行为的范围缩小至党政机关以及国有企事业单位的党员、领导干部及其他工作人员等几类人群。目前，此类制度中执行较严格的主要有中央纪委制定的《中国共产党纪律处分条例》中规定的有关条款[③]。上述规定在一系列党员干部腐败案件的处理中得到适用。此外，针对近年来我国

---

① 方刚. 多元的性别 [M]. 济南：山东人民出版社，2012：4.

② 肖索未. 欲望与尊严 - 转型期中国的阶层、性别与亲密关系 [M]. 北京：社会科学文献出版社，2018：55.

③ 例如，根据最新修订的《中国共产党纪律处分条例》第一百一十条规定："搞权色交易或者给予财物搞权色交易的，给予警告或严重警告处分；情节较重的，给予撤销党内职务或者留党察看处分；情节严重的，给予开除党籍处分。"第一百三十五条规定："与他人发生不正当性关系，造成不良影响的，给予警告或严重警告处分；情节较重的，给予撤销党内职务或者留党察看处分；情节严重的，给予开除党籍处分。利用职权、教养关系、从属关系或者其他相类似关系与他人发生性关系的，从重处分。"

校园中愈演愈烈的教师对学生进行"性骚扰"的事件，教育部也针对全体教师制定了相应的惩戒制度。

第二，国家虽然制定了很多监管社会成员性行为的法律法规，但是，在具体执行时却因各种原因而导致未能贯彻绝对，从而导致有些"虽令而不止"的现象时有发生。最典型的例子就是对卖淫嫖娼行为的法律规范。一方面，国家虽然制定了《治安管理处罚法》等一系列法律法规，严厉禁止卖淫嫖娼，将其视为违法行为；但是，另一方面，由于具体执行上述法律法规时的漏洞，从而使得"卖淫嫖娼"现象屡禁不止。

2. 各种制度尤其是非正式制度对于非婚性行为表现出谴责与宽容相并存的态度

随着改革开放程度的逐步深入，人们思想观念得到进一步解放，借助于电视、网络等各种现代化的传媒手段，西方社会性自由思想与性解放观念传入中国，对国人的性观念与性实践产生了很大影响，以致非婚性行为从数量上和范围上都发生了很大变化。实际上，如果说发生在婚姻家庭之外的男女之间的性自由还只是个人的一种性自由，且对婚姻家庭关系并不会产生消极影响的话，那么，发生在婚姻家庭之中或夫妻之一的婚外性行为无疑会对正常的婚姻家庭关系产生重大影响，轻则会导致夫妻不睦，重则会导致离婚。

在当代中国社会，各种制度，尤其是非正式制度对于非婚性行为表现出谴责与宽容相并存的态度。一方面，由于性观念的开放，非婚性行为得到相对的宽容；另一方面，传统思想观念依然表现出顽强的生命力，对于很多非婚性行为表现出强烈的谴责。如前所述，当代中国社会中普遍存在的非婚性行为主要有以下几种形式：一是男人的婚外嫖娼或是"一夜情"；二是男女之间的婚外情或婚外恋；三是"包养"关系；四是近年来在农民工之间出现的"临时夫妻"关系。上述四种形式的非婚性关系具有各自的特点，并涉及不同的主体。由此，这些非婚性行为也会对婚姻关系产生不同的影响，而各种非正式制度对这些不同形式的非婚性行为也具有不同的规制。下面笔者将结合调研情况对此加以分析。

第一种非婚性行为形式是男人在外嫖娼或是男女之间发生"一夜情"，其最主要的特点是这种性关系持续的时间很短，一般不会对现有的婚姻产生颠覆性的影响。嫖娼是一种历史悠久的非婚性行为；"一夜情"是近年来新出现的发生在男女之间的一种非婚性行为，主要是指未婚或已婚男女通过网络或电话等形式进行联系，选择在宾馆开房发生性行为，它和嫖娼的主要区别是男女之间发生性行为时不存在金钱上的交换。

第二种"婚外情"和第三种"包养"两种形式的非婚性行为其主要特点是持续时间长，且在此之前或期间，男女双方之间会产生一定的亲密关系，有的甚至会产生真感情。如果说"包养"可能还具有某些"钱色交易"或"权色交易"的特点，那么，婚外情或婚外恋则主要体现为一种情感关系，一般情况下，男女之间是先彼此产生好感，相互喜欢，然后才会发生性关系。更重要的是，"包养"这样的非婚性行为一般都需要大量的金钱作为支持。因此，对于婚姻关系中的妻子来说，丈夫婚内的"包养"行为是既伤害自己感情又是浪费家庭财产的行为，也是一种会对现有婚姻产生颠覆性破坏的行为，更是一种妻子无法容忍并一定会加以强烈反对的行为。婚外情虽然一般情况下对家庭的财产不会带来危害，但伤害的却是妻子的感情，对那些十分珍视夫妻感情的一方来说，婚外情令其无法容忍。

第四种出现在农民工之中的"临时夫妻"关系是一种时间相对短暂的非婚性行为。根据现有研究，从经济的角度来看，这种非婚性行为反而是结成"临时夫妻"的农民工节省在外打工费用的一种经济理性行为。加之结成"临时夫妻"的另一方不在一处打工或生活，因此，这种非婚性行为对农民工的现有婚姻一般不会产生什么影响。

二、婚姻交换中的子女

杜国宇是 20 世纪 80 年代初 W 市一名来自农村的师范大学学生，毕业后被分配到本县的二中工作。80 年代初 W 市的大学生还非常少，而县二中的旁边就是当时 W 市最大的企业 W 市纺织厂。众所周知，纺织厂的女工是相当多的。因此，杜国宇和当年一道来二中工作的 4 名大学毕业生很快就成为纺织厂中那些还没有男朋友的女孩子们心中最理想的择偶人选。不久，在一次纺织厂与二中组织的联谊舞会上，杜国宇和纺织厂的一名女工夏红月相识并相恋了。

得知儿子工作不久就在县城的工厂里找了一位女朋友，杜国宇的父母家人都十分高兴。当杜国宇第一次将夏红月带回乡下老家时，全家人就像过重大节日一样开心，尤其是杜国宇的奶奶更是高兴得合不拢嘴。因为杜国宇是家里的老大，"老儿子，大孙子，老太太的命根子"，奶奶自小就特别喜欢杜国宇，加之夏红月也特别乖巧，嘴也甜，把老太太哄得高兴得不得了。总之，第一次见面，杜国宇的家里人对夏红月都十分满意。在此后的几年里，两个年轻人以及两个家庭一直来往频繁。由于当时的县二中没有多余的职工住房，而据说学校也正准备为越来越多没有结婚的年轻人建教师宿舍，因此，两人便决定等分了新房子以后再结婚。期间，有一年杜国宇的奶奶不幸患了癌症，由于发现时已是晚期，加上杜国宇奶奶的年龄也非常大了，所以医院也没有给杜国宇的奶奶进行手术。按照当地农村的习惯，如果家里有长辈亲人去世，三年之内晚辈不得结婚。因此，考虑到杜国宇的奶奶可能将不久于人世，杜国宇的父母便专程去夏红月家里提出让两个年轻人在杜国宇的奶奶去世之前把婚事办了，一来让杜国宇的奶奶在去世前看到自己特别喜欢的大孙子结婚，了却老人的一桩心事；二来是万一奶奶去世了，也用不着等三年以后才让两个年轻人结婚。夏红月的家人对此也十分赞同，但是，不凑巧的是，就在两家人准备杜国宇和夏红月的婚事时，夏红月在工作中不慎被机器砸伤了手，造成了指骨骨折，需要几个月的时间才能痊愈。由于不愿意带伤结婚，因此，二人的婚事又被搁置了。而就在夏红月治疗指骨期间，杜国宇的奶奶不幸去世了。最终，二人的婚事只得按照当地习俗往后推迟三年。

如果一切顺利的话，三年后杜国宇也会和夏红月如愿结婚。可遗憾的是，就在杜国宇的奶奶去世后不久，夏红月因为妇科病去县医院检查，医生发现她婚后可能不会生育。得知这一情况后，杜国宇最初还是比较慎重，并没有立即将这一情况告诉自己的父母，而是利用周末或寒暑假的时间带着夏红月去省城合肥以及南京、上海等几个城市的大医院进行了好几次复查，但让二人失望的是，每次复查的结果都一样，夏红月结婚后生育的几率微乎其微。面对这一结果，杜国宇只得将真实情况告诉了自己的父母。虽然杜国宇的父母家人都十分通情达理，老实厚道，在当地声誉颇佳，但是，面对夏红月婚后不能生育这一情况，杜国宇的父母还是觉得无法接受。因为在农村，传宗接代的思想观念根深蒂固。如果自己的儿子娶了一个不能生育的儿媳妇，这不但意味着不能延续家庭的香火，而且在当地也会遭到别人的歧视和议论。虽然全家人都对夏红月十分满意，但是，在事关能否延续家庭香火以及在乡村社会的声誉等重大家庭利益面前，全家人，尤其是杜国宇的父母亲经过慎重考虑，最终还是决定取消这桩婚事。而杜国宇作为一名大学毕业生，自己对传宗接代的传统思想观念并不是十分认同，但是考虑到父母亲的坚决态度，尽管和夏红月的感情比较深，最后还是违心地顺从了父母亲的意愿，结束了和夏红月这段长达五年多的恋情。

（一）子女在婚姻交换中的意义和价值

在历史上很长时期内，男女缔结一桩婚姻的主要目的就是生儿育女，传宗接代。例如，在中国传统社会，婚姻的主要目的之一就是"下以继后世也"。从婚姻制度的起源来看，男女结合为夫妻并生儿育女是人类社会自身再生产的一种重要方式和手段。一方面，生儿育女的主要目的是为了保持一个家庭（族）的血脉延续，即传宗接代；另一方面，在家庭私有财产制度出现以后，夫妻生儿育女是为了确保家庭（族）财产的合法继承。但是，康德认为，夫妻"生养和教育孩子的目的可以永久被认为是培植彼此欲望和性爱的自然结果，但是，并不一定要按此来规定婚姻的合理性，即在婚前规定务必生养孩子是他们成为结合体的目的，否则，万一不能生养孩子时，该婚姻便会自动瓦解"①。显然，在康德看来，孩子只是婚姻的一个可能的结果，而非婚姻的目的或原因；不能认为只有生养孩子的婚姻才是合理的婚姻。也就是说，如果将生养孩子作为婚姻的目的，那么，当妻子在婚后不能生育时，婚姻即告结束。在现代婚姻中，很多夫妻决定婚后不要孩子，这种婚姻形式显然是一种康德意义上的婚姻，正如无性的婚姻是一种柏拉图意义上的婚姻一样。尽管如此，在绝大多数传统婚姻中，生育孩子仍然是婚姻的主要目的之一。

基于子女在婚姻家庭中的重要性，在中国传统社会的法律中，女子婚后不育是导致离婚的一个法定原因。中国传统的"七出"之条就是丈夫和妻子离婚的七种法定情形。"七出"在先秦时期原本是一种礼俗，汉朝时，随着法律儒家化，"七出"之条被逐渐引入法律，并为后世各朝代的封建法律所继承。如《唐律疏议》就规定："七出者，依令，一无子，二淫佚，三不事舅姑，四口舌，五盗窃，六妒忌，七恶疾。"婚后如果妻子在夫家有上述七种情形之一的，则丈夫或夫家就可以将妻子"休掉"，即上述七种情形是法律明确规定的丈夫提出和妻子离婚的法定理由。其中，"无子"，即妻子不育，排在"七出"的第一位，由此可以看出，在传统社会，人们的生育观念是十分浓厚的。正是因为有这样的礼俗及法律规定，因此，在婚姻家庭中，如果女子不生育，即使她不被丈夫或夫家休弃，其在家庭中的地位也会十分底下，在社会上同样抬不起头来。

在西方社会的早期，"大多数文化与宗教都认为结婚必然导致繁殖。犹太教、基督教和伊斯兰教文献中都有很多赞美生育能力的篇章……16世纪的英国国教摆脱罗马天主教廷的控制后，规定婚姻的首要目的就是生育，其次是对罪的约束和纠正，最后才是伴侣关系"②。因此，无论是东方还是西方，不管是世俗还是宗教，婚姻与生育之间天然具有某种紧密的联系。子女在婚姻交换中的价值与意义主要体现在以下几个方面：

---

① 康德. 法的形而上学原理 - 权利的科学 [M]. 沈书平，译，林荣远，校. 北京：商务印书馆，1991：95.

② 伊丽莎白·阿伯特. 婚姻史 [M]. 孙璐，译. 北京：中央编译出版社，2014：125.

一是女子婚后不育有可能会导致一桩婚姻的解体。由于缔结婚姻的主要目的之一就是生儿育女和传宗接代，如果这个目的达不到，则婚姻也就没有继续存在下去的必要，这时候，离婚就会成为一种即使很无奈但也必须实施的选择。如前所述，无论是根据习俗还是依据法律，早期的人类社会大都将妻子不生育看作是丈夫可以离婚的主要原因之一。在婚姻中的子女问题上，即使是正式的法律制度也往往敌不过社会习俗与实际利益的考量。

生育子女还体现在其他类型的婚姻中。例如，在很多再婚案例中，男子在选择再婚妻子的时候，如果自己已经有了孩子，则其对再婚妻子是否能够生育往往不甚在意。有时候，出于对前妻所生孩子的偏爱，再婚男子甚至不愿意再婚妻子生育。可对再婚妻子来说，如果能够生育，往往愿意再生，这显然是其加强与现任丈夫及其家庭联系的一种十分重要的方法与手段。尤其是当现任丈夫及其家庭经济状况较好的时候，再婚妻子为丈夫生育孩子的愿望就更强烈了。

婚后不育可能导致婚姻的破裂。但是，在有些情况下，如果婚前因为某种原因得知女方或者男方不能生育的话，则婚姻也会无法缔结。当笔者在调研中问杜国宇当初为什么在和夏红月谈了那么长时间的恋爱，却仅仅因为夏红月无法生育就结束他们之间的感情时，杜国宇说："如果结婚以后知道夏红月不能生育的话，我可能不会和她离婚。但是，在婚前就知道她无法生育，我肯定就不能和她结婚了。"

我问道："这有什么区别吗？"

杜国宇说："当然有区别。如果结婚后再离婚的话，社会舆论对于我们两个人身份的评价就会不一样，人们会认为我们两人都是'结过婚'的人了，如果再婚的话也是'二婚头'（当地方言，意思是第二次结婚的人）。男方是'二婚头'可能还要好一点，但女方就不一样了；特别是假如其他人知道夏红月不育，她再嫁也会很困难。如果结婚后发现夏红月不能生育，我也就只能认了，对父母家庭也能够交代过去。但现在的情况是，我事先就已经知道她不能生育，在这种情况下如果还坚持和她结婚，对家里父母不好交代，对社会舆论就更加无法交代了，如果别人知道我明知夏红月不能生育还和她结婚的话，恐怕没有几个人会认为我做了一件忠于爱情的事情，反而会认为我傻透了，对家庭也不负责任。实际上，当时父母亲确实给了我很大的压力，让我无论如何都要和夏红月终止恋爱关系。"

杜国宇的话实际上无意中触及布迪厄关于婚姻策略理论中的几个重要观点。布迪厄认为，婚姻是一种"策略"行为。"婚姻策略是一种权力结构，他突出婚姻策略的政治性，甚至直接断言，家庭社会学只是政治社会学在婚姻家庭领域的延伸……由于家族成员要始终服从家族的整体利益，而盲目的情感却容易造成危机，因而，情感之于政治而言，自然就被排序在第二位"①。在杜国宇的这起婚姻案例中，杜国宇和夏红月经过长达五年多时间的恋爱，相互之间感情很深，他们的爱情是经过深思熟虑的，是理性的而非盲目的。然而，一旦他们的婚姻与"结婚必须要为家庭繁衍子嗣以及家庭在当地社会的声誉"等家庭整体利益相抵触的时候，他们之间的爱情或感情也必须要服从于家庭"政治"。此外，在布迪厄看来，婚姻策略中的这种权力结构维持的是一种男性优先与男性支配的性别秩序，"在男性支配的性别秩序下……对于再婚策略的影响变量，可以说，任何年龄段的男性都处于'适婚年龄'，只是选择的妻子会有优有劣。女性则不然，其遭遇前段婚姻引起的贬值效应远远大于男性，历经失败婚姻的女子容易完全被驱逐出婚姻市场"②。因此，正是因为考虑到夏红月离婚后可能遭遇到的诸多不利，在综合权衡利弊以后，杜国宇选择了自己认为最合适的一种婚姻策略。

二是对于那些婚姻不幸但却有责任感的夫妻来说，如果他们婚后育有未成年的子女，则这些子女可能会成为双方离婚的一种障碍。由于考虑到孩子未成年，为了孩子的健康成长，很多原本准备离婚的父母会最终打消离婚的念头，让不幸的婚姻得以延续下去。历史上，很多宗教基于各种理由也反对离婚，其中一种反对离婚的理由就是为了孩子的利益。罗素也认为，从未成年孩子的心理发育来说，"一个过去一直有父母双亲并与他们感情深厚的孩子会发现，父母离异对他整个的安全感是毁灭性的。实际上，他有可能在这种情形下产生恐惧症和其他的精神失常症。一旦孩子对父母双亲产生依赖感，父母如果离异，他们就负有十分重大的责任"③。

虽然习俗和法律都没有说有孩子的夫妻就不能离婚，且婚姻法还明确规定夫妻有离婚的自由。但是，习俗却普遍认为，有孩子的父母不要轻易离婚。习俗和法律都认为，即使决定离婚，夫妻在离婚前也必须要妥善安排好未成年孩子的生活，使得儿童利益最大化。离婚后不抚养孩子的一方必须支付孩子抚养费以及享有对孩子的探望权等法律规定也保护了孩子，在一定程度上也是为了照顾了孩子的利益。

---

① 徐佳. 布迪厄"婚姻策略"概念评析——一种新的社会学理论视角 [J]. 长春理工大学学报（社会科学版），2015，10：64.

② 彭玉生. 当正式制度与非正式制度发生冲突：计划生育与宗族网络 [J]. 社会. 2009，1：37.

③ 罗素. 幸福婚姻与性 [M]. 陈小白，译. 北京：华夏出版社，2014：140-141.

三是在很多不太富裕的家庭中，子女其实还是家庭中的劳动力来源之一。尤其在农村地区，有的孩子在很小的时候就帮家里干活。因此，对这些家庭来说，拥有更多的孩子意味着可以为家庭做出更大的经济贡献，而那些无法生育孩子的家庭显然就不会如此。

四是未成年孩子在婚姻中的意义和价值还体现在孩子有时候是融洽夫妻关系与家庭成员之间关系，进而维持一桩濒临破裂婚姻的重要因素。按照习俗和惯例，在家中母亲主要承担对孩子的抚养义务。但实际上，如果从全面均衡的角度来考虑，父母亲共同参与对孩子的抚养教育不但会让孩子生活在一个和谐幸福的家庭之中，而且会让夫妻之间的婚姻关系更加融洽。从某种意义上来讲，孩子既是密切夫妻感情的"小精灵"，又是融洽家庭气氛的"小天使"。确实，在很多情况下，孩子是融洽夫妻关系以及家庭成员之间关系的一个重要因素。尤其在三代同堂这样的家庭模式中，孩子的爷爷奶奶或外公外婆对孙子（女）或外孙子（女）的爱甚至比对孩子父母的爱都有过之而无不及。在民间社会，一直有一种"隔代亲"的说法，即爷爷奶奶或外公外婆对孙子（女）或外孙子（女）总是比对儿子或女儿要亲得多，这或许是出于人类的某种天性。当然，也正是由于这样的原因，爷爷奶奶或外公外婆往往对孩子比较溺爱；或者，在抚养教育孩子的时候，由于抚养教育孩子的理念差异及做法不同，孩子也可能是引发家庭成员之间矛盾的一个诱因。但无论如何，这样的矛盾对夫妻之间的婚姻关系却不会造成根本的影响。相反，在很多家庭中，即使夫妻之间的婚姻出了问题，但如果双方育有未成年的孩子，爷爷奶奶或者外公外婆往往会因为孩子而对夫妻之间的离婚进行干预，在一定能够程度上起到了挽救婚姻的作用。

（二）正式制度与非正式制度对婚姻交换中子女因素的控制

关于婚姻交换中的子女因素在最近五十年中发生了很多变化，这些变化改变了人们对于婚姻价值与意义的传统看法。期间，关于婚姻交换中子女因素的各种正式制度与非正式制度也经历了诸多变化。"数百年来，在世界各地的传统文化家庭里，生育孩子的决定最主要是出于经济上的考虑，尤其是在农业的背景下"①。在中国传统社会中，无论是基于儒家思想的规训，还是农耕家庭的现实生活需要，子女一直都是婚姻的要义，是婚姻集体主义也即婚姻家庭（族）主义的重要体现。在几千年的中国历史

---

① 安东尼·吉登斯. 全球时代的民族国家 [M]. 郭忠华，编. 南京：凤凰出版传媒集团，江苏人民出版社，2010：218.

上，正式制度与非正式制度对于婚姻中的子女都给予了同等程度的重视。众所周知，"中国宗族文化的核心规范是传宗接代、延续血脉。血脉的万年延续，有赖子孙后代在数量上的繁荣和在财富上的昌盛。祖宗崇拜是中国的文化构造，借祖宗神灵凝聚后代，祛灾避害，公续香火。祖宗崇拜不仅仅通过民间文化而深入人心，并且渗透在作为国家意识形态的儒家伦理之中。儒家思想以'孝'为中心伦理范畴，强化生育规范。如此，生育规范和国家权力在几千年的中国历史上和谐共处，水乳交融"①。但这一延续数千年之久的关于婚姻中子女问题的正式制度与非正式制度相互融合、彼此和谐的局面却在建国后发生了深刻变化。这种变化主要体现在以下两个方面：

一是新中国成立后，基于各种原因，国家的人口政策发生了很多变化。其中最重要的一个变化是，国家通过政策与法律这样的正式制度对人们的生育进行严厉的管控。70年代，国家鼓励生育，导致全国的总生育率一直居高不下。此外，随着新中国成立后我国公共健康事业与医学科学技术的发展，婴儿死亡率逐步下降，人的平均寿命逐步延长，因此，全国的总人口从1950年的5亿多增加到1970年的8亿多。自80年代开始，国家决定将计划生育政策确立为"基本国策"，开始在全国范围内强制推行，并根据不同情况制订了不同的计划生育政策，对汉族人口居住区与少数民族聚集区、城市与农村区别对待。例如，当时的计划生育政策要求城市居民，特别是有工作的公民"一对夫妇只生一个孩子"，即实行"独生子女"政策，但是考虑到农村的现实情况，政府允许第一胎生女孩的农村夫妇可以生育第二胎。尽管国家对农民的生育政策已经略显宽容，但由于生育二胎仍不足以保证生下一个男孩，因此，在农村地区，很多家庭的"超生"（即超过国家当时计划生育政策规定的两胎）现象屡禁不止。出于生男孩的目的，许多农村夫妇为了躲避当地政府对他们超生的处罚，往往举家外出，或去亲戚家躲藏，或外出打工。90年代，在某一年的央视春晚上，小品演员黄宏与宋丹丹曾经合作表演过一个叫作《超生游击队》的小品，该小品形象生动地刻画了那些在外地躲避计划生育政策处罚的"超生"夫妇们心酸无奈的窘态。

由于是自上而下由国家强力推行的"基本国策"，且2001年第九届全国人民代表大会常务委员会又专门为计划生育政策制订了《中华人民共和国人口与计划生育法》，将政府的政策通过立法程序转化为国家的法律。

---

① 彭玉生. 当正式制度与非正式制度发生冲突：计划生育与宗族网络 [J]. 社会. 2009，1：37.

如此一来，在政策与法律这样的双重正式制度的强制作用下，更加上"计划生育政策从上到下通过多层官僚机构来施行。为了排除阻力、落实政策，中央政府规定计划生育工作是考核提拔干部的'一票否决'指标"[①]。由于和自己的政绩以及晋升直接有关，各级官员对计划生育工作丝毫不敢掉以轻心。为了完成上级政府下达的计划生育指标，在"下级绝对服从上级"这一官僚制的"铁律"下，最基层的乡镇政府和村民委员会往往成了退无可退的落实计划生育政策的最后一道"防线"。但镇村干部，特别是村民委员会的干部大都是本地人，而且有的还与那些超生户有一定的亲缘或血缘关系。于是，一方面，在强大的政策与法律等正式制度的作用下，镇村干部对一些超生户用高压手段强制绝育，强行堕胎；另一方面，在传统的生育观念以及同村人的血缘、亲缘关系等一系列非正式制度的影响下，镇村干部在推行计划生育政策时往往也会"阳奉阴违"，采取各种策略来应付上级计划生育政策的检查与考评，最典型的做法就是在统计数据上造假。

尽管在上述过程中国家政策与法律等正式制度对当时中国的家庭及人口产生了很大影响，但耐人寻味的是，这些强力推行的正式制度对夫妻之间的婚姻关系本身并没有产生多大影响。如果说计划生育政策与法律对夫妻婚姻关系有影响的话，那也只是因为计划生育政策与法律的施行使得孩子的生育数量受到限制，即不能想生几个就生几个，因此对那些前几胎一直是女孩的妻子来说，在婆家的地位以及与丈夫的婚姻关系可能会受到计划生育政策一定的影响。然而，在生育一个男孩的家庭共同目标面前，婆家和丈夫虽然对女方很不满，但是婚姻依然得以继续维系。实际上，根据笔者调研的情况来看，因为计划生育政策的施行而导致丈夫与未生育男孩的妻子离婚的事例几乎没有。虽然子女与婚姻的关系非常密切，但上述现象似乎暗示了这样一种情况，即关于控制家庭人口规模的计划生育政策与法律等正式制度其实只真正影响到夫妻的家庭人口数量，但却并没有对夫妻的婚姻关系产生实质性的影响。其主要原因可能在于，虽然国家的计划生育政策与法律等正式制度对夫妻的生育或家庭人口进行控制，这一控制固然使得未生育男孩的妻子在婚姻家庭中处于某种不利的地位，如不受婆家人或丈夫的待见，但另一方面，传宗接代的传统思想观念以及家庭需要男性劳动力等现实需要反而使得男女之间的婚姻关系在继续生养一个儿子

①彭玉生. 当正式制度与非正式制度发生冲突：计划生育与宗族网络［J］. 社会. 2009，1：37.

165

的家庭共同目标下显得更加紧密。尤其对当时许多为躲避当地计划生育政策而去外地"偷生"或"超生"的夫妻来说，在外地历经艰辛，彼此之间相依为命，夫妻感情反而可能有所加深。

二是随着社会变迁，在城市婚姻中，甚至在一些农村婚姻中，夫妻开始转变对婚姻的传统看法。基于各种各样的理由，很多夫妻甚至在婚后选择不要孩子，即所谓的"丁克"家庭。这种婚姻观念的转变使得孩子在家庭中的价值日渐式微。导致这种情况出现的原因主要有以下几个方面：

首先，青年夫妻的婚姻家庭观念已经发生巨大转变。在日益深化的个人主义思想支配下，当代青年人更愿意过一种完全属于自己的生活。而在婚姻家庭生活领域，除了现实中有很多条件非常优越的大龄男女不愿意结婚而成为人们口中所谓的"剩男"和"剩女"以外，还有相当一部分年轻夫妻在婚后选择迟要或者干脆不要孩子。在他们的思想观念中，个人享乐、个人自由比什么都重要。在过去的家庭中，"家庭成员必须面对共同的经验和压力（四季节律、收获、恶劣天气等），付出共同的努力，并由此而联系在一起。那是一种紧紧编织在一起的共同体，其中并没有给个人爱好、感情和动机留出多少空间。在这样的共同体里，考虑的不是个人，而是共同的目标"[1]。而在传统的家庭共同体中，女性往往处于更加不利的地位。"对于'底层阶级'来讲，物质限制是如此严重，以至于她们将所有力气都用在了维持日常生活上。至于中产阶级，新的女性角色，连同所有相关的期待和依赖，使妇女完全局限在家庭，几乎使女性无法自主地发展。她们的天职就是温柔地、随时准备好为家庭而活，其最高要求就是自制和自我牺牲"[2]。但随着社会的变迁与转型，在近现代社会，女性的社会与经济地位都发生了显著改变。在家庭中，"为自己而活"更多地取代了"为他人而活"。随着越来越多的女性接受更多的教育并进入职场，她们在家庭中的经济地位也越来越高，独立性越来越强。所有这一切重塑了她们的婚姻家庭意识，她们可以自由选择自己想要的生活，也即她们既可以选择独身，也可以选择只结婚不要孩子。对这些女性来说，子女已经不再是婚姻交换的重要考量了。无论是正式制度，还是非正式制度，都对她们不起作用了。

其次，当代中国社会的客观条件在一定程度上制约了子女在婚姻交换中的作用发挥。众所周知，随着改革开放进程的逐步加快，一方面，中国

① 贝克. 个体化 [M]. 李荣山，范譞，张惠强，译. 北京：北京大学出版社，2011：101.

② 贝克. 个体化 [M]. 李荣山，范譞，张惠强，译. 北京：北京大学出版社，2011：163.

的经济发展突飞猛进，人们的生活水平逐步提高；另一方面，在激烈的生存竞争中，人们的生活压力也越来越大。尤其是近十年来，随着中国城市化的进一步发展，城市的房价越来越高。高得离谱的房价几乎"掏空"了绝大多数在城市购房者家庭的全部收入，很多年轻人为了能够在大城市有一个安居之所，一般都要花费三代的积蓄才能支付买房的首付款。中国人民银行货币政策委员会委员、经济学家樊纲更是提出了引起巨大社会争议的"六个钱包"理论[1]，即年轻人如果想在大城市买房，就必须将自己和对象的父母、爷爷奶奶和姥爷姥姥共六个钱包里的钱拿出来才能凑够房子的首付款。购房者倾其所有支付了首付款以后，还得再在银行办理按揭贷款，而一般的还款期限大都在 20 年到 30 年，这意味着在以后面漫长的时间里，购房者除了要用自己的收入偿还银行的贷款外，还要承担家庭的其他所有开支：日常生活中柴米油盐酱醋茶的费用、孩子的抚养教育、老人的赡养、看病的费用等等，压力之大可想而知。正因为这样，虽然近两年来，国家已经放开了生育限制，但是，让一些原本对这一政策实施的社会效果抱有乐观态度的人口学家大跌眼镜的是，人们的生育意愿并没有如他们预期的那样释放出来。更糟糕的是，除了不想生孩子，有的人甚至连结婚的意愿都没有了。据民政部统计，2017 年全国结婚登记率下降了 7%，而这已经是结婚登记率连续第四年下降了。青年人不愿意结婚，不愿意生育，这构成当代中国社会婚姻家庭生活的部分面貌[2]。时隔五年后，根据国家发改委的统计数据，2022 年末，全国人口为 141175 万人，比 2021 年减少 85 万人；全年出生人口 956 万人，比 2021 年减少 106 万人；死亡人口 1041 万人，比 2021 年增加 27 万人。人口出生率为 6.77‰，比 2021 年下降 0.75 个千分点；人口死亡率为 7.37‰，上升 0.19 个千分点；人口自然增长率为 -0.60‰，下降 0.94 个千分点。2022 年，我国人口总量略有下降主要是由于出生人口减少。一是因为育龄妇女持续减少。2022 年，我国 15—49 岁育龄妇女人数比 2021 年减少 400 多万人，其中 21—35 岁生育旺盛期育龄妇女减少近 500 万人。二是因为生育水平继续下降。受生育观念变化、婚育推迟等多方面因素影响，2022 年育龄妇女生育水平继续下降[3]。此外，2022 年 8 月，民政部门户网站公布的《2021 年民政事业发展统计公报》指出：2021 年，全国共有婚姻登记机构和场所共计 4372 个，其中

---

① https://hn.focus.cn/zixun/160257abf4a09ef6.html. 2018 年 12 月 15 日访问.

② http://www.chyxx.com/industry/201801/605500.html. 2018 年 12 月 15 日访问.

③ https://www.ndrc.gov.cn/fggz/fgzy/jjsjgl/202301/t20230131_1348088_ext.html. 2023 年 4 月 15 日访问.

婚姻登记机构 1069 个；全年依法办理结婚登记的 764.3 万对，比上年下降 6.1%；结婚率为 5.4‰，比上年下降 0.4 个千分点；依法办理离婚手续 283.9 万对，比上年下降 34.6%，其中民政部门登记离婚 214.1 万对，法院判决、调解离婚 69.8 万对；离婚率为 2.0‰，比上年下降 1.1 个千分点[①]。

从现实情况来看，自从国家全面放开二胎生育政策后，无论笔者单位的年轻同事，还是笔者访谈的其他单位的年轻人，愿意生二胎的人虽然有，但是所占比例却非常之少，一个重要的共同理由就是，现在生育一个孩子的成本太高，需要耗费极大的时间、精力与金钱。

S 镇中学一位女教师范老师这样对我说："现在抚养一个孩子都已经让我非常吃力了，你看我是双职工，和老公两个人拿工资，应该说经济收入还不错，但我们还是不敢乱花钱，因为需要用钱的地方太多了。我孩子还有两年就要考高中了，现在念高中都要去县城，三年高中我们在县城光租房子就需要好几万。此外，还有孩子的学费生活费每年也得好几万吧。最关键的是，为了监督孩子学习，我们还得来回跑，往返折腾。现在养一个孩子都已经把我们累得够呛，折腾得要死，谁还想生第二胎啊？不是找罪受吗？我的很多同事中，有的家里只有一个人拿工资，经济收入就更少了，这些家庭就更加不愿意生育二胎了。"

针对上述状况，个别专家提出了一些引起广泛争论的建议。2018 年 8 月 14 日，有专家在江苏省委机关报《新华日报》上发表署名文章，提出要设立生育基金制度，建议 40 岁以下的公民不论男女，每年必须以工资的一定比例缴纳生育基金。如果公民未生育二孩，账户资金则待退休时再行取出[②]。该建议除了引起绝大多数网友的"吐槽"以外，央视网也专门发文对此进行质疑。央视网的这篇文章认为，"我们可以通过宣传鼓励生育，也可以制定激励政策引导生育，但不能以设立'生育基金'之名对不生或少生的家庭行惩罚之实。这种建议于法无据，于理不通，于情不合"[③]。

而就在该专家建立生育基金制度的建议引起的争论还在持续发酵时，中国政法大学的胡继晔教授也提出未来不仅可以设立生育基金制度来鼓励生育，还要对丁克家庭征收"社会抚养税"。胡继晔认为，中华民族之所以能够屹立于世界民族之林，就是因为逐步形成了"不孝有三，无后为

---

① https://baijiahao.baidu.com/s?id=1764021965703081527&wfr=spider&for=pc. 2023 年 4 月 24 日访问.

② https://baijiahao.baidu.com/s?id=1609117359341716193. 2018 年 12 月 20 日访问.

③ http://finance.sina.com.cn/roll/2018-08-17/doc-ihhvciiw5127411.shtml. 2018 年 12 月 20 日访问.

大"的文化，生育文化是中华民族传统优秀文化的一个载体，首先从文化上，我们要鼓励生育。他还举例说，从历史的长河来看，如果一个家族中的男性没有孩子，是进不了祠堂的。胡继晔的观点再次引起了网友的激烈吐槽，但他也对网友的吐槽进行了回应：自己说的设立生育基金来鼓励生育，是由原先国家征收的社会抚养费来设立，不能再由老百姓出钱；由于丁克家庭在年老后需要别人家的孩子来抚养，不应当鼓励和提倡①。

综上所述，在漫长的人类历史中，婚姻与生育一直具有紧密的联系，无论是正式制度还是非正式制度，都对夫妻婚后的生育状况予以高度的关注。

然而，新中国成立以来，基于不同时期的特定社会背景以及国家形势发展的需要，以国家政策与法律为主要形式的正式制度对家庭人口施行了各种管控，或鼓励生育，或控制生育。在此过程中，人们的婚姻状况却没有因为这些正式制度对家庭人口的控制而受到太大的影响。在新的历史条件下，婚姻与生育子女之间的关系正在经历前所未有的变化。

第四节　时间与空间：婚姻交换中的时空因素及其制度控制

时间与空间是人类生存的一种意识与状态。同地球上成千上万的其他物种一样，人类总是生活在特定的时间与空间中。时间和空间渗入社会生活及其形式之中，因为所有社会生活都是在时间和空间中进行的。"从社会的角度看，我们在考虑事件时的切入角度，就是它们在时间中并历经时间而发生，与此类似，也定位在空间中。我们勾勒各种观念、态度和行动在空间中的历史变异，并能够就此做出比较"②。因此，时间与空间在人类生活中意义重大。婚姻无疑是人类最重要的活动之一，时间与空间在人类的婚姻生活中也具有十分重要的意义，它们是婚姻交换中另外两种非常值得探究的因素。

一、婚姻交换中的时间因素及其制度控制

作为人类社会生活中的一个重要制度，婚姻制度中的时间因素既是婚

---

① http://www.mbachina.com/html/cupl/201808/163899.html. 2018 年 12 月 20 日访问.

② 齐格蒙特·鲍曼，蒂姆·梅. 社会学之思 [M]. 李康，译. 北京：社会科学文献出版社，2010：109.

姻当事人的一种生命时间，又是一种"社会时间"。由于婚姻一直被认为是个人生命历程中的一个"重大事件"，而生命历程显然是一个具有时间意义的过程，因此，婚姻制度中的时间是一个由各种非正式制度与正式制度安排的、具有特殊意义的时间。德国社会学家科利在其对生命历程的研究中提出了一种"生命历程的制度化"观点，他认为，"生命历程的制度化"是指一个人的生命时间因为学校教育系统与退休系统而形成特殊结构的过程。科利将学校教育系统划分出"儿童与青少年阶段"和"成人阶段"，退休系统则将"成人阶段"与"老年阶段"划分出来。虽然科利将其研究的焦点集中于"学校教育系统"与"退休系统"这两个系统，但是他关于这两个系统划分中的"成人阶段"恰恰处于个人生命历程中的"婚姻阶段"。"生命历程的制度化"虽然指出了现代社会的生命时间通过制度而具有标准性的结构，但并不是说生命历程会因此必定会被强制区分出不同的角色和绝对可以／不可以从事的行动，而且某些行为的法定年龄与划分生命历程的制度有所差异，也会让生命时间的结构并不是真的那么严谨。因此，生命历程的制度化所彰显出来的标准化的生命时间，并不是一个严格的条件限制，而是一个因为制度而有客观依据的期待框架。这个框架一方面可以去检视他人的生命历程是否符合期望，是否"正常"。人们在生命历程的初期，就可以预见自己将要经历的事物，并以此规划呈现自己的常态生平[①]。由于人类的婚姻生活与时间存在密切的关系，婚姻其实是个体生命时间的一种呈现。在人类社会长期的发展过程中，各种正式制度与非正式制度都以不同的方式对婚姻中的时间因素进行着调整与规范，以维持婚姻家庭的生活秩序，并进而维持整个社会秩序。

从生活现实来看，时间在人类婚姻交换中的意义有诸多表现，主要体现在以下几个方面：

（一）结婚（适婚）年龄

在日常生活中，婚姻是个体生命历程中的一个重大事件，它是人在达到一定的年龄之后都应该经历的生命过程。对个体来说，生命时间是以"年龄"为单位进行计算的。在社会结构中，一个人在什么年龄就应该做什么事情，或者应该"扮演"什么社会角色，再或者应该对社会与他人承担什么样的责任与义务等，这些都是由各种正式制度与非正式制度加以规定的。典型的如人的上学年龄、工作与入伍年龄、结婚年龄以及退休年龄

---

① 郑作彧. 生命时间的结构性 [J]. 华中科技大学学报（社会科学版），2018，5：99-106.

等等。

基于人的生理发育特点，男女必须达到一定的年龄才可以结婚。如前所述，各国婚姻法都规定了男女结婚必须达到的最低年龄，例如前述我国现行《民法典》规定的最低结婚年龄为男22周岁，女20周岁。在传统社会中，由于人的平均寿命较低，因此，人们的结婚年龄都较小，例如，在中国唐代，"在婚姻年龄方面，不同时期有不同规定。贞观元年，定'男年二十，女十五'为法定婚龄。开元二十二年时，将婚龄降低：男十五，女十三即可嫁娶"①。

婚姻法等正式制度虽然规定了人们结婚必须达到的最低婚龄，但却并没有将未达到法定婚龄的婚姻一律在任何情况下都视为无效婚姻②。在现实生活中，基于多种原因，很多人并未遵守《民法典》关于结婚最低年龄的规定，而是在低于《民法典》规定的结婚最低年龄结婚。虽然这种婚姻会被《民法典》界定为无效婚姻，但出于维护婚姻关系稳定的考虑，《民法典》司法解释又规定，如果当事人依据《民法典》向人民法院申请宣告婚姻无效时，法定的无效婚姻情形已经不存在了，即当事人在申请时已经达到或超过法定最低婚龄了，人民法院将不予支持。显然，此时法律做出这样的制度安排是遵循下述原则，即"与其使之无效，不如使之有效"，从而可以更加有效维护婚姻家庭关系的稳定。

在农村，很多家庭往往无视法律的规定，在孩子还没有达到法定婚龄的情况下，很早就让其结婚。F村和很多中国农村一样，青年人的结婚年龄都较早，往往早于《民法典》规定的最低结婚年龄。在F村当地社会中，人们奉行的口号是"早养儿子早得力"（当地方言，意思是养儿子早的人家一般获利较早）。实际上，在传统乡村社会，结婚生子除了具有繁衍后嗣以及养老（即人们所说的"养儿防老"）两大传统功能以外，孩子在结婚分家前还常常作为家庭的劳动力使用。除了成年的孩子正常参加家庭的体力劳动以外，很多家庭未成年的孩子也都要参与一定的家庭劳动或田间劳动。典型的如，在F村，放养鹅鸭、猪牛羊等家禽家畜大都是家中男孩子干的事情，而女孩子可以做一些洗衣服、淘米做饭等之类的家务活。未成年孩子在家中做这些家务事可以大大节约父母亲的时间，使得父母亲可以有更多的时间做田地里的其他农活。正是在这种结婚生子的实用主义原则支配下，农村家庭孩子的结婚时间往往较早。

---

① 朱勇. 中国法制史 [M]. 北京：法律出版社，2006：187.

② 《民法典》第一千零四十七条，《民法典婚姻家庭编》司法解释（一）第十条等规定。

虽然《民法典》规定未达到法定婚龄的婚姻是无效婚姻，但是，在现实生活中，以民间习俗表现出的人们的婚姻实践却无视这种正式制度的规定。在民间社会生活中，这种婚姻并不因为早于法定婚龄而被社会或舆论认为是无效婚姻；恰恰相反，在乡村社会来看，这种婚姻不但是有效的，甚至是快乐幸福的、理想美满的。由于《民法典》规定的是登记婚制度，这些早婚的人由于结婚年龄早于《民法典》规定的最低结婚年龄，因此，他们往往无法领取结婚证。对此，有学者认为，"如果没有婚姻政策上的硬性约束，早婚甚至极端早婚仍有市场。但集体经济时代与私有制时代的差异在于男女不仅应到政府部门登记结婚，而且须持有生产队、大队的证明信前往。只有符合条件者才能得到证明信件。婚姻登记制度是抑制早婚行为的前提，集体组织被赋予监督和抑制早婚的责任，是减少和防止早婚行为的制度保证。由于集体网络的广泛存在，更在于集体组织被赋予惩处违章者的权力，所以无论从政策上还是环境上，违规早婚行为失去了存在条件。若从这一点看，集体经济组织对抑制早婚的作用是不可忽视的，它形成了阻止早婚的民间环境。或者说，作为新制度直接产物的集体经济组织，负有协助、配合政府贯彻和落实婚姻法令、政策的义务，由此形成了制度和组织的完美结合，民众的婚姻行为受到较高程度的控制。联产承包责任制时期，婚姻登记制度并无改变，但对农民具有高度约束能力的生产队、生产大队组织已不存在。违规结婚行为出现或增加的原因是，以往具有有效制约力的制度和阻止环境发生变化。这意味着婚姻政策规定只有在集体组织网络下才能得到最有效的贯彻"[①]。上述观点固然在一定程度上揭示了农村集体经济组织在贯彻与落实国家婚姻法律及政策等方面所起的作用，但是在现实生活中，村民们基于自身的生存逻辑与"婚姻策略"，他们往往会刻意规避国家婚姻法律与政策的规定。也就是说，如果结婚条件成熟了，比如儿子自己谈了一个女朋友，或者有媒人介绍与女方家庭顺利达成婚姻协议，那么，即使孩子未达到法定婚龄，他们也会先结婚。作为变通的办法，他们往往在结婚后等待一段时间，即等到符合法定婚龄时再去婚姻登记机关领取结婚证。

笔者这次在F村调研时，专门就上述学者的观点询问了一些年龄较大的村民和上个世纪七八十年代在大队任职但现在已经卸任的退职村组干部。一位年纪较大的村民这样和我说："我儿子结婚时年纪还不到20岁，想领

① 王跃生. 社会变革与当代中国农村婚姻家庭变动——一个初步的理论分析框架 [J]. 中国人口科学，2002：24.

结婚证的话在大队确实开不到证明。但开不到就不开，先结婚再说。等到年龄够了再去大队开证明，补领一张结婚证不就行了。你说让大队干部在监督年轻人早婚方面能够起到多大作用，我看也不一定。我儿子结婚时就请了好几个大队干部来家里喝喜酒，他们只是说我儿子早婚是不对的，但酒还不是照喝？后来儿子年龄够了，去大队补证明，大队也给补了。"

而一位退职的原大队会计则这样说："村民家里的儿子好不容易说成了一门亲事，女方又同意结婚，虽然婚姻法规定必须达到法定婚龄才可以结婚，但是现在即使两个孩子或一个孩子没有达到法定婚龄，可是男女两家都愿意让孩子结婚，那就只有结婚喽，不领结婚证又能怎么样呢？村上像我们这一辈的不都没领结婚证么，日子还不是照过。乡里四（事）乡里五（舞）（当地方言，意思是乡里有乡里的习惯和做法）。那几年我在大队做会计，专门管'章子'（指大队的公章）和开婚姻介绍信，有的在上面有关系的村民找到镇政府干部或者大队主要负责人打招呼，即使这些村民的孩子年龄不够，我也没办法，只得帮着开一张婚姻介绍信，让他们去乡政府领结婚证。没关系的老百姓如果孩子不够结婚年龄想结婚的话就只能'硬上埂'（当地方言，意思是强行做某件事情），先结婚再说。"

除了《民法典》规定了结婚最低年龄以外，自上个世纪70年代末开始，我国实行了计划生育政策。当时的计划生育政策除了规定年轻人要少生、优生外，还提倡并号召年轻人晚婚晚育，并给予晚婚晚育的年轻人一些奖励。但是，在广大的农村地区，由于前述原因，这一政策规定却并未得到有效落实。结婚时间较早在农村仍然是一种较为普遍的现象。

此外，随着打工潮的出现，越来越多当地的年轻人外出打工，这些在外地的年轻人缔结了很多异地婚姻。F村外出打工年轻人的通常做法是，即使没有达到法定婚龄，他们也会将外地的女朋友直接带回家，并按照当地的风俗习惯把婚事办了。对于这些婚姻，当地社会往往都是认可的，并没有因为男女未达到法定婚龄而认为这些婚姻是无效的。

虽然各个国家的风俗习惯与婚姻法律规定的结婚年龄都不相同，但是，无论按照社会习俗还是根据法律规定，一个人达到适婚年龄时就必须结婚似乎才是一种正常的生活状态。结婚被认为是个体生命历程中的一个重要阶段，是个体生命周期中的"重大事件"。在时间社会学意义上，生命历程不单单是个体自出生开始就不断成长与衰老的生理现象，它更是被整个社会依据一定的规则，按照个体的生理年龄，结构性地安排个体在不同年龄段所扮演的主要社会角色，并拥有相应的权利、义务及责任。因此，当一个人在生理上符合结婚生育的条件，具有结婚生子的能力，他/她似乎就应该去结婚。在社会习俗等非正式制度看来，无论男女，长大后便要结婚似乎是一件顺理成章的事情。也正是在这个意义上，当一个人在应该结婚的年龄而没有结婚时，社会或舆论就会将其视为"异类"，将其视为一种"不正常"的状态。例如，在当代中国，尤其在许多大城市，很多大龄的男女由于各种原因一直处于单身或独身状态，于是，一些带有歧视性的描述这类大龄未婚男女的词语便随之出现，典型的如"剩男"或"老男人"、"剩女"或"老女人"以及"老处女"等。

在 F 村当地，还有一个对大龄未婚男子的戏称，那就是，如果一个男人没有结婚，不管他年龄多大，人们甚至包括一些调皮的孩子都可以叫这个大龄未婚男子为"小孩子"。因为在人们的意识中，只有小孩子才是没结婚的。所以，人们通常在背后，有时候甚至是当面调侃那些大龄未婚的男子为"小孩子"，当然，很多时候，这样的调侃都是善意的。这些对于大龄未婚男女的戏谑表述从一个侧面反映了社会对于"男大当婚"和"女大当嫁"这一个体生命历程中必经之事的期待，但对于这些被称之为"剩男"和"剩女"的大龄未婚男女的父母家人来说，这样的戏谑称呼更多地意味着一种失望，甚至是一种绝望，同时也意味着是整个家庭的耻辱。

在 F 村调研中，该村一个年近 40 岁未婚、在北京工作的男青年周玉柱的母亲在和我聊到周玉柱迟迟不肯结婚一事时，一边抹着眼泪，一边和我说："丢人啊！当初大学毕业在北京工作时，村里好多人还羡慕我家。可是上班都十几年时间了，到现在连个家都成不了。早知道念大学在大城市工作是这个结果，还不如不让他读书，就在家里种田，那我孙子早就都念书了。"

早已出嫁在外多年的周玉柱的姐姐周玉美也和我说："我家里只有我弟弟一个男孩子，父母年纪都大了，在农村，人们传宗接代的思想观念都很强，我弟弟都快 40 岁了，至今还没有结婚。老家风言风语也多，父母亲整天都为这个事情犯愁、怄气。现在村子里只要有年轻人结婚，我父母亲就会在家里郁闷好几天。"

但是在北京与周玉柱本人的访谈中，周玉柱却和大多数大龄未婚者持有一样的看法，他说："在北京工作生活了这么长时间，一是早已习惯了现在的这种工作与生活节奏，二是确实没有遇到适合自己的结婚对象。再者，从我自己对婚姻的观点来说，如果只是将婚姻看作传宗接代的手段，随便找一个自己不喜欢或不爱的女人凑合结婚，那还不如不结婚。什么叫传宗接代啊？现在家里虽然只有我一个男孩子，即使我结婚了，生个儿子，但谁又能保证我儿子以后就一定能将继续我这一脉传下去呢？即使儿子可以，但孙子呢？"

如前所述，从社会时间的角度来说，时间具有一种制度化的特征。在个体的生命历程中，个人的生理时间因为各种正式制度与非正式制度而被赋予一定的社会意义。就个体的婚姻而言，"男大当婚"与"女大当嫁"就是"生命历程制度化"的一种表征，但这种制度化所彰显出来的标准化的生命时间，却并不是一个严格的条件限制，而只是一个大略的期待框架。这个框架更多的只是为检视个体的生命历程是否符合社会期待而设立。一方面，婚姻法等正式制度只是规定了人们结婚的最低年龄，但却没有规定人们超过这个年龄就必须结婚；另一方面，从社会习俗等非正式制度来看，社会或家庭也只是期待个体达到一定的年龄以后就应该结婚。也就是说，这些有关人们在一定的年龄是否结婚的正式制度与非正式制度，或者压根就没有规定人们达到一定的年龄就必须结婚，或者关于人们在一定的年龄就必须结婚只是表现为一种希望或期待。生命历程的制度化虽然给个体的生命时间赋予一个大致的标准结构，但是，这个所谓的"标准结构"却不是绝对"刚性"的，而是在不同的个体身上具有相异的呈现。尤其在近现代社会，随着社会个体化程度的日益加深，婚姻与家庭及社会的联系也逐渐不如前现代社会那样紧密，在是否结婚这一问题上，个体的自由选择逐渐超越了社会或家庭的限制，从而在个体的生命历程中出现了一种"去制度化"趋势。而"在'生命历程的去制度化'趋势当中，关于生命历程的各个制度仍然存在。由于近年来某些改变了的社会因素使得越来越多的人在面临生命阶段的转折，或者是在担当各个生命阶段当中的角色时，会有许多偏离（但并非完全不遵守或背道而驰）常态生平的选择"[①]。在当代中国社会中，越来越多"剩男"或"剩女"的出现，恰恰正是他/她们对于自己个人婚姻生活的一种选择，是个人对于自己生命历程中这一段时间应该结婚行动的偏离，是一种背离社会及家庭期待的行为选择。也就是说，对个体而言，"虽然生命时间处于一个既定的社会情境当中，但是个体可以在各个生命阶段当中面对不同的社会事件，通过自己的选择，在社会条件下创造自己的生命过程，展现自身的能动性"[②]。因此，对于很多推迟结婚时间的人来说，他/她们延迟结婚时间其实并不是一种被迫做出的选择，而更多的是一种自己积极主动的生活安排。正如鲍曼所言："与现时代普遍形成的印象相反，延迟不是一个延误、懒惰、静止不动或困乏厌倦的东西，它是一种积极的态度和姿态，是一种假设能够控制事物顺序并

---

① 郑作彧. 生命时间的结构性 [J]. 华中科技大学学报（社会科学版），2018，5：103.

② E. A. 韦斯特马克. 人类婚姻史 [M]. 李彬，李毅夫，欧阳觉亚等，译. 北京：商务印书馆，2012：100.

使得这一新的顺序不同于它原有顺序（如果它不加反抗并保持驯服）的努力。"①。这实际上是"流动"的现代性在当代人婚姻生活中的体现。

此外，在时间社会学意义上，就那些认为人在适婚年龄必须或应该结婚的一般社会（或共同体）观念而言，一个人在该结婚的年龄而没有结婚这一事实，不仅违反了一般的社会认同，而且也背离了某些公众情感。因为，"在社会学视域，时间是一种基本经验事实的体验，时间被诠释为一种社会认同与情感皈依……基于经验事实的体验社会时间可以理解为一个实现集体、社会认同、产生群体归属感和获得情感皈依的过程"②。因此，当一个人在社会所认为的应该结婚的年龄段而没有结婚时，在所有相类似的年龄段但已经结婚的人中间，他就显得是一个"异类"，是一种"不正常"的表现，因而往往很难在社会中获得认同，也即很难获得一种集体情感的皈依；或者说，在那些已经结婚成家的同年群体中很难找到情感或心理上的归属感。

总之，如果说上个世纪七八十年代国家的计划生育政策与法律等要求人们晚婚晚育是正式制度对于人们结婚时间的一种约束的话，那么，随着当代中国社会的发展与变迁以及人们婚姻观念的变化，晚婚晚育甚至不婚不育事实上已经成了很多人的一种主动选择。但耐人寻味的是，对此，国家的法律与政策似乎显得无能为力，无所作为。

（二）婚姻期限

一般情况下，人们大都希望男女所缔结的婚姻是没有期限的，或者说是终生性的，这也是人们将婚姻称之为"终身大事"的原因之一。但是，即使如此，由于种种原因，在已婚男女双方的有生之年，婚姻也常常因为各种原因而被解除。可与此同时，"我们还听说过一些有固定期限且期限很短的婚姻"③。因此，从时间在婚姻当中具有的意义来看，除了离婚及那些很少见的有固定期限且期限很短的婚姻以外，人们对婚姻持续期限或时间的美好愿望都是"无期限"的，即人们都希望一桩婚姻是永久性的，是终身的。因为"持久的东西被认为有特殊的价值，并因它与永恒不朽——

① 齐格蒙特·鲍曼. 流动的现代性 [M]. 欧阳景根，译. 北京：中国人民大学出版社，2018：258.

② 徐红曼. 社会时间：一种社会学的视角 [J]. 北华大学学报（社会科学版），2015，2：140.

③ E. A. 韦斯特马克. 人类婚姻史 [M]. 李彬，李毅夫，欧阳觉亚等，译. 北京：商务印书馆，2012：1225.

那一终极价值，'自然而然'被人们渴求着，而且人们无可争议、心悦诚服地信奉它——联系在一起而被人们珍视和觊觎着"①。所谓"执子之手，与子偕老"就是人们对于婚姻期限为一辈子的美好期待，而"我能想到最浪漫的事，就是和你一起慢慢变老"这一句传唱大江南北的歌词无疑是人们对于婚姻是一辈子美好期待的集体情感共鸣。无论在传统社会还是在现代社会，人们都希望夫妻的婚姻生活能够持续一辈子。如果说婚姻是一种契约的话，那么，这种契约的履行期限就是一辈子。

虽然人们对于美好的事物总是充满永久的期待，但这种对婚姻期限是一辈子的美好期待却不仅仅源于人们将婚姻视为一种美好的生活。从人类婚姻家庭生活的历史来看，在人类社会的早期，由于人的平均寿命都很短，而婚姻家庭生活起始于孩子的生养与抚育，"事实上，婚姻不仅是为求得子女而存在，而且还因为子女的存在而成为一种持久的结合"②。从孩子出生一直到成年能够独立生活为止，就要花十多年时间。在孩子长大成人后，按照当时人们的寿命，父母亲的年龄就已经不小了，可以说是进入老年，需要被孩子赡养了。正是这种在婚姻生活的不同阶段都需要夫妻之间的协作以及全体家庭成员的共同帮扶，婚姻的期限应该是夫妻二人一辈子的习俗才逐步确定下来，这实际上是夫妻婚姻家庭生活本身的现实需要及客观要求，它并不是一种人为的制度规定，而是客观生活需要的产物。

任何事物都具有两面性，一方面，"婚姻期限是一辈子"既是一种美好的婚姻结局；另一方面，一辈子漫长的婚姻时间又会在一定程度上使得婚姻中的当事人感到倦怠，对夫妻的忍耐力是一种挑战。"关于时间的社会性，美国社会学家默顿曾经提出了一种'社会预期的持续时间'的观点，他认为，社会预期的持续时间（SEDs）是指，被社会规定或集体模式化的关于持续时间的期望，它被嵌入在各种社会结构之中……SEDs 会影响预期的社会行为、正在进行的行为，这类行为显著地受到社会规定的以及模式化期望的影响。比如，在熟识、婚姻等关系中，由于对其持续时间的不同预期，从而具有了不同的结构属性。他说，婚姻在当今一夫一妻制的社会中，按规范被认为是'永久或无限期持续的'，因此，相对于熟识

---

① 齐格蒙特·鲍曼. 流动的现代性 [M]. 欧阳景根，译. 北京：中国人民大学出版社，2018：213.

② E. A. 韦斯特马克. 人类婚姻史 [M]. 李彬，李毅夫，欧阳觉亚等，译. 北京：商务印书馆，2012：1296.

关系或短期任职，此种关系具有更沉重的负担"①。在人类社会的婚姻史上，很多早期未开化民族的婚姻习俗以及早期的宗教教规等都强制规定夫妻结婚后一律不准离婚，因为"完婚后的基督徒婚姻乃是一种圣事，必须永久有效。这种婚姻体现着基督与教会的结合，因此是不可解除的，正如基督与教会的结合不可解除一样。根据自然法，婚姻也应是持久性的，因为婚姻唯有持久，才能达到其目的。这是上帝使然"②。这种关于婚姻是永久性的强制性规定固然可以使得婚姻能够维持一辈子，但是，如果婚姻不是幸福的，而是痛苦的，那就意味着这种痛苦也是一辈子。因此，对于任何一对踏入婚姻殿堂中的夫妻来说，他们必须要经受长达一辈子时间的漫长考验。期间，他们会经历各种各样的事情，顺境与逆境、幸福与痛苦、快乐与悲伤，等等。对夫妻二人来说，如果彼此准备不足，磨合不够，这一漫长的人生历程确实是一个沉重的负担。

（三）婚配年龄

在社会的一般观念中，结婚男女双方的年龄一般要相差无几，只有这样，才显得双方比较般配。在中国人的婚姻习惯中，一般总是男方要大女方几岁。虽然在一些女方比男方年龄大的婚姻中，民间也有"女大三，抱金砖"的美好说辞，但一般情况下，如果在一桩婚姻中女方比男方年龄大的话，人们总是觉得有点遗憾，并会认为这样的婚姻不是非常美满。这种男女年龄之间的差异在一定程度上反映了男权主义思想。婚姻法除了规定男女结婚的最低年龄以外，对于一桩婚姻中男女双方的年龄差异却并没有做出相应规定。

在中国的传统习俗中，关于男女结婚的年龄却有一些禁忌性的规定。这种禁忌主要表现为具有特定"属相"（年龄）的男女是不能结婚的。据记载，我国古代中原地区最初使用的是"干支纪年法"，这种纪年法主要是用十个天干符号即甲、乙、丙、丁、戊、己、庚、辛、壬、癸和十二个地支符号即子、丑、寅、卯、辰、巳、午、未、申、酉、戌、亥相互依次配合来表示时间。后来中原地区在与其他民族的融合过程中，吸收了其他民族的文化，用十二地支，即用子、丑、寅、卯、辰、巳、午、未、申、酉、戌、亥与十二种动物，即鼠、牛、虎、兔、龙、蛇、马、羊、猴、

---

① 林聚任，王兰. 时空研究的社会学理论意蕴——社会建构论视角 [J]. 人文杂志（7），2015，7：115.

② E. A. 韦斯特马克. 人类婚姻史 [M]. 李彬，李毅夫，欧阳觉亚等，译. 北京：商务印书馆，2012：1296.

鸡、狗、猪相配合，用来表示人的出生年份。上述十二地支与十二种动物相配合便是子鼠、丑牛、寅虎、卯兔、辰龙、巳蛇、午马、未羊、申猴、酉鸡、戌狗、亥猪，由此得出了人的十二属相。至于构成人们属相的十二种动物来历，历史上一直传说纷纭，莫衷一是。

十二属相原本是一种表示时间（年龄）的概念，但由于其和十二种动物相联系，后经道家、阴阳家等演绎，人们又赋予其一定的神秘色彩。道家等传统观念认为某些属相是"相克"的，因此，在婚姻关系中，处在某些"相克""属相"所对应年龄的男女是不可以结婚的。因此，中国传统婚姻在缔结前都要问男女双方当事人的"生辰八字"，看看二人的属相是否"相克"，然后才能最终决定男女是否可以结婚。法国社会学家涂尔干与莫斯在二人共同写作的《原始分类》一书中对中国的这种传统习俗也进行了系统考察，他们认为："在婚姻关系中，个体与他所属的动物之间的关系与其他社会中个体与其图腾之间的关系具有同样的效果。此外，我们知道，中国人在议定婚姻时先要咨询占卜者，而其中有关出生时星象的考察和生辰八字的考察发挥着相当重要的作用"①。这种严格的婚姻禁忌在中国传统社会的婚姻习俗中得到了从上流社会到民间社会的一体遵循，并延续了数千年之久，直至今天，这种婚姻习俗在中国的一些乡村社会仍然存在，对男女婚姻施以一定的禁忌。

在关于男女结婚年龄的风俗习惯等非正式制度中，男女结婚时的年龄应该相差无几，这样年龄相当的男女结婚是社会所认可的。但与此同时，在社会生活中，还存在另外一种情况，即在某些婚姻中，男性的年龄要比女性大许多，甚至从年龄上来看，一些丈夫相当于妻子的父亲，甚至是爷爷了。在这些婚姻中，有一些确实是出于诚挚的爱情、共同的理想、信仰与爱好，但也有一些夫妻年龄悬殊很大的婚姻很难说没有掺杂着其他一些世俗因素，如政治权力、社会地位以及经济条件等。因此，在这类婚姻交换中，一方面，男女双方的结婚年龄（时间因素）实际上违背了一般的社会预期；另一方面，当这种违背了人们关于男女结婚年龄应该相当的社会预期的情况出现时，社会对此却又似乎无能为力，因为婚姻法等正式制度对此是予以认可的，这些婚姻都是合法的。

"在社会学意义上，时间被认为体现了一种权力关系。时间是各种权力斗争和表达的话语，隐藏其后的是社会权力的分配机制。我们所有的生

---

① 埃米尔·涂尔干，莫斯. 原始分类 [M]. 汲喆，译，渠敬东，校. 北京：商务印书馆，2015：87.

活都是定时的和受控的……法国社会学家乔治·古尔维奇在其对社会时间进行的研究中提出了关于时间中权力关系的观点……为了说明时间中体现的权力关系，古尔维奇举了日常生活中"谁等待谁"的例子。他认为，日常生活中的等待，即"谁等待谁"与"等待者"和"被等待者"的社会地位和权力关系密切相关。根据日常生活经验可知，那些拥有金钱、权力和较高社会地位的人往往无须等待，换言之，在一般情况下，社会时间总是由这些人来控制的"①。布劳也认为，"作为人际交往基础的社会交换过程能根据所涉及的至少是某个时期的时间投入来严格加以分析。因此，互惠原则——恩惠带来义务——可以被转化为这样的解释，如果当一个人花了一定时间为另一个人干活，那么后者在将来应该拿出相应的时间为前者服务。如果一个人给其他人提供无法报答的好处，那么他就取得对他们的权力，并得到他们的服从，这意味着他可以随心所欲地支配和使用他们的其他所有的自由时间。实施权力，就需要占有其他人的时间。权力所依赖的资源便构成凝固的时间，可以说，那就是积累资源的先前的那些时间投入"②。

在年龄悬殊较大的男女当事人缔结的婚姻中，我们通常可以看出，一般总是那些享有较大权力、拥有较高社会经济地位的大龄男人或老男人与年轻的女人结婚。尽管在这样一些婚姻中，一些当事人自己会真诚地向社会宣称这样的婚姻是出于爱情。虽然我们并不否认现实生活中确有一些出于爱情或者基于共同信仰的此类婚姻，但同样不能否认的是，生活中更多的此类婚姻是金钱与权力促成的。众所周知，"婚姻是一种制度生活，既然是制度就会对自由有选择的规范与约定。规避制度约束的年龄被视为是一种优势社会资本，拥有这种优势资本者主要是富人，这些人将过度单身开发成乐于闲暇与纵欲的生活品格。以'钻石王老五'指称占有优势资本的过度单身男性，无论是发出此称谓者还是被称谓对象，无不有对拥有更大资本主义时间支配权优越感的承认"③。从这里我们同样可以看出权力在控制时间中的作用，在此，权力控制的其实是当事人的婚姻时间，详言之，较大的权力与较高的社会经济地位可以相当有效地将当事人的结婚时间予以延长：他二三十岁可以结婚，四五十岁可以结婚，六七十岁可以

---

① 徐红曼. 社会时间：一种社会学的视角 [J]. 北华大学学报（社会科学版），2015，2：138-141.

② 布劳. 不平等和异质性 [M]. 王春光，谢圣赞，译. 北京：中国社会科学出版社，1991：225.

③ 方旭东. 过度单身：一项时间社会学的探索 [J]. 中国青年研究，2016，10：79.

结婚，甚至八九十岁还可以结婚，而不管对方年龄究竟有多大。在很多的"老夫少妻"式婚姻中，我们都可以感受到金钱或权力等对于婚姻中时间因素的明显作用。

二、婚姻交换中的空间因素及其制度控制

空间是物理意义上的存在，它本来是虚空的，但空间与人类社会生活及其实践活动却存在十分密切的关系，由于人的存在或介入，空间才具有了相应的社会意义。作为一个物理性的存在，人总是身处于特定的空间之中。不同的空间对于同一个体而言具有不同呈现与不同意义；而同一空间对不同的个体也具有不一样的意义。"人们并不仅仅活动于一个作为物质环境的空间之中，对于任何一个人类社会而言，空间都已经被注入了人类的集体情感，那些对空间方位的划分并非只是呈现为一些冷冰冰的物理参数，相反它们都具有特定的社会情感价值"[1]。被认为是空间社会学理论奠基人之一的齐美尔也认为，空间"是可以被某种社会形态加以填充的空虚和无价值的地域性的空间环境。当然在有些事件中，空间的形式条件也可能凸显为一种重要的影响事件的力量"[2]。

在人类社会的婚姻家庭生活中，地理意义上的空间表现了更多的社会性，这种空间因素在人类社会的婚姻交换中起着十分重要的作用，它对于婚姻的有效缔结、婚姻关系的稳定与和谐等都具有重大的意义。

（一）空间距离的邻近有助于婚姻的缔结

1. 通婚圈与地理通婚圈

空间距离的邻近有助于婚姻的缔结，"地理通婚圈"这一婚姻缔结中的常见现象就是邻近空间有助于婚姻交换的证明。从字面意思来看，"通婚圈"这个词语形象地反映了男女通婚的范围与界限。"圈子"是汉语中用来表达一个人或一些人隶属于同一个特定群体的常见说法，因此，"圈内人"与"圈外人"是具有明显界限的两个不同群体，彼此之间泾渭分明。在学界，"通婚圈"主要是用来描述男女在什么范围内缔结婚姻的一个术语，是用来表示某一社会群体成员婚配对象的来源范围。

一般来说，常见的通婚圈主要包括两个，第一个叫"地理通婚圈"，是指结婚的男女双方在婚前出生及成长生活的地域范围。地理通婚圈是通

---

[1] 郑震. 空间：一个社会学的概念 [J]. 社会学研究（5），2010，5：168.

[2] 齐美尔. 社会是如何可能的——齐美尔社会学文选 [M]. 林荣远，编译. 桂林：广西师范大学出版社，2002：460.

过地理距离测量的，指婚配对象来源的地域范围，其大小表示某一地理区域内社会成员婚配对象的来源情况，能够反映一个地理区域与其他地理区域之间的社会经济文化以及人际交往的大致状况。由此可见，"地理通婚圈"主要涉及男女婚配的空间要素。第二个叫作"等级通婚圈"或"社会通婚圈"，是指男女双方各自家庭所处的社会阶层（阶级）地位、经济状况、民（种）族等以及男女双方各自的身份职业、宗教信仰、受教育程度等社会范围。社会通婚圈是指人们的择偶范围被限制在一定的阶级（阶层）、民（种）族、宗教、职业、政治党派、教育程度等范围内，其特征与大小反映一个社会不同阶层之间的开放程度或社会融合程度。"社会通婚圈"主要涉及男女婚配的社会因素，也包括一些个人因素。

2. 流动社会对地理通婚圈变化的影响

（1）流动社会增大了人们的择偶范围

在传统的中国乡村社会，除了极少数的人，如官宦或商人可以远离家乡在异地做官或经商以外，绝大多数人终其一生都生活在乡村社会，正如费孝通先生所言："我们很可以相信，以农为生的人，定居是常态，迁移是变态"[①]。由于这种人口的非流动性，从而不可避免地导致人们择偶机会和范围的局限性，这也是传统社会中人们地理通婚圈不大的一个主要原因。新中国成立后，由于计划经济体制和户籍制度的限制，中国农村社会处于封闭、静止状态，绝大多数的农村人口都被牢牢束缚在土地上，这导致农村人口的通婚圈相对较小，村民的地理通婚圈大都局限于他们生活的村庄周围。

改革开放以后，特别是自上个世纪 90 年代以后，随着大规模农民工群体的出现，尤其是新生代农民工登上社会舞台以后，和其父辈相比，他们的择偶机会和范围在流动社会中都大大增加。对新生代农民工来说，由于在远离乡村社会的大城市工作，"城市化缩小了社会成员之间的自然距离，同时将不同群体聚集在大城市，从而增加了整合性群际交往的机会和可能性"[②]，因此，新生代农民工的社会接触面以及人际交往的范围都有所增大。虽然说城市一直被称为"陌生人社会"，但是，和原先的乡村社会生活环境相比，由于新生代农民工的人际交往范围更大，他们接触不同异性的机会与可能性也就更多。这些变化导致他们的择偶范围也都相应增

---

① 费孝通. 乡土中国 [M]. 北京：北京大学出版社，2012：11.

② 布劳. 不平等和异质性 [M]. 王春光，谢圣赞，译. 北京：中国社会科学出版社，1991：238.

加。对很多在城市打工的新生代农民工来说，他们大都通过亲戚、同乡或同学的关系进入职场的，因此，即使身处异地他乡，亲属、同乡或同学等关系纽带仍然存在。与此同时，在新的工作岗位上，他们还会接触到新的同事，并通过同事再接触到其他的社会关系。这些原先的社会关系再加上新建立的各种社会关系都增大了他们择偶的范围。

3. 流动社会扩大了人们的择偶自由

婚姻自由是现代婚姻的一个本质特征，也是现代婚姻法的一个基本原则。在中国传统社会，个体是不享受婚姻自由的，"父母之命，媒妁之言"一直是缔结婚姻的一个主要方式，父母对子女享有至高无上的主婚权。新中国成立以后，虽然在制定的第一部《民法典》中明确规定了结婚自由，但是，在广大的农村地区，父母对子女的婚姻享有决定权仍然是一个十分普遍的现象，大多数青年男女的婚姻自由度非常小。而在上述社会背景下，那些为了追求婚姻自由的青年男女往往会上演一幕幕"逃婚"的剧目，无论在文学作品或是现实生活中，"逃婚"这一悲喜交加的剧情一直在不停地上演。可是，在流动社会中，对那些远离家乡在城市打工的新生代农民工来说，其择偶的自由度却很大，在这些人中，自由恋爱并结婚的占据了很大的比例。有意思的是，在很多时候，外出打工成了新生代农民工特别是女青年逃避父母包办婚姻的一个很方便的借口和一种惯常的做法。

4. 流动社会增加了人们的择偶方式

传统农村社会青年男女的择偶方式非常单一，大都以媒人说合为主，自由恋爱的只占很少的比例。但是在流动社会背景下，由于新生代农民工在远离家乡的城市打工，其人际交往的范围扩大，因此其择偶的方式相对增多。除了同事、老乡、同学的介绍以外，青年男女自己交往的机会也较多，因此新生代农民工自由恋爱的较多。此外，由于技术的进步，除了现实生活中的交往以外，新生代农民工还和都市青年一样，利用电脑网络等技术手段建立新的人际关系，并从中选择自己心仪的伴侣。尽管"网恋"看起来不是很靠谱，甚至因为网恋还出现很多违法犯罪的事例，但是，因"网恋"而成功缔结婚姻的也不在少数。例如，笔者通过对 F 村最近几年新结婚的青年夫妻的调查就发现，其中有好几对就是通过 QQ 聊天结识并恋爱结婚的。总之，和相对静止的传统乡村社会相比，流动社会确实可以为新生代农民工增加很多的择偶方式。

总之，在当代中国流动社会背景下，新生代农民工的通婚圈发生了明显变化，其中，地理通婚圈的变化比社会通婚圈的变化要大。新生代农民工通婚圈的变化是当代中国社会变迁在人们婚姻观念及行为上的体现，其与流动社会中的诸多因素有关，典型的如城市文明生活的积极影响、流动社会所提供的自身素质改变、提高自己经济地位的各种机会等。然而，"流动"的爱，既可能是痛苦不幸的渊薮，也可能是幸福快乐的源泉。新生代农民工通婚圈的变化对他们的婚姻家庭生活来说，既有积极的一面，又有消极的一面。一方面，流动的社会背景可以带来更多的择偶机会和自由，他们可以凭着自己的兴趣爱好寻找到属于他们自己真正的幸福；另一方面，一些根深蒂固的传统及生活习惯等却并不会因为流动社会就一下子消失殆尽。这些新生代农民工通婚圈的变化对其婚后家庭生活的消极影响有可能会导致一桩婚姻的破裂，这样的例子在新生代农民工的日常生活中并不鲜见。

实际上，地理通婚圈的变化意味着来自不同地区与背景的男女可以结合在一起。在传统的乡村社会中，由于地理通婚圈很小，人们在婚后能够较容易分享到本地的经验和习惯，又由于地方社区或村落共同体这一情感、生活纽带对二人来说基本上是相同的或相似的，所以，其婚后的生活适应会更快、更好。但是，随着当代新生代农民工地理通婚圈的变化，正如贝克在论述西方社会工业化以后的婚姻家庭生活时所说，"不同地区和社会阶层的人经常见面，甚至通婚。法律和大家族建立起来的传统藩篱虽然并未完全消失，但较以前力量已经变弱许多……婚姻关系由此获得了新的意义，但也受制于新的张力……现在，每个婚姻家庭都必须把不同的生活方式、价值、思考和交流方式、意识乃至日常作息时间整合进同一个家庭中"①。因此，在当代中国的流动社会背景下，这些由于通婚圈的变化所带来的一系列问题对新生代农民工的婚后生活适应会带来了巨大的挑战。

为使得爱情永驻、家庭和谐及社会稳定，新生代农民工夫妻都要正视并学会积极适应各种通婚圈的变化，否则就可能危及家庭的稳定，并最终导致婚姻的解体。与此同时，社会政策与法律制度等也要对此有足够的敏感并予以密切关注，为这一社会问题的解决做出自己的贡献。

（二）婚姻关系存续期间的空间意义

1. 空间对于婚姻关系的意义

在男女双方的婚姻生活中，一方面，"朝夕相处，永不分离"式的

---

① 乌尔里希·贝克，伊丽莎白·贝克——格恩斯海姆. 个体化 [M]. 李荣山，张惠强，译. 北京：北京大学出版社，2011：105-106.

"共同在场"是人们对于美好婚姻生活的希望。现实生活中，如果一对夫妻能够一辈子生活在一起，相比于那些长期两地分居的夫妻来说，无疑要幸福得多。另一方面，夫妻在空间上的适度分离在一定程度上又有助于双方感情的培养，有利于婚姻关系的巩固。"小别胜新婚"并不仅仅暗示夫妻之间的性生活，它同样表明夫妻之间短时间的分离反而有助于加强彼此之间的感情联系。事实上，"小别胜新婚"式的夫妻性生活本身就有益于夫妻关系的和谐。因此，正如对于其他社会关系的影响一样，空间对于人类婚姻关系的影响同样巨大。

在传统社会中，由于生产与生活方式总是相对"静止"的，因此，对于绝大多数家庭来说，夫妻婚后大都过着朝夕相处的稳定生活，男女双方在空间上几乎从不分离。但是，在西方社会，随着工业化与城市化的逐步发展，男人们开始离开家乡，前往遥远的城市工作。男性的这种空间上的流动或者说夫妻之间在空间上的分离，逐渐成为大多数劳动阶层婚姻生活的常态。中国社会在最近几十年的发展过程中也经历了同样的变化。随着改革开放的逐步深入以及城市化发展进程的加快，越来越多的人，主要是家庭中的男人（丈夫）离开家去外地谋生。在广大的农村地区，成千上万家庭中的丈夫离开妻子儿女去城市打工。这种空间上的分离对于夫妻双方的婚姻关系产生了巨大影响。这种影响不但表现在婚姻形式上，也表现在外出丈夫以及留守妻子的性生活上，而所有这些变化都会对现有的夫妻婚姻带来影响。

从日常生活经验来看，夫妻关系实际上是一种比较特殊的互动关系，这种互动关系主要是一种亲密关系，而且是一种最亲密的关系。这种亲密关系得以发生与维持的主要空间是家庭，一般情况下，夫妻二人只有长期共同在家庭中生活，朝夕相处，这种亲密关系才能够得以维系。所谓男女之间的"日久生情"，其前提必须是男女之间长时间相处以后才能产生感情，而所谓"长时间相处"主要是指男女双方必须在长时间内共同处于同一个空间中。在日常生活中，我们也通常说夫妻感情是可以培养的，但这种感情的培养同样必须要具备一个前提条件，那就是夫妻双方要"共同在场"，也即夫妻必须要身处同一个空间之中，在空间上不能长期分离。虽然人们也常说"两情若是长久时，又岂在朝朝暮暮"，但这种情况下的爱情可能只是一种存在于极少数相爱男女之间的特殊爱情，这种爱情能够经受长时间不在一起的考验。但对于现实生活中的大多数婚姻来说，夫妻之间的爱情显然达不到这样的高度。

由于不同的社会空间对生活于相应空间中的人具有不同的意义，空间的这种社会性对于人类的婚姻生活同样有不同的影响。在乡村社会，村落空间虽然相对狭小，但无论如何，不管是家族也好、村落也罢，身处这些血缘相对较浓厚、地缘相对较紧密的家族或村落之中，各种有形或无形的约束，如家庭（族）伦理、村落习惯、乡村社会道德等，对于夫妻之间婚姻生活的巩固都有好处。身处这样的"熟人社会"之中，上述各种"熟人社会"中的那些伦理道德、乡土习惯等固有力量只会使得婚姻关系更加紧密。但是，城市的社会空间却具有与村落空间完全不一样的性质，城市空间的一个主要特点就是其"匿名性"，城市完全是一个"陌生人社会"，在城市空间中，那些对生活于村落中的人的行为能够构成各种约束的外部条件大都不具备，这使得一开始进入或生活于城市中的人会有一种莫名其妙的自由感，就像鱼儿游进大海一样。大街上虽然人来人往，川流不息，热闹非凡，但是，却谁也不认识谁。此外，现代化的都市生活灯红酒绿，也会对生活于其中的个人充满种种难以抵御的神秘诱惑。因此，以城市生活为表现形式之一的现代性对于人类的很多行为规范具有一定的形塑或重构作用。现代都市生活不仅对那些"共同在场"，即生活于同一屋檐下的夫妻关系产生种种影响，更会对那些与配偶分离，一个人生活于城市之中的妻子或丈夫产生重大影响。进入 2000 年后，国内媒体上开始出现关于在城市打工的农民工组成"临时夫妻"的报道，而学界也开始对这一畸形的、越轨的"临时婚姻"进行研究。以下笔者将在现有研究的基础上结合空间社会学的有关理论，对与配偶相分离而在城市打工的农民工的"临时夫妻"现象进行分析，以此讨论空间对于婚姻交换的影响。

2. 农民工"临时夫妻"：空间对婚姻影响的一个例子

农民工临时夫妻"是指外出劳动农民工的已婚双方或一方，在务工所在地基于自愿的基础上建立'临时家庭'，形成'临时夫妻'关系，但不受法律保障，并随着原配的到来或者务工的结束而终结"①。笔者认为，现有研究将分别已婚的在城市临时吃住并生活在一起的异性农民工称之为"临时夫妻"或"搭伙夫妻"都不甚准确。因为，无论在人们的日常观念中，还是在正式的法律制度中，"夫妻"关系都是一种正常的男女关系，是一种处于法定婚姻状态中的合法的男女关系。因此，将分别已婚的因在城市打工而临时吃住在一起的异性农民工称之为"临时夫妻"或"搭伙夫妻"，由于其表述中含有"夫妻"二字，这会招致社会大众对这种男女关系的厌恶与排斥。道理很简单，虽然是"临时夫妻"或"搭伙夫妻"，但其还是一

---

① 陈相云，孙艳艳. 农民工"临时夫妻"越轨行为的发生机制与成因 [J]. 当代青年研究，2016，5：67.

种"夫妻关系",而这种不正常、不合法的"夫妻关系"显然是对正常夫妻关系的一种严重冒犯及侵犯。实际上,在笔者看来,从行为的表现与性质来看,那些所谓的"临时夫妻"或者"搭伙夫妻"其实只是一种非法同居关系,也只能是一种非法同居关系。因此,对于这种分别已婚但因在城市打工而临时吃住在一起的异性农民工,称之为"同居关系"比称之为"临时夫妻"或"搭伙夫妻"要更加准确,也更少"污名化"。当然无论如何称呼,这种男女关系都是非法的和不道德的,会引发一系列社会问题,也会对处于这种畸形关系中的异性农民工自己的婚姻关系造成实质危害。

自从现实生活中出现这一畸形的临时"夫妻"形式以来,学界也开始对农民工"临时夫妻"这一社会现象进行研究。众多研究者从不同的角度对农民工"临时夫妻"展开讨论。现有的这些研究分别从农民工的性需求、个体与社会心理、道德伦理、越轨与违法、社会公共治理等方面对农民工"临时夫妻"现象出现的原因、表现形式、行为的性质以及社会治理等进行了分析讨论。[①]

上述研究都在一定程度上揭示了农民工"临时夫妻"这一社会现象发生的个体因素、社会背景及其社会治理等原因。但笔者认为,现有研究中却鲜有从空间社会学的角度对农民工"临时夫妻"这一社会现象展开讨论。实际上,笔者认为,农民工"临时夫妻"行为的发生,其根源主要在于这一行为发生的特定空间,即那些"临时夫妻"们打工所在的城市。这些组成"临时家庭"、结为"临时夫妻"的异性农民工打工所在地的城市,实际上构成了一个独特的空间。在这个空间中,一方面,这些农民工与自己远在家乡或其他城市的配偶在空间上处于分离状态;另一方面,这些农民工却又与其他的异性农民工在空间上"共同在场"。

从表面来看,人们身处其中、活动于其中的空间只是一个物理意义上的空间,是以各种自然环境物或人工制造物等形式表现出来的客观实体。但社会学观点却认为,任何物理空间都是社会空间,都有其特定的社会意义。对作为社会行动者的个体来说,"任何社会行动都是空间性的行动,都有其具体的场所(场所是以物理环境为基础的社会性空间现象),并以不同的方式参与空间的构造……任何实践活动都是一种空间性的在场,其

---

① 李德恩. 农民工"临时夫妻"现象背后的法律问题 [J]. 山西师大学报(社会科学版), 2016, 5: 28-31. 刘靖. 家庭伦理的松动:"临时夫妻"的婚姻、家庭、生育与性——以广东省惠州市的田野考察为例 [D]. 武汉大学 2014 年博士论文. 陈相云, 孙艳艳. 农民工"临时夫妻"越轨行为的发生机制与成因 [J]. 当代青年研究, 2016, 9: 67-72.

存在的意义中都已经固有地包含了一种空间性的经验内涵。在分析的意义上这就意味着行动总是或多或少地以场所为定向，不仅不同类型的行动会在不同类型的场所中展现，而且同一类型的行动往往会由于场所的变化而显示出不同的面貌"①。因此，当农民工离开自己的配偶在远离家乡的城市打工时，城市的空间与农民工原先生活的农村空间就成为两个相对独立的空间。不同的空间其内容是不一样的，身处不同空间中的人所结成的社会关系也就不同。在此，空间对农民工婚姻生活实践的影响主要体现在以下两个方面。

首先，一方面，由于与自己的配偶不再处于同一空间之中，从夫妻婚姻关系的意义上来说，这种空间上的分离也意味着夫妻二人在身体上的分离。身体在空间中的意义不仅仅体现在身体对物理空间位置的感知，更体现在身体对于空间意义的理解。众所周知，夫妻婚姻关系是一种典型的亲密关系，但夫妻之间的这种亲密关系区别其他种类的人际亲密关系，就亲密关系的主要象征形式即身体接触而言，夫妻之间的亲密关系主要表现为身体的全面接触，而其他种类的人际亲密关系虽然也有身体上的接触，但这种身体接触往往是有限的。因此，身体对于夫妻关系而言，正如康德对空间的界定一样，是一种"待在一起的可能性"。或者，我们可以更进一步认为，对于夫妻关系而言，婚姻生活需要夫妻身体在空间上应该始终"共同在场"，这种空间相应就变为一种"待在一起的现实性或必要性"。当农民工离开配偶以后，这种身体上的空间分离是导致夫妻婚姻关系一定会或可能会发生某种微妙变化的重要的外界原因之一。与此同时，另一方面，与自己的配偶彼此分离的农民工在城市打工时，却因为种种原因与其他的异性在身体上处于相同的空间之中，例如，他们可能在同一个办公室或车间工作，可能在同一个食堂吃饭，还有可能租住在同一个小区，甚至是同一个小区的同一栋楼房以及同一栋楼房的同一个套房里。和与自己的配偶在空间上或身体上的分离状态相反，这些在城市打工的农民工与其他的异性在空间或身体上却非常接近，因此，在长期的接触中，这些已婚的异性农民工反而处于一种"共同在场"的状态，而这种空间上的接触可以使得社会互动的参与者之间的关系性质发生改变，其中的一种变化结果就是这些已婚的异性农民工可以将自己原来的合法婚姻暂时"搁置"，转而代之以一种新的关系，即非法的"临时夫妻"关系。

其次，对那些远离家乡与配偶在大城市打工的已婚农民工来说，大城

① 郑震. 空间：一个社会学的概念 [J]. 社会学研究，2010，5：188-189.

市一贯被人们称之为"陌生人社会",人们之间的情感较为疏离。在大城市中,一方面,人流密集,来自不同地方的人们聚集在一起;另一方面,人们之间的情感交流却非常少。"城市化缩小了社会成员之间的自然距离,而同时将不同群体聚集在大城市,从而增加了整合性群际交往的机会和可能性,但也增加了来自不同群体的人们之间发生冲突的场合和可能性"①。由于社会阶层的制约以及经济条件的束缚,在大城市打工的农民工对此感受尤深。当那些因为地缘、业缘或者其他原因而在大城市相遇的已婚异性农民工在接触以后,由于相同的社会地位与身份、相似的生活机遇,出于惺惺相惜的感觉,相比于其他城市中的人,他们之间会有一种更加亲近的感觉。经过长时间的接触,彼此之间的亲密关系会越来越近。而原先在乡村社会空间中束缚人们的种种关于婚姻或男女关系的社会规范、道德伦理,甚至法律规范等等,在大城市这一新的空间中会逐渐变得弱化,并最终对他们失去了约束。

综上所述,在婚姻生活的实践中,一方面,时间与空间因素对人类的婚姻交换影响巨大;它们在很大程度上决定着婚姻的缔结与婚姻关系的稳定。但是,另一方面,翻遍大多数国家的婚姻法,你几乎看不到在像婚姻法这样的正式制度中有关于时间与空间因素对于人们婚姻影响的规定。详言之,除了历史上极少数国家与特定历史时期的婚姻法规定男女结婚以后不可以离婚以外,近现代的婚姻法都不会规定夫妻之间的婚姻生活是永久性的,相反,都规定了极其宽松的离婚条件。此外,婚姻法也没有规定夫妻结婚以后必须要朝夕相处,不能分离。实际上,在现实生活中,正是各种非正式制度才决定着或调整着时间与空间因素对于人们婚姻交换的影响。

在正式制度与非正式制度的关系中,由于以法律、政策等为主要代表的正式制度具有一定强制力,而非正式制度的强制力则明显较弱,因此,为了使得婚姻更加稳定与和谐,我们在研究时间与空间因素对婚姻交换的影响时,其关注点应该侧重于以下问题,即如何在正式制度,如国家的婚姻立法与政策中,将时间与空间因素对于婚姻的积极影响尽量扩大,与此同时,将它们对婚姻的消极影响尽量减小。

我们都知道,婚姻其实并不是一个独立的现象,婚姻总是与家庭、孩子紧密联系在一起。在工业化与城市化的时代,在城乡差别没有真正消除之前,甚至即使是在同一个城市,很多职业对从业者的要求都是其家庭与

---

① 彼得·布劳. 不平等和异质性 [M]. 王春光,谢圣赞,译. 北京:中国社会科学出版社,1991:238.

工作场所的分离，有时候，这种分离甚至是长期的。因此，这种职业生涯的要求与婚姻家庭生活的要求在很多方面是相悖的。正如贝克所说："一方面，劳动市场并不考虑个人的环境而要求流动。婚姻和家庭则要求相反的东西。考虑其最终的后果，现代性的市场模式意味着一个没有家庭和儿童的社会。每一个人都必须是独立的，自由接受市场的要求以确保其经济地位。市场主体最终是单个的主体，不受亲戚关系、婚姻或家庭的阻碍。结果，最终的市场社会是一个没有孩子的社会——除非孩子是和可流动的、单身的父亲或母亲一起长大的。只要婚姻意味着妇女对事业的放弃、对孩子的责任以及依据丈夫的职业前程的'共同流动'这样的看法还被视作理所当然，关系的要求和劳动力市场的要求之间的矛盾就仍旧是隐匿的。当配偶双方都必须或想要自由地作为争取工资的人来谋生的时候，矛盾就公开爆发了"①。

随着中国改革开放的逐步深入以及市场化程度的逐渐提高，当代中国社会正在日益变成一个高度流动性的社会。不仅有上亿的农民工在远离家乡的城市打工，还有其他职业的无数从业人员也因为工作需要而必须离开家庭四处奔波。因为工作关系，夫妻或其他家庭成员在空间上的长时间分离会使得婚姻家庭生活受到严重影响，而女性与孩子在这一过程中受到的影响或伤害更甚，例如，在当代中国的乡村社会，数千万"留守儿童"的健康成长已经是摆在政府面前的一个现实问题。为此，我们必须要根据现实情况来制定一系列的相关制度来妥善解决上述问题。对此，贝克提出的一些建议或许对我们有所启发，"比如，针对所有公民的最低工资或者不与职业劳动相联系的社会保障；对所有阻碍配偶共同工作的因素的消除；相应的'可接受性标准'等"②。此外，"我们正尝试并制度化一种流动的共同模式，它的原则是：如果你需要他或她，你必须给他或她的配偶找到一个工作机会。就业机构将必须为家庭组织就业咨询和推荐。且（和政府）将被要求不仅去倡导'家庭价值'，而且要通过共同就业模式（或许包含一些组织）来帮助他们。相应地，你也必须去考虑在某些领域存在的流动障碍（比如在兼职的学术工作市场中）是否可以减少"③。因此，在当代中国高度流动性的现实社会背景下，政府在制定各项社会政策时就要充分考虑上述因素，以维持婚姻家庭的稳定，并促进社会和谐。

① 贝克. 风险社会 [M]. 何博闻，译，南京：译林出版社，2004：142.

② 伊丽莎白·阿伯特. 婚姻史 [M]. 孙璐，译. 北京：中央编译出版社，2014：143.

③ 贝克. 风险社会 [M]. 何博闻，译，南京：译林出版社，2004：152.

第六章　离婚的影响因素及制度控制

　　从生活经验来看，婚姻的终止主要基于两种情况，一是夫妻之中有一人死亡，则双方的婚姻自然终止。此种情形中有一种比较特殊的情况，即夫妻之中有一人被法律"宣告死亡"。也就是说，在夫妻关系存续期间，夫妻中的一人失踪达到法律规定的时间，则夫妻中的另一方可以向法院提出申请，请求法院通过法律程序宣告失踪达到法律规定期限的一方当事人"死亡"。显然，这种被法院"宣告死亡"的一方并不一定是真正的自然死亡。法律上之所以有这种"宣告死亡"的制度存在，主要是为了将某些与失踪之人有关的法律关系确定下来，免得由于一方当事人的长期失踪而使得与其有关的某些法律关系处于不确定的状态。当法院对失踪达到法定期限的当事人"宣告死亡"后，在法律上就产生与自然死亡同样的后果。因此，当夫妻之中的一方当事人被法院"宣告死亡"后，其夫妻之间的婚姻关系也就随之终止，这意味着生存的另一方当事人就可以再婚。但由于被"宣告死亡"的一方当事人并不一定是真正的自然死亡，因此，当该被"宣告死亡"的当事人在被法院"宣告死亡"后的某一时间突然出现后，根据法律规定，其原有的各项法律关系一般都自行恢复。但唯一的例外是，在夫妻中的一方当事人被法院"宣告死亡"后，另一方如果因此再婚的话，后一个婚姻并不因此必须解除，而是依然有效。总的来说，无论夫妻中的一方是自然死亡，还是被法院"宣告死亡"，由于婚姻关系中的一方已经不复存在，因此，其最终的结果就是，这种婚姻交换便随之终止。

　　在现实生活中，婚姻关系终止的另一种主要情形是夫妻之间的离婚。离婚是夫妻双方都健在时导致婚姻关系终止的一种主要情形。由于婚姻通常被看作是一种交换，因此，对婚姻的双方当事人及其家庭来说，婚姻交换之所以能够达成主要是基于一系列交换因素的相互满足或者匹配，这是双方婚姻交换的现实基础。当夫妻双方结婚后，在漫长的婚姻家庭生活中，如果原先据以达成婚姻交换的各种个人或家庭因素发生变化时，那么，这种交换就会出现障碍，则婚姻就会面临风险，并可能导致双方离婚。

从通常的社会观念来看，与结婚相比，离婚似乎总是一件"不好"的事情。一个非常有意思的现象是，古今中外，无论婚姻因何种原因而缔结，也不管婚姻的主角即新郎和新娘自己以及他们背后的家庭，甚至是社会大众对这一桩婚姻的真实感觉为何，只要是青年男女结婚，家庭或社会就大都会认为结婚是一件好事，是一桩喜事，都会在形式上对结婚进行庆祝。无论是繁华都市还是穷乡僻壤，人们都会对结婚报以赞美。人们会用各种美好的语言文字赞美结婚，用各种美好的典礼庆祝结婚。可一旦夫妻离婚，无论是家庭与个人，还是社区与公众，人们大都会认为离婚是一件"不好"的事情，甚至其中一些当事人，如夫妻双方的家庭，尤其是其父母家人等，会认为离婚是一件让家庭感到耻辱或者让整个家族蒙羞的事情，哪怕这样的离婚对男女当事人自身及其孩子是一件十分有利的事情。

习俗观念之所以认为离婚是一件不好的事情，主要是因为人们大都将婚姻视为男女双方一辈子的事情，也就是说，"人们所缔结的婚姻，一般都是没有期限的，或者说是终生性的"①。因此，当夫妻双方都健在的时候，如果因为某种原因导致离婚，那么，这种在夫妻有生之年终止婚姻关系的离婚就有违人们对婚姻是一辈子终身大事的美好预期，从而被人们认为是一件不好的事情。此外，由于离婚还涉及未成年孩子的抚养问题，而一般来说，离异家庭大都不利于未成年孩子的健康成长，加之离婚时还会涉及家庭财产的分割等问题，因此，无论对于家庭还是社会来说，离婚总是一件十分麻烦的事情。

在人类社会的历史上，不同的宗教、国家与民族对离婚的态度与做法既有很大的差异，又存在许多共同的地方，且大都经历了一个从严格禁止到离婚自由的变化过程，在这一变化过程中，关于离婚的以习俗为代表的非正式制度和以法律为代表的正式制度都经历了相应的变化。从婚姻交换的角度来说，如果一桩婚姻以离婚而告终，那么，我们似乎可以认为，正是那些当初满足婚姻交换的各种因素发生了变化，才使得这桩婚姻交换无法得以持续下去，并最终导致夫妻离婚。实际情况是否真的如此呢？如果详加分析，我们就会发现情况并不完全是这样。也就是说，使得一桩婚姻得以缔结的各个因素与导致一桩婚姻破裂的各个因素并不存在严格意义上的——对应关系。

---

① E. A. 韦斯特马克. 人类婚姻史 [M]. 李彬，李毅夫，欧阳觉亚等，译. 北京：商务印书馆，2015：1125.

第一节　离婚的诸影响因素

从婚姻史的漫长历程来看，离婚的习俗与法律经历了巨大的变化。这一变化极其明显地体现出婚姻中的家庭主义向个人主义的转变。实际上，在关于婚姻交换的诸因素中，一些婚姻交换因素具有明显的家庭主义色彩，如双方的家庭社会地位与经济状况等；一些婚姻交换具有明显的个人主义彩色，如夫妻之间的性、爱情或感情因素等等。在现实生活中，关于夫妻离婚的原因主要有以下几种情况。

一、妻子婚后不育

1809 年 11 月 30 日，法国皇帝拿破仑决定和皇后约瑟芬离婚，而离婚的理由是约瑟芬不育。虽然拿破仑很爱约瑟芬，但他还是希望能有一位给他生孩子的妻子。具有讽刺意味的是，在当时的法国，由拿破仑自己主持制定的世界上第一部民法典即《拿破仑民法典》明确规定，妻子不育不能作为丈夫和妻子离婚的理由。然而，当自己的妻子不能生育时，即使很爱妻子，但这位法国皇帝却置自己亲自主持制定的法律规定于不顾，最终和自己的妻子离婚。离婚后，拿破仑立即娶了当时的奥地利大公年仅 18 岁的女儿玛丽·露易丝，而玛丽很快就为拿破仑生了孩子[1]。

在婚姻史上，结婚后如果妻子很长时间不生育，这对于那些以传宗接代或生儿育女为主要目的的婚姻来说，妻子的不生育显然无法达到婚姻交换的目的，因此，这样的婚姻大都会被丈夫或夫家解除。传统婚姻的主要目的是为家庭（族）传宗接代，婚姻具有明显的家庭主义色彩。在家庭主义的婚姻观中，当妻子婚后不生育时，丈夫及其家庭对其婚后生儿育女的预期就落空了，因此，这构成了双方离婚的重大理由。如果习俗或法律秉持这种家庭主义的婚姻观，那么，婚姻法就会对这种因妻子婚后不育导致的离婚持赞同态度。但随着社会的发展，家庭主义的婚姻观逐渐被个人主义的婚姻观取代，特别是随着医学科学技术的发展，人们发现有时候导致女性婚后无法生育的原因与男性也有关系，至此，社会、家庭或丈夫再也无法将不生育的责任完全归咎于女性；此外，人们也逐渐接受了孩子并不是婚姻生活之全部的观念。在此背景下，或许部分习俗还坚持婚姻的目的是

---

[1] 伊丽莎白·阿伯特. 婚姻史 [M]. 孙璐，译. 北京：中央编译出版社，2014：124-125.

生儿育女，但是，在正式的法律制度中，不生育已经不是男方可以提起离婚的法定原因了；反之，如果是男方不育，女方也同样不能据此提出离婚。

在传统社会中，如果妻子不能生育，除了离婚以外，还有一种解决的办法，那就是允许丈夫纳妾，这实际上可以看作是一种广义上的"一夫多妻制"。在很多传统社会的家庭中，不生育的妻子甚至还会主动为自己的丈夫纳妾而献计献策，并亲自为丈夫选择一个令其满意的小妾，如此一来，妻子甚至还可以在家庭中博得一个贤淑的美名。因此，在纳妾合法的社会或时代，妻子不生育也并不会必然导致离婚。

二、夫妻一方对婚姻不忠

这是古今中外普遍存在的关于离婚的一条重要理由，而且，颇为有趣的是，无论是习俗、道德伦理等这样的非正式制度，还是法律这样的正式制度，都将其作为离婚的主要理由之一。当然，由于受到男权主义的影响，在习俗的观点来看，妻子与其他异性发生性关系更加无法令人容忍，丈夫必须将其离弃。而丈夫与其他的异性发生性关系则可以被社会习俗所原谅。但一般情况下，法律对丈夫与妻子在婚姻关系存续期间与其他异性发生性关系的处理是一样的，这是近现代法律关于夫妻在婚姻家庭中法律地位平等的反映。习俗和法律之所以对夫妻在婚姻关系中的忠实义务如此关注，是因为无论从婚姻的起源还是从婚姻的本质，或是婚姻的目的来看，婚姻都是一种对夫妻之间的性关系进行规范的制度。特别是在避孕技术不发达的传统社会，丈夫或妻子在婚姻关系存续期间如果与其他的异性发生性关系，无疑会导致亲子关系的混乱，并进而影响到子女抚育与财产继承等一系列问题。

三、夫妻之间感情破裂

始于爱情的婚姻被认为是近现代社会中一种最理想、最道德的婚姻。因此，当婚后夫妻之间爱情消失或感情破裂时，这样的婚姻是否还有继续存在下去的必要，习俗与法律的态度似乎存在一定的差异。如果夫妻感情确已破裂，以婚姻自由为原则的近现代婚姻法律主张这样的婚姻可以解除，夫妻可以离婚。但是，习俗观点却并非如此。虽然习俗观念也主张夫妻之间应该有感情基础，但是，一些习俗观念却认为离婚并不是解决夫妻之间缺乏感情的最好方式。在传统社会的日常生活中，人们往往普遍认为夫妻在一起结婚只是过日子而已。但在很多现代社会的人看来，夫妻关系中的爱情十分重要，缺乏爱情或者感情的婚姻是不幸的，也是不能或者不应该长久维持下去的。如果夫妻双方都认为彼此之间已无爱情的话，那么，他们可以协议离婚。但是，当一方认为自己对于另一方已无爱情，而另一方却还是喜欢前者，这时候即使前者提出离婚，则另一方也是不会同意的。在这种情况下，立法如果强制夫妻离婚的话，其可以依据的主要理由似乎是，男女之间或者夫妻之间的爱情应该是一个双向的、和谐的互动过程。当一方声称对另一方已经没有爱情时，仅凭这一点，就可以判断夫妻之间的爱情已经不在了，而无需其他的证据加以证明。

当法律规定夫妻之间没有感情可以离婚时，一个最大的立法困难在于，如何界定或者明确夫妻之间没有感情或感情破裂。因为感情或者爱情只是一种精神状态或心理感觉，而立法该如何界定这种精神状态或心理感觉呢？一般情况下，由于行为是一个人心理活动的外显，因此，当婚姻法将感情破裂作为离婚的判断依据时，主要是根据夫妻一方或双方在婚姻关系存续期间的某些有碍于夫妻共同生活的行为来确定夫妻感情是否确已破裂。我国现行《民法典》规定了五种经过法院调解无效即可裁判离婚的情形[①]，显然，这五种情形的出现，其直接后果就是夫妻双方之间的爱情或感情交换不能正常进行，而且已经达到十分严重的程度，因此，在一方提出离婚的情况下，法院认为没有必要再维持夫妻之间的婚姻关系，在法院调解无效的情况下只能满足原告的诉求，允许夫妻离婚。

四、其他导致离婚的因素

还有很多其他因素会导致夫妻离婚，典型的如夫妻之中有一方患有某种疾病，影响到夫妻生活或家庭生活，其中，丈夫的性无能或妻子的性冷淡导致夫妻性生活的不和谐是夫妻可以离婚的重要因素之一，习俗和法律一般都认可这种原因的离婚。此外，韦斯特马克认为，"离婚还有一个极为常见的因由，就是夫妻中的一方因为犯罪而受到处罚"[②]，也即夫妻中一方如果因为犯罪受到刑事处罚，则另一方可以据此提出离婚。这种情况下离婚是基于什么原因，韦斯特马克并没有给出相应的具体解释。但从其列举的几个国家的法律规定来看，笔者认为，这些国家的法律规定夫妻中的一方如果因为犯罪受到处罚，则另一方可以提起离婚，主要是因

---

①《民法典》第一千零七十九条第三款规定：有下列情形之一的，调解无效，准予离婚：（一）重婚或有配偶者与他人同居的；（二）实施家庭暴力或虐待、遗弃家庭成员的；（三）有赌博、吸毒等恶习屡教不改的；（四）因感情不和分居满两年的；（五）其他导致夫妻感情破裂的情形。

② E. A. 韦斯特马克. 人类婚姻史［M］. 李彬，李毅夫，欧阳觉亚等，译. 北京：商务印书馆，2015：1283.

为，一方的犯罪可能会导致另一方遭受到名誉上的损失，从而导致双方的婚姻交换相应受到某种程度的阻碍，因此，法律规定此种情况下另一方可以提出离婚。

在各国的离婚法中，除了离婚以外，还有一种情况与离婚非常类似，即应予以解除的无效婚姻或者是可以撤销的婚姻。所谓无效婚姻是指那些违反了婚姻法规定的禁止性条件而结婚的婚姻，例如，如重婚、男女当事人未达到法定婚龄而缔结的婚姻、男女当事人具有禁止结婚的亲属关系等。可撤销婚姻是指婚姻虽然已经成立，但是违背了婚姻自由原则，经一方当事人向法院提出，法院可以予以撤销的婚姻，例如，一方当事人受另一方当事人胁迫而缔结的婚姻。我国《民法典》第一千零五十一条规定的就是无效婚姻的法定情形；第一千零五十二条、一千零五十三分别规定的是可撤销婚姻的法定情形①。

贝克尔从经济学的角度对婚姻家庭问题进行了富有成效的阐述，他从经济学中的信息不完全性和不确定性以及经济收益等角度对离婚问题进行了分析。贝克尔认为，"如果求偶者的信息不完全的程度较高的话，那么，绝大部分离异事件就会随着婚后所得到的对方性格特性信息的迅速增加而在婚后不久就会发生。与婚前所能得到的信息相比，婚后最初几年通常可以得到其配偶关于情感和许多其他特性的更有效率的信息。我认为，婚后不久就出现的婚姻破裂，主要是由于婚前市场信息的不完全性以及婚后信息的充分积累所造成的……那些婚后不久即离婚的妇女认为，她们对婚姻失望的主要原因是夫妇双方之间的互不相让以及价值观念的冲突。这大概是由于新婚期间对这些特性的过分看重所造成的。一方面，性格冲突和性生活的不和谐可能是造成婚后不久即要求离婚的原因，而对于共同生活很长一段时间的夫妇来讲，这就算不上是离婚的重要理由了。在婚后一段时间里，很少得到有关这方面的追加信息。另一方面，关于其他妇女和潜在收入的一些信息，获得它需要一个较为缓慢的过程，并且它成为夫妻离异的一个更为重要的原因"②。事实上，在婚姻市场中，由于婚姻交换是一种类似于商品交换的社会交换形式，因此，在婚姻交换上，同样存在信息不完全、不确定的问题，由此给当事人的婚姻带来很多的麻烦。这一点，我们从婚姻史上的许多例子中都能见到。无论在媒人介绍的婚姻中，还是当

---

① 具体参见《民法典》第一千零五十一条、一千零五十二条、一千零五十三条等等内容。

② 加里·斯坦利·贝克尔. 家庭论 [M]. 王献生，王宇，译. 北京：商务印书馆，1998：39.

事人通过自由恋爱而缔结的婚姻中，由于男女双方及其家庭对彼此的信息了解不完全或不确定，在婚姻缔结阶段，一方可能会有意或无意隐瞒某些关键信息，导致另一方在不知情的情况下同意结婚。但是，在婚后，由于共同生活，密切接触，一方对另一方的信息获取会越来越多，也就是说，一方会对另一方会越来越了解。此时，一方才发觉另一方根本不是自己理想的结婚对象，其结果可能是双方的婚姻最终以离婚而结束。

正是得益于男女双方家庭及自身各种条件的满足与匹配，一桩婚姻才有可能得以缔结与维系。因此，当上述使得一桩婚姻得以缔结与维系的各种条件发生变化时，一些婚姻可以勉强继续下去，但另一些婚姻却不得不终止，男女当事人会或主动或被动地选择离婚，以终止双方的夫妻关系。非常有意思的是，即使在离婚中，同样会存在诸多的"交换"，家庭财产的分割、债权债务关系的处理、孩子的抚养等问题都是这种离婚交换的重要内容，成为双方离婚时"讨价还价"的重点。特别是在一方提出离婚，而另一方不同意离婚的情况下，这种交换更是特别明显。这种情况下，提出离婚的一方为尽快达成离婚会在许多问题上做出很大的"让步"或者"牺牲"，如放弃某些家庭共有财产或者放弃对孩子对抚养权等等，以换取对方能够同意离婚。

由于婚姻是一项重要的社会制度，而由婚姻组建的家庭是社会的基本构成单位，因此，婚姻家庭受诸多社会外在条件与环境的影响与制约。宗教、政治、经济、法律、民族等各种重要的社会情势都会对当事人的婚姻产生各种各样的影响。此外，婚姻当事人作为婚姻关系中的"利益攸关者"，其自身的思想观念以及对婚姻幸福美满与否的亲身体验等个人因素也会对婚姻关系产生重大影响，决定着一桩婚姻是继续维持还是走向解体。因此，就离婚中的交换而言，其和婚姻缔结时的交换一样，有些是当事人以外的其他社会因素决定的，有的是当事人自己决定的。

第二节　离婚的制度控制

在西方社会的历史上，宗教曾经一度坚持婚姻不可解除的观点，严厉禁止人们离婚。尽管后来世俗国家从教会手中夺取了对人们婚姻的控制权，并制订了世俗的婚姻法律，但是，宗教关于婚姻的一些思想与做法对世俗国家的婚姻法律仍旧有一定的影响。韦斯特马克认为："教会成功地把自己的观点铭刻在基督教立法者的心中。时至今日，即使很多已经实行民事婚姻制度的罗马天主教国家，也仍在顽强地拒绝批准离婚，而不问具体情况如何。而在其他一些国家，尽管婚姻不可解除这一原则早已被废弃，甚至基督的一些明确禁令也不再被遵循，但是教会的僵硬态度仍在人们的头脑中留下某种僵硬的意识，使某些最急需的改革难以进行。立法者们仍旧深受这样一种思想的影响，即婚姻只能以某种灾变而告终。也就是说，婚姻关系只能在配偶中的一方死亡或遭遇某种重大不幸时，或者在一方有犯罪或不道德行为时，方可解除"①。韦斯特马克的上述论断主要是指西方社会较早时期的情况。而所谓"婚姻关系只能在配偶中的一方死亡或遭遇某种重大不幸时，或者在一方有犯罪或不道德行为时，方可解除"的立法规定仍旧没有体现出近现代社会婚姻法中的离婚自由基本原则。但到了西方的近现代社会，随着个人主义与自由主义思想的飞速发展，这种思想很快就对人们的婚姻产生影响：离婚自由或者"无过错离婚"等原则逐步被婚姻法律所确定。此外，还有西方学者认为："虽然关于离婚，仍然有人提出批评，理由几百年来不变：离婚更像是失败，而非解决方案；高离婚率折射出道德的灾难，宽松的离婚法鼓励离婚，将婚姻世俗化。有人批评女权的改善和社会角色的转换导致婚姻的解体，或者至少说明它们之间存在密切的联系。然而现代的婚姻法鲜明地体现出平等主义思想和对受到离婚影响的子女权利的重视（未受影响的家庭权益除外）。强制和解已经是过去的事情。协商和调停逐渐成为处理婚姻冲突的法律工具，一度作为离婚基础的过错观念也已经被它的温和的对立面——无过错离婚——所取代"②。事实的确如此，和僵硬的严格禁止离婚的制度规定相比，离婚自由确实将无数深陷不幸福或痛苦婚姻中的男女"解放"出来，为他/她们重启幸福打开了方便之门。

实际上，无论是通过历时性的纵向对比，还是通过共时性的横向比较，我们都会发现，关于离婚的习俗与法律规定既存在很大差异又有很多共同点。"虽然法律和习俗会对人们的行为有一定的影响，但其本身也受到人们行为的影响，而且在很大程度上还是源于社会中已成定则的行为。因此，人们制定有关离婚的规则时，也会受制于那些使男女之间的结合或趋稳定或趋解体的种种环境因素。此外，还有一些因素在起作用。婚姻的解除并不仅仅事关一个人的利益，因此，个人的意愿还会受到社会舆论的

---

① E. A. 韦斯特马克. 人类婚姻史 [M]. 李彬，李毅夫，欧阳觉亚等，译. 北京：商务印书馆，2015：1306.

② 伊丽莎白·阿伯特. 婚姻史 [M]. 孙璐，译. 北京：中央编译出版社，2014：186.

牵制"①。因此,当我们研究人类的离婚现象时,必须综合考虑法律制度与习俗惯例等各种正式制度与非正式制度对人们离婚的影响。

一、非正式制度对离婚的控制

总体来看,在近现代社会中,在全世界范围内,除了极少数宗教国家以外,绝大多数世俗国家几乎完全取得了对人类婚姻的控制权,并制订了婚姻法律法规来调整人类的婚姻生活。因此,从结婚到离婚的整个婚姻过程几乎都受到法律的全程控制;也就是说,婚姻其实是一种法律状态或者法律行为。因此,从某种程度上来说,非正式制度对于离婚的规范与约束其实并没有什么实际意义或确定的效果。尽管如此,这并不意味着非正式制度对于人们的离婚毫无作用。实际上,婚姻法等正式制度中很多关于离婚的规定就来源于非正式制度对于婚姻的规范与约束。

如前所述,在婚姻关系存续期间,存在很多对于婚姻关系稳定与和谐至关重要的交换因素,如财产因素中的夫妻财产制以及家务劳动等因素,非财产因素中的爱情、性与子女等因素。在上述婚姻交换的各种因素中,以社会习俗、道德伦理等为表现形式的各种非正式制度实际上对它们都进行了各种各样的规范与约束。例如,关于婚姻关系存续期间的爱情或感情,无论在中国传统社会,还是在当代社会,一些调整夫妻婚姻关系中爱情或感情因素的"相敬如宾""相濡以沫",或者"在天愿为比翼鸟,在地愿为连理枝"等成语或诗句等,既反映了人们对于婚姻生活的美好期待,又体现了社会对于婚姻当事人的一种约束。而当夫妻之间确实没有感情时,社会舆论也普遍认为这样的婚姻没有存在下去的必要,针对一些没有任何感情的夫妻终日争吵打骂的情况,人们往往会说"与其这样还不如早日离婚"。再比如,在现实生活中,女性承担绝大部分的家务劳动被社会习俗认为是正当的和必要的,这也是非正式制度对于婚姻关系存续期间夫妻行为的一种规范与约束,这种规范与约束使得社会舆论倾向于认为那些在家里不做家务活的妻子是"好吃懒做"的人,甚至认为丈夫和这样的妻子离婚是正当的和必要的。

非正式制度对婚姻关系存续期间各种交换因素的规范与约束虽然会对婚姻本身产生一定的影响,但是,这些影响在多数情况下却不会直接导致婚姻的破裂并使得当事人离婚。甚至一些在传统社会法律规定的能够引起婚姻当事人离婚的重要因素,如女子婚后不育以及在夫妻关系存续期间夫

---

① E. A. 韦斯特马克. 人类婚姻史 [M]. 李彬,李毅夫,欧阳觉亚等,译. 北京:商务印书馆,2015:1304.

妻一方与其他异性发生性行为等，在当代社会的婚姻法律中都不再成为离婚的法定事由。

二、正式制度对离婚的影响与控制

首先需要明确的是，从法律角度来说，"离婚"必须是针对一桩有效的婚姻而言，也即离婚的双方当事人当初所缔结的婚姻是依照婚姻法的规定而完全有效的婚姻。在现实生活中，还存在很多表面上的或事实上的婚姻，但是，根据婚姻法的规定，这些婚姻却不是有效的。典型的如结婚时男女双方或其中一方未达到法定婚龄。或者，男女双方具有不能结婚的亲属关系等等。婚姻法将这类婚姻称之为"无效婚姻"。此外，还有一些婚姻中存在一方对另一方的胁迫，导致另一方结婚并非出于自己的真实意思，婚姻法将这类婚姻称之为"可撤销的婚姻"。在英美法中也存在无效或者可撤销的婚姻形式，"有效婚姻的离婚，与对只在表面上有效的婚姻的宣告无效或撤销，此两者间的根本区别，在英美两国也像在欧洲大陆一样被人承认。离婚是关系着一种合法成立的婚姻，这种婚姻因有嗣后发生的原因而被国家解除。相反，婚姻的宣告无效，是因为它不具备必要的形式，因为夫妻一方或双方的无能力，更或者因有婚姻应被认为自始无效的其他一切原因。法律方面的区别，是建立在某些事实及环境之上的。这些事实及环境使得一种有效的婚姻，依法律的目的在当事人生存期间以及死亡以后，均不能被人接受，这在当事人之间并不需要一种司法上的特别的决定。总之，一直到它被主管机关宣告解除时为止，它在表面上，仍为一种有效的婚姻"①。

婚姻的无效或可撤销与离婚之间存在很大区别，即因婚姻无效或可撤销导致法院判决解除夫妻之间的婚姻关系并非《民法典》意义上的真正的"离婚"。离婚主要涉及一桩有效的婚姻缔结后，因为出现了某些情形，导致婚姻当事人一方或双方不愿意继续生活在一起，从而以协议离婚或者诉讼离婚的方式结束双方的婚姻关系。而被法院宣告无效或者予以撤销的婚姻是由于违背了婚姻自由原则或者缺乏婚姻成立的有效要件等原因，最终被法院宣告无效或予以撤销。但是，从事实本身来看，无论是合法有效的婚姻，还是无效或有瑕疵的婚姻，"夫妻"双方都已经生活在一起，因此，这些婚姻必然会在当事人之间产生相应的法律后果。如前所述，我国现

---

① 阿瑟·库恩. 英美法原理 [M]. 陈朝璧，译注. 北京：法律出版社，2002：142.

行《民法典》不但分别规定了婚姻的无效与撤销①，还规定了婚姻被法院宣告无效和撤销的法律后果②。自近现代社会以来，自由主义开始进入人类的婚姻家庭领域，以法律为代表的婚姻制度将婚姻自由确立为基本原则，于是，结婚自由与离婚自由大行其道。我国《民法典》规定的离婚方式主要有两种，一是双方协议离婚，即夫妻双方都同意离婚，且对家庭财产的分割以及未成年孩子的抚养等问题都达成协议，则双方可以去婚姻登记管理机关办理协议离婚手续。二是诉讼离婚，即一方不同意离婚，则提出离婚的一方可以去法院起诉离婚。诉讼离婚还有一种情况是，双方对离婚无异议，但是对家庭财产的分割以及未成年孩子的抚养等问题达不成协议，这时候，一方也可以去法院起诉。

（一）协议离婚

所谓协议离婚是指夫妻双方都同意离婚，在对家庭财产的分割以及未成年孩子的抚养等问题达成协议的基础上，双方共同去婚姻登记机关办理离婚手续。由于协议离婚是男女双方都同意的离婚形式，因此，法律制度对这种离婚主要采取形式主义的规定，即只要男女双方去婚姻登记机关办理一个离婚手续就可以了。正是这种宽松的离婚规定，导致了很多所谓"冲动型离婚"的出现。现实生活中很多夫妻因为日常生活中的矛盾与纠纷发生争吵，一方当事人往往因为一时冲动就动辄提出离婚，而处于生气与愤怒中的另一方当事人也会针锋相对，"离婚就离婚"总是这种情境下人们最常听到的回应。于是，借助于《婚姻法》宽松的规定，双方当事人在冲动之下就很容易把婚离了。最近一些年中国的离婚率逐年攀升，很难说与《婚姻法》对于离婚的宽松规定没有关系。也正因为这样，《民法典》增加了协议离婚中"冷静期"的规定③，即在协议离婚中，婚姻登记机关在收到当事人提出的离婚申请时并不会立即办理离婚手续，而是给予当事人一定时间的"冷静期"，让双方冷静考虑一段时间。这种协议离婚中"冷静期"的规定，可以在一定程度上减轻那些因为一时冲动而导致的离婚。离婚冷静期是在坚持婚姻自由原则的前提下，为了防止夫妻因为一时冲动而离婚，在协议/登记离婚程序中有意设置一定的期限，任何一方当事人在该期限内都可以撤回申请，终止协议/登记离婚程序。

事实上，为了解决日益频繁的家庭纠纷，最高人民法院于2016年开

---

①《民法典》第一千零五十一条、一千零五十二条、一千零五十三条。

②《民法典》第一千零五十四条。

③详见《民法典》第一千零七十七条。

始在全国部分法院进行了为期两年的家事审判改革试点，很多试点法院在处理家事案件时已经开始适用离婚冷静期制度。W市法院于2016年也被安徽省高院确定为该省的家事审判改革试点法院，而W县的G镇法庭又被W市法院确定为该县的家事审判试点法庭。笔者2017年年初在调研中旁听了一起G镇法庭对当事人离婚诉讼的调解。在这起离婚案件中，处理案件的试点法庭就适用了离婚"冷静期"制度，取得了较好的效果。

该案的大致情况是：离婚的夫妻双方都已经四十多岁。二人育有两个孩子，但夫妻俩在上海打工时，留守在家的两个孩子在两年内先后不幸溺水死亡了。遭此不幸后，夫妻两个好几年都没有从悲痛中缓过劲来。后来夫妻俩又生了个男孩。也许是受前面两个孩子溺水死亡的影响，丈夫变得对家庭不如以前那么关心了，意志很消沉，用妻子在法庭上的话来说就是丈夫整天"无精打采，唉声叹气的，做事情也心不在焉，对家庭感情变得很冷漠"。由于长时间这样，妻子受不了，遂起诉离婚。

主持本案的王滔法官在调解时发现夫妻二人都通情达理，也有一定的素质。此外，在法庭调解时，王滔法官还发现丈夫虽然也表示愿意离婚，但是态度却不是很坚决。考虑到丈夫可能是因为先后失去两个孩子而过于悲伤才导致性情大变，于是法庭在调解中重点对丈夫进行了思想疏导，希望他不要过于沉浸在失去孩子的悲痛中，要多向前看，过好现在的生活；同时法官也对妻子进行劝说，希望她能够对丈夫多理解，多包容，要多给丈夫缓解悲痛的时间。在法庭的调解下，最终夫妻达成了谅解，于是法庭按照家事案件审判试点工作的有关规定，决定对夫妻二人适用六个月的"冷静期"制度，让夫妻二人暂时冷静一段时间。最终，妻子撤诉，而法院也裁定同意妻子撤诉，一起离婚诉讼案件通过法庭的调解圆满得以解决。

经过法庭的同意，笔者复印收录了一份法庭对该案制作的同意妻子撤诉的《民事裁定书》，以下是该裁定书的全文（出于保护当事人隐私以及遵循学术规范的需要，笔者对其中的重要信息也进行了匿名处理）。

安 徽 省 W 县 人 民 法 院 发 文 稿

签 发：（略）　　　核 稿：（略）　　　拟 稿：（略）

事由：民事裁定书

发文：（2017）皖×××民初×××号

原告：×××，女，196×年×月×日出生，汉族，住安徽省芜湖市W市×区×镇×行政村×自然村，身份证号码×××××。

被告：×××，男，196×年×月×日出生，汉族，住安徽省W市××镇××行政村××自然村，身份证号码×××××××。

原告×××与被告×××离婚纠纷一案，本院于2017年×月×日立案。原告×××因自愿接受家事案件六个月冷静期制度而于2017年×月×日向本院提出撤诉申请。

本院认为，维护婚姻家庭关系的稳定，是婚姻关系当事人和全社会的共同责任。古人云："十年修得同船渡，百年修得共枕眠"，成家难，毁家易，婚姻关系当事人应用心经营和维系婚姻家庭关系，在长期的婚姻家庭生活中，夫妻之间产生矛盾在所难免，但双方理应共同努力，冷静正确处理家事矛盾纠纷，多回想甜蜜幸福的时光以及患难与共的日子，各自多反思在婚姻家庭生活中的所作所为，从而切实担负起在婚姻家庭关系中的责任，以给婚姻当事人和整个家庭一个能够和谐稳定的机会。现×××以对婚姻家庭负责任的态度，接受冷静处理与×××之间的婚姻纠纷并提出撤诉申请，符合法律规定。本院也秉承"宁拆十座庙，不毁一桩婚"的美好愿望，诚心希望×××能与×××共同利用这段冷静期，努力珍惜双方间来之不易的婚姻家庭，妥善管控并和睦地处理好双方间的矛盾分歧。

据此，依照《中华人民共和国民事诉讼法》第一百四十五条第一款规定，裁定如下：

准许原告×××撤回起诉。

案件受理费200元，减半收取计100元，由×××负担。

审　判　员　　×××

书　记　员　　×××

二〇一七年××月××日

在上述法庭制作的这份同意当事人撤回离婚起诉的裁定书中，法官先后使用了两句在中国民间社会广为流传的关于婚姻的谚语，一句是"十年修得同船渡，百年修得共枕眠"，另一句是"宁拆十座庙，不毁一桩婚"。在中国文化语境中，前一句表达的是男女缔结婚姻的不易，句子中前后所用的两个佛教意味浓厚的"修"字揭示出人与人相遇或相聚的"缘分"，男女缔结婚姻需要"一百年"的时间来"修行"，此处的"一百年"无论是虚指还是实指，都意味着一段足够长的时间，这足以显得婚姻来之不易，更加彰显了婚姻的弥足珍贵。后一句表现的是人们对婚姻的全力保护。众所周知，寺庙是佛教的象征之所，是佛教徒修行、弘扬佛法以及劝人弃恶向善之地，寺庙即"佛门之地"的价值历来珍贵无比，但即便如此，和婚姻相比，人们宁可毁掉十座庙宇，也不可拆散一桩婚姻。由此可见，在传统中国人看来，婚姻的价值是何等巨大，以至于它的重要性要远远大于人们心目中的寺庙，世俗婚姻的价值要远远高于人们的宗教信仰。因此，中国社会中这两句关于婚姻价值与重要性的民间表达，反映的是社会对于婚姻的重视，凸显了婚姻价值得到了全社会的极力维护。

一般来说，民间谚语是人们对于真实生活以及民间社会集体经验的一种表达，它凝聚了民间智慧，对于人们的生活与行为起着一种指导作用，可以看作是非正式制度的一种表达形式。在上述案例中，王滔法官所制作的这份准予当事人撤诉的民事裁定书其实是一份法律文书，而法律文书是作为正式制度的法律的一种书面表达。通常情况下，法官在制作法律文书时，使用"法言法语"等专业用语应该是基本要求。但本案中，王滔法官却在裁定书中使用了这么两句表达婚姻价值与重要性的民间谚语，乍一看，似乎显得不合时宜，或者说不够专业。但实际上，法律文书除了具有裁决当事人之间的纠纷、决定当事人之间权利义务及责任的主要作用以外，它还具有法治的宣传作用。因此，对于作为非法学专业人士的案件当事人来说，面对自己的纠纷，他们可能对那些专业性较强的"法言法语"不很熟悉，不太理解，也压根不感兴趣。他们熟悉并能理解，也较感兴趣的反而是那些他们耳熟能详、张口就来的民间表达。上述裁定书中使用的关于婚姻生活的这两句民间表达反而更加能够对当事人起到宣传教育的作用，当事人在裁定书中重温这些经典的关于婚姻价值与重要性的民间表达以后，可能会更好地反思自己在婚姻生活中存在的各种问题，由此更加珍惜彼此之间的婚姻感情。

（二）诉讼离婚

在一方当事人不同意离婚的情况下，提起离婚的另一方当事人可以去法院起诉。在司法实践中还存在另外一种诉讼离婚的情形，即夫妻二人对离婚本身没有异议，但是对于离婚时家庭财产的分割或者未成年孩子的抚养等问题达不成协议，为此，一方也可以去法院起诉。为了更大限度地挽救婚姻，我国《民法典》第一千零七十九条规定，法院在审理离婚案件时必须要进行调解。如果感情确已破裂，调解无效，应准予离婚。《民法典》第一千零七十九条第三款[①]规定了经调解无效而准予离婚的五种法定情形，这些情形都表明夫妻之间的感情其实已经破裂。

1. 诉讼离婚制度对"感情交换"的规制

从我国现行婚姻立法来看，其所采取的离婚法定标准是"夫妻感情确已破裂"，显然，立法是将维系夫妻婚姻交换关系的主要标准确定为"感情"。而诉讼离婚中设立"调解前置"程序的主要目的就是法庭试图在判

---

① 具体参见《民法典》第一千零七十九条第三款规定。

决之前通过法庭调解来恢复夫妻双方已经受到损害的"感情"。事实上，在法院诉讼离婚的司法实践中，经由法院调解和好而撤诉的离婚案例确实有不少。但与此同时，在离婚诉讼实践中，还有很多因为夫妻中的一方存在诸多损害夫妻感情的恶劣行径，法庭可以据此认定夫妻感情"确已破裂"，从而在调解无效的情况下，根据一方当事人存在的上述恶劣行径，允许夫妻离婚。

在前文的论述中，笔者已经分析了爱情或感情在婚姻缔结与婚姻关系维系期间的重要作用。从生活经验来看，无论是爱情还是感情，这些人类情感的重要价值就在于它们必须始终存在于个体之间的亲密互动当中，只有在互动中，爱情或感情才会发挥它们特有的价值，即爱情或感情会使得不同主体之间的关系越来越亲密。如果只有一方的爱情表达或感情付出，而对方没有任何回应，即爱情或感情没有处于一种正常的交换之中，那么，这样的爱情表达或感情付出在婚姻也就起不到应有的交换作用。

从《民法典》第一千零七十九条第三款规定的因调解无效而准予离婚的五种情形的具体内容来看，它们实际上都典型地反映了夫妻之间的感情确实已经破裂。换言之，在上述五种情形中，夫妻之间的感情交换实际上已经不可能正常进行。以下笔者将逐一进行分析。

在第一种情形"重婚或者与他人同居"中，夫妻中的一方当事人事实上已经移情别恋，无论与其他人重婚还是与他人同居，都表明夫妻双方之间的感情出了问题。因为夫妻中的一方与其他的异性重婚或同居与偶一为之的婚内"出轨"是两种完全不同的情况，后者往往是夫妻中的一方一时禁不住诱惑与其他的异性发生性关系，从而违背了夫妻相互忠诚的义务，但其与自己的妻子或丈夫的感情却还存在。而后者与其他异性"重婚"或"同居"这一事实却表明夫妻中的一方其实更愿意与其他异性保持一种长期的亲密关系或情感关系。在重婚这种情况下，尽管违法，但也已经表明夫妻中的一方甚至愿意和其他的异性建立"合法"的夫妻关系了。由于婚姻固有的情感"排他性"，这也就证明了与婚姻外的第三者重婚或同居的一方与另一方事实上已经"感情确已破裂"。

第二种情形"实施家庭暴力或者虐待遗弃家庭成员"同样表明，夫妻中的一方对另一方已经毫无感情可言。如果说上述第一种情形表明了夫妻中的一方将本应给予另一方的感情给予了夫妻以外的其他异性，那么，第二种情况则表明夫妻之间不仅没有感情，甚至只剩下怨愤或仇恨了，无论是实施家庭暴力还是虐待或遗弃，都表现了一方对另一方的冷酷无情。因为当夫妻中的一方对另一方实施家庭暴力或者虐待、遗弃时，这种积极主动的方式不仅对另一方的肉体造成伤害，更重要的是会严重损害另一方的心理和精神，造成另一方心理情感的严重伤害。长期的家庭暴力或虐待、遗弃不仅会让夫妻之间的感情日渐消失，反而会在彼此之间产生仇恨。现实生活中很多遭受家庭暴力的妇女在忍无可忍的情况下最终愤而反抗，甚至杀死长期对自己实施家庭暴力的丈夫。

第三种情形是"有赌博、吸毒等恶习屡教不改"。我们都知道，吸毒或赌博是个体日常生活中的两种恶习，现实中常常有夫妻两人都会同时染上这些恶习，这种情况下夫妻中的一方不会提出离婚。但是，如果夫妻之中有一方长期吸毒或赌博且屡教不改，而另一方没有这些恶习的话，显然后者会对前者的这些恶习难以容忍。因为这两种生活中的恶习不仅违反法律规定，而且会对整个家庭生活造成严重的负面影响，自然也会对夫妻感情造成严重的消极影响。如果染上这些恶习的夫妻一方屡教不改，那么，家庭生活必然难以为继，夫妻感情也很难继续维持下去。

第四种情形直接规定了夫妻因感情不和分居满两年的可以允许离婚。众所周知，从日常生活经验来看，如果一对夫妻感情较好，那么，终日厮守、耳鬓厮磨一定是双方共同的心愿。但是，现在因为夫妻感情出了问题，其中的一方选择与另一方分居另住，而且双方分居已经长达两年时间。这些情况足以表明夫妻感情已经破裂，法院应该允许夫妻离婚。这里需要注意的一个问题是，在汉语中，虽然关于夫妻感情与两人相处时间长短的关系，我们一直有"两情若是久长时，又岂在朝朝暮暮"这样的表述，但这句话主要表达的意思其实是指，夫妻由于感情破裂以外的其他客观原因而天各一方，并非由于感情不好而主动选择分开居住。

第五种情形是一种兜底规定。众所周知，随着我国政治、经济、文化等各项事业的发展，人们的思想观念也会发生相应变化。在婚姻家庭生活中，导致感情破裂的原因也会越来越多，从立法技术来说，法律要一一列举出所有离婚的具体情形既无必要，也不可能。根据相关司法解释的规定，这里的其他情形主要包括：一方患有法定的禁止结婚的疾病的，或一方有生理缺陷或其他原因难以发生性行为且难以治愈；婚前双方缺乏了解，结婚草率，婚后又没有建立起感情，性格以及各自的生活方式差异较大，难以共同生活的；一方在夫妻共同生活期间患有精神病，无法治愈，严重影响正常家庭生活的；一方在婚姻关系存续期间因为刑事犯罪被判处长期徒刑，或因为其他违法犯罪行为，严重伤害夫妻感情的；等等。

实际上，以法律为主要表现形式的正式制度将上述几种情形视为夫妻"感情确已破裂"的标准是有一定社会基础的。而从各种非正式制度来看，上述几种法院允许离婚的法定情形也同样严重违背了有关的道德伦理、风土人情等，都是为社会公众所不齿以及深受社会舆论严厉谴责的行为。以家庭暴力为例，在乡村社会中，由于受传统"男尊女卑"或"大男子主义"思想的影响，虽然一方面人们对于丈夫在家庭中的权力不容置疑，但另一方面，人们对于那些长期对妻子实施家庭暴力的丈夫却都抱有强烈的反感。在 F 村调研时，一位村中的留守老人就对村上一位经常"打老婆"的男人颇有微词，在聊到这个男人经常在家里"打老婆"的事情时，老人很不屑地说："他自己'现世宝'样子，整天好吃懒做，家里日子都过不好，还好意思经常打老婆。"

我和老人开玩笑说："男人在家里不都是说一不二的么？"

老人愤愤地对我说："那也要自己在家里做得好啊。男人在家里首先得自己有个做男人的样子，老婆跟着他过苦日子不说，还经常打人家，说不过去啊！还不如和他离婚。"

尽管在调研中得知这个家庭的男人虽然经常打老婆，但其实还不是那种非常严重的家庭暴力。但从村民们的反应来看，他们即使对这样轻微的家庭暴力其实都难以容忍。对男人在家庭中责任和义务的理解，以及对无辜受丈夫欺负的妻子的同情，这二者或许是村民们对此事反应的背后真实原因。

实际上，《民法典》所规定的法院允许当事人离婚的几种法定情形在日常生活中都有相应的民意基础。笔者在调研中发现，在有的离婚诉讼中，甚至连被起诉离婚一方当事人的家庭或父母都同意另一方提出离婚。在 F 村，一位嗜赌成性的丈夫周宗涛整天跟在那些"流动"赌场后面四处赌博，家里的事情以及田地里的农活等全都不管，尽管妻子和父母都极力劝阻，但周宗涛一点不为所动，依旧我行我素。最终，失望透顶的父母居然主动要求儿媳妇与自己的儿子离婚。承办这起离婚案件的 S 镇法庭的祝东法官和我开玩笑说："这个案子很有意思，开庭的时候，周宗涛父母的态度看起来好像不是周宗涛的父母，反而更像是他的岳父岳母，两位老人完全是站在了儿媳妇的立场上说话，估计也是被儿子沉迷赌博伤透了心。"

至于乡村社会中那些重婚的，或者有配偶与他人同居的则更是会受到乡村社会舆论的强烈谴责。尽管近几十年来乡村社会已经发生了诸多变化，但是，很多经过长期的历史积淀已然浸透在人们血液与灵魂之中或者心理与精神之中的那些最为深厚的关于乡村社会婚姻家庭的道德伦理却没有改变，它们依然在顽强地坚守着，以最为朴素的方式继续担负着维系婚姻稳定与家庭和谐的庄严使命。

2. 诉讼离婚中的其他交换

在离婚诉讼中，除了那些夫妻在离婚时没有未成年孩子以及没有其他家庭财产或家庭债权债务纠纷等情况外，在绝大多数离婚案件中，无论对婚姻当事人来说还是对法院来说，解决离婚问题都是一个十分复杂的过程，涉及很多与婚姻有关的其他事情。因为婚姻本身就是一种十分复杂的社会关系，它不仅仅涉及婚姻关系中的夫妻二人，经法院调解或判决夫妻离婚只是解决了夫妻之间的婚姻人身关系，但随着这种婚姻关系的解除，与婚姻有关的包括财产与其他人身在内的诸多社会关系也必须由法律做出妥善的制度安排。正因为上述原因，婚姻法在规范离婚时，除了规定夫妻离婚的条件或标准以外，还对与离婚有关的其他人身与财产问题一并进行了规定。

以我国《民法典》为例，在有关规定中，除了第一千零七十六条规定的"自愿或协议离婚"、第一千零七十九条规定的"诉讼离婚"、第一千零八十一条规定的"军人离婚"、第一千零八十二条规定"不得提出离婚的情形"以及第一千零八十三条规定的"复婚"等内容外，其他条文还分别规定了与离婚有关的子女（包括离婚后的父母子女关系、子女抚养及探望）、家庭财产与共同债务的处理以及一方对另一方的补偿与适当帮助等问题。上述问题都与夫妻之间的婚姻关系密切相关，或者说都是夫妻婚姻关系直接带来的衍生问题。而法院在处理上述问题，特别是在处理有关家庭财产问题的时候往往会回溯至婚姻关系存续期间，甚至会回溯至婚姻缔结阶段。因此，离婚阶段的交换实际上与婚姻关系存续期间，甚至与婚姻缔结阶段的很多交换是密切相关的。当然，这其中最重要的是有关财产因素的交换。

由于婚姻缔结阶段及婚姻关系存续期间的有关财产因素已经在前述章节中详述，在此不再赘述。下面笔者将结合《民法典》的有关规定以及中国社会现实，特别是我国乡村社会的实际情况，就夫妻离婚时未成年孩子的抚养问题以及其他与经济有关的因素，即离婚经济补偿、离婚经济帮助与离婚损害赔偿等问题进行若干讨论，以考察正式制度与非正式制度对于夫妻离婚时的上述问题进行规范与约束的异同点。

（1）离婚时未成年子女的抚养

在世界范围内，传统社会婚姻的主要目的大都是生儿育女，这一点在中国人的传统婚姻观中表现得尤为明显。在当代社会，尽管随着人们婚姻家庭观念的变化，在一些人的观念中，生儿育女似乎不再是婚姻的主要目的。但是，在绝大多数国人的心目中，生儿育女、延续血脉依旧是婚姻的重要目的。因此，当育有未成年孩子的夫妻离婚时，除了家庭财产分割方面的纠纷以外，争夺孩子的抚养权就成了双方离婚时一场"短兵相接"的"激烈战斗"，甚至在夫妻婚姻关系存续期间对孩子的生活从来都不管不问的一方，在离婚时为了争得孩子的抚养权都会对孩子表现出异乎寻常的关爱。

近现代国家的婚姻立法以及其他一些关于儿童权利保护的国家条约与国内立法对于夫妻离婚时未成年孩子的抚养大都遵循"儿童利益最大化"原则，即孩子由谁抚养主要取决于是否有利于孩子的成长。例如，我国《民法典》规定，离婚后，不满两周岁的子女，以由母亲直接抚养为原则。已满两周岁的子女，父母双方对抚养问题协议不成的，由人民法院根据双方的具体情况，按照最有利于未成年子女的原则判决[①]。显然，根据《民法典》的规定，在司法实践中，一方面，法院在处理夫妻离婚时未成年孩子的抚养问题上存在着一定的自由裁量的空间，进而为社会生活中关于夫妻离婚时未成年孩子抚养的各种非正式制度的适用带来一定的契机；另一方面，法院在根据有关非正式制度行使自由裁量权时又不能突破"子女的权益与双方的实际情况"这一正式制度的限制。

S 镇法庭在审理一起离婚案件时就遇到了上述情况。该案中的妻子是S 镇中学的一名老师，丈夫是 W 市交警大队的一名交通警察。妻子的娘家在 S 镇的农村，丈夫的家就在 S 镇上。因为丈夫是独子，夫妻结婚后就与丈夫的父母亲共同住在丈夫在 S 镇的家里。婚后育有一个儿子。但由于夫妻婚后感情一直不好，争吵打闹不断，所以在孩子三岁时，妻子终于去法院起诉离婚，而丈夫对离婚也无异议。此外，双方对家庭财产的分割等问题也没有什么异议。但是，在法庭审理中，双方都要求抚养孩子。本案中，妻子和丈夫都有工资收入，双方的经济条件都很好；此外，妻子在学校有一套单位分的房改房，丈夫的父母亲除了在 S 镇上的这套房子外，还在儿子结婚前为其在 W 县城买了一套商品房。因此，总的来看，就离婚后抚养儿子的经济条件等各方面来看，本案中丈夫和妻子的情况都差不多。但最终法庭将三岁的儿子判给丈夫抚养。承办该案的祝东法官和笔者说："本案中夫妻二人的实际情况都差不多，我们将孩子判给丈夫抚养主要是考虑社会习惯问题。按照我们中国人的一般习惯看法，孩子是属于男方家庭的。另外，我们也考虑到，孩子自从出生后就一直和爷爷奶奶生活在一起，由爷爷奶奶带着。现在孩子正在镇上上幼儿园，而孩子的母亲又恰好在镇上的中学工作，平时探望也方便。"

从祝东法官随口说出的话中，笔者能够强烈感受到非正式制度对于人们的深刻影响。即使在受过专业法律教育的职业法官身上，在正式制度允

---

① 详见《民法典》第一千零八十四条。

许的范围内，一些根深蒂固的传统思想或者社会习惯等还是会有意或无意地影响着法官们的意识或思维，并进而决定他们的裁判结果。

（2）离婚时的经济补偿、经济帮助与损害赔偿制度

离婚时的经济补偿、经济帮助与损害赔偿制度是我国现行《民法典》规定的，分别对离婚当事人中原先在家庭中付出较多家庭义务的一方、离婚时经济条件较为弱势的一方以及离婚前有关权益受到损害的一方提供的法律救助手段，是婚姻法规定的一系列离婚救济方法。其中的经济补偿以及损害赔偿是 2001 年我国《婚姻法》修订时新增加的离婚救济方法，而离婚经济补助是我国传统的离婚救济方法。下面笔者将结合调研中的案例、有关立法规定及现有理论中的有关观点对上述问题分别进行分析。

第一，离婚经济补偿制度。我国现行《民法典》第一千零八十八条规定了离婚经济补偿制度[1]。离婚经济补偿制度，也叫作离婚义务补偿制度或家务劳动补偿制度[2]，是指夫妻双方离婚时，因为抚育子女、照料老人等为家庭负担较多义务的一方有权向另一方提出补偿请求，另一方应当依法予以适当补偿的制度。

从婚姻交换的观点来看，离婚经济补偿制度实际上是夫妻一方在离婚时要求对方对于自己在婚姻关系存续期间为家庭付出较多义务的一种交换形式。现行《民法典》中的离婚经济补偿制度是我国在 2001 年《婚姻法》修订时新增加的。但是，这一规定却为离婚时提出经济补偿的一方设定了一个前提条件，那就是，只有实行家庭财产约定制，即夫妻双方书面约定在婚姻关系存续期间所得的财产归各自所有的条件下，其中的一方在离婚时才可以因自己在婚姻关系存续期间为家庭付出较多义务而请求另一方对自己做出一定的经济补偿。由于《民法典》第一千零八十八条中所列举的"抚育子女、照料老人"等家务活一般或主要是由家庭中的女性（妻子）来做的，而其中的"协助另一方工作"一般是指家庭中的一方（主要是妻子）为了另一方（主要指丈夫）能够将全部精力投入到工作中而承担了家庭中的大部分家务劳动。由于上述几种情况被认为是家务劳动的一部分。所以，离婚经济补偿制度也被认为是 2001 年《婚姻法》修订时增加规定的"家务劳动补偿制度"。但在现实生活中，由于我国绝大多数家庭采取夫妻财产约定制的较少，因此，在法院处理的离婚案件中，离婚经济补偿制度在司法实践中适用很少，这也是理论上及实践中人们对该规定广为诟

---

[1] 参见《民法典》第一千零八十八条。

[2] 关于家务劳动的详细理论分析参见本书第四章第二节。

病的原因之一。正因为上述原因，后来《民法典》编纂时，立法机关最终删除了原《婚姻法》规定的离婚经济补偿的适用条件，即必须要采取"夫妻财产约定制度"的才可以提起离婚经济补偿。换言之，根据现在的《民法典》第一千零八十八条规定，只要夫妻一方在抚育子女、照料老年人、协助另一方工作等方面负担较多义务的，无论是采取夫妻约定财产制，还是采取夫妻共同财产制，都可以向另一方请求一定的补偿，而另一方应当予以补偿。

第二，离婚经济帮助制度。除了前述离婚经济补偿制度以外，我国现行《民法典》还规定了离婚经济帮助制度[①]。离婚经济帮助制度是指夫妻离婚时，一方当事人生活确有困难，经双方协商，或者经由法院判决，由有负担能力的一方当事人对离婚时生活困难的一方当事人予以适当经济帮助的制度。

中国有一句流传很广的话，叫作"一日夫妻百日恩"，在婚姻关系存续期间，夫妻有相互扶养的法定义务。夫妻离婚后，这一法定的扶养义务就不复存在了。但尽管如此，对于离婚时一方生活因为离婚而陷入明显困境的当事人来说，只要另一方当事人具有一定的经济基础，即使从道义上来说，给予生活困难一方当事人一定的经济或物质帮助也是应该的。现实生活中也确实不乏许多这样的例子，夫妻离婚后，经济条件较好的一方当事人依然给予生活困难一方当事人很大的帮助，充分践行了"一日夫妻百日恩"这样善意满满的古训。但与此同时，仍有另一些经济条件及物质基础较好的离婚一方当事人在离婚时对于生活困难的另一方当事人不闻不问，置之不顾。针对后一种情况，为切实保护离婚时生活困难一方当事人的利益，消除其因离婚而引起的暂时生活困顿，原《婚姻法》以及现在的《民法典》都规定了离婚经济帮助制度。

尽管和离婚经济补偿制度一样，离婚经济帮助制度彰显了立法者对离婚后经济弱势一方的人文关怀。但是，薛宁兰在其进行的一项关于离婚经济帮助制度在司法实践中具体适用情况的调查研究中却发现，这一制度在司法实践中的实际效果远不尽如人意。而这一结果也印证了以往其他同类研究中发现的所谓"三低"现象，即在离婚经济帮助制度具体司法适用中"寻求帮助者比例低、实际受助者比例低、得到经济帮助数额低"[②]。

很显然，离婚经济帮助制度在司法实践中出现的上述"三低"现象说

---

① 参见《民法典》第一千零九十条。

② 薛宁兰. 离婚法的诉讼实践及其评析 [J]. 法学论坛，2014，4：22.

明了该制度设计并没有达到预期的立法效果，难以对夫妻离婚后经济弱势一方进行实质上的帮助。根据上述《民法典》及其司法解释的规定，有学者认为，司法解释对"生活困难"做狭义解释是造成司法判决中离婚经济帮助额不高的原因之一①。对此，薛宁兰则认为，"'经济帮助'的形式，究竟是给予一定数额的金钱、财物或一方房屋的所有权或使用权，法律不做限定，但可考虑规定以金钱提供经济帮助的最低限额。如果经法院判决或调解后一方获得的经济帮助数额在 500 元以下的话，这一制度将无实际效用，仅具形式意义"②。

实际上，在中国传统社会的诸多美德当中，"扶危济困"是其中的一个重要美德。就夫妻离婚来说，虽然因为种种原因导致夫妻以离婚来结束二人的婚姻关系，但如前所述，在中国人的传统观念中，"一日夫妻百日恩，百日夫妻似海深"，即使离婚了，可从绝大多数中国人的善良愿望以及传统道德伦理出发，人们一般也不会对那些因为离婚而导致生活困难的一方当事人过于苛刻。中国的传统法律虽然一方面规定了男方可以单方面"休妻"的"七出"之条，但与此同时，传统法律还规定了男方不可以离婚的"三不去"，即法律规定了三种男方不可以离婚的情形，而其中的一个"不去"就是当妻子"有所娶无所归，不去"或"有所受无所归，不去"。也就是说，当男方将妻子娶进家门时，妻子有自己的父母家庭；但是，假如当男方准备与妻子离婚时，如果此时妻子的娘家已经没有其他家庭成员时，即如果离婚后妻子无处可去的话，则男方不可以提出离婚。显然，这种规定的主要理由在于，如果妻子的娘家已经没有其他家庭成员了，当男方与其离婚后，妻子将无处可去，这显然会将妻子置于流落街头或沿街乞讨的困境之中。而为了避免这种情况的出现，法律规定上述情况下，丈夫或夫家不可以与妻子离婚。

在近现代社会的婚姻法中，虽然不再有上述传统社会法律中所规定的，为避免妻子离婚后生活限于困境而禁止男方离婚的规定，但是，为了照顾离婚后在经济上处于弱势一方的利益，婚姻法规定了离婚经济帮助制度。虽然上述一些学者对司法实践中离婚经济帮助制度的社会效果进行了实证研究，并从立法等制度设计方面对原因进行了分析。但笔者在调研中却发现，尽管上述学者的一些观点不无道理，可在现实生活中，很多离婚

① 夏咏兰：离婚救济制度之实证研究 [J]. 政法论坛，2003，6：149-155.
② 参见《民法典婚姻家庭编司法解释（一）》第二十八条第二款规定：夫妻一方擅自处分共同所有的房屋造成另一方损失，离婚时另一方请求赔偿损失的，人民法院应予支持。

案件中经济帮助制度之所以呈现"三低"现象，其原因并不仅仅在于法律制度设计上的问题。换言之，离婚中经济帮助制度之所以在司法实践中很难落实，除了制度设计上的原因以外，很大程度上还与其他一些原因有关。根据笔者对一些离婚案件的调研以及与部分离婚案件当事人的访谈，在司法实践中，离婚经济帮助制度适用情况不理想的主要原因有以下几点。

一是寻求帮助者比例较低的部分原因在于经济弱势一方的个人自尊。在现实生活中，更多的情况是女子离婚后在经济上处于较为弱势的不利地位，在这种情况下，如果是女子因为不满意丈夫婚后的行为而率先主动提出离婚的话，即使自己在离婚后经济上会面临困境，但由于是自己先提出离婚的，女方也不会提出让男方在经济上给予自己帮助。反之，如果是男方率先提出离婚，女方出于自尊也很少会向男方或法庭提出要求，让男方给自己提供经济帮助。在生活中也有较少的情况是女方在经济上好于男方，而男方同样出于自尊，在离婚后会更加不愿意提出让女方在经济上帮助自己。

在调研中，笔者的一位女性访谈对象就这样说过："谁离开谁日子都照过，只要他能够按时支付孩子的抚养费就好了，我自己还年轻，现在虽然暂时生活难一点，但离开他照样活得下去。"

S镇法庭处理过很多离婚案件的陈晓军法官和我说："很多离婚后在经济上处于弱势地位的当事人大都是'被离婚'的一方，这类当事人中的多数在调解时往往因为'被离婚'而觉得伤了自尊，在最终觉得婚姻无法挽回时，他/她们往往也会出于自尊而丝毫不愿意向对方提出经济帮助的请求，即使我们说这是他/她们的合法权利，他/她们也不愿意提。很多当事人就在法庭上说'不争馒头蒸（争）口气，离开他/她我日子还不过了？'。"

但陈晓军法官同时也说有一些女性当事人会在离婚时竭尽全力，尽量多为自己争取一点经济帮助，她们甚至不惜为此在法庭上痛哭流涕，试图博得法庭的同情。

二是实际受助者比例较低或得到经济帮助的数额较低的主要原因在于那些离婚的家庭本身经济条件一般。笔者在调研中发现，当男方家庭或者个人经济条件较好时，在女方不愿意离婚的情况下，为了求得女方同意离婚，提出离婚的男方甚至不惜以特别优厚的条件来进行"交换"，给予女方数额较多的经济帮助。但是，当提出离婚的男方或者个人家庭本身经济条件就不好的时候，即使女方提出经济帮助的要求，男方往往也无能为力，从结果来看就是受助的比例较低，或者是得到经济帮助的数额较低。

笔者在 W 市法院参与旁听的一起离婚案件中就遇到了上述情况[①]。该案中的男方是 W 市一中的数学老师，妻子无业，婚后一直断断续续地打点零工。由于婚后双方性格不合，经常争吵打闹。最终男方在结婚十几年后于 2012 年起诉离婚，但是妻子坚决不同意离婚。男方第一次起诉离婚时，法院根据审理离婚案件的一个不成文习惯，判决不准离婚。随后男方在又一次和女方大吵后与其分居，并一直住在学校的单身宿舍。分居 5 年后，男方于 2017 年 10 月第二次向法院起诉离婚。在第二次审判中，虽经法庭调解，但是男方坚决要求离婚。于是，法官对女方反复做思想工作，最终让女方接受了法院关于离婚的判决。

鉴于男方是中学教师，且是高级职称，又经常在业余时间办各种辅导班，经济收入较多，法庭考虑到女方没有工作和经济来源，于是，应女方的要求，准备判决让男方给女方支付十万元钱的经济帮助。针对女方及法庭的这一要求，男方表示自己无力支付十万元的经济帮助。他在法庭上说："你们别看我是中学老师，有工资收入，但是我去年刚买了一套商品房，当时从银行贷款 60 万元，现在每个月要还银行三千多元按揭贷款；孩子正在上大学，每个月都要一千多元费用。我自己现在的工资每个月拿到手的只有五千左右。没离婚时孩子的花费就不用她管，现在离婚后，孩子以后成家等所有的一切花费就更不需要她烦神了。婚是我提出离的，按理讲，如果有钱的话，别说十万元，就是一百万元我都愿意拿出来。但现在让我拿十万元给她，我真的没有，最多只能给她凑个三到五万。如果法庭硬要判决我拿十万元，那我就撤诉，反正不管你们判决不判决，我和她事实上已经不存在夫妻关系了，我就继续住单位宿舍，继续和她分居。你们法庭看着办吧。"

考虑到男方的实际情况，法庭又再次做了女方的思想工作，经过反复协商，男方最终同意给女方五万元的经济帮助，女方也接受了这个数额。笔者举这个案例是想说明，法律规定离婚时一方给予生活困难的另一方一定数额的经济帮助，其立法本意是好的，但是，这一规定的最终落实要取决于多方面的因素，其中的一个最重要的因素就是，一方的经济条件必须足以支付另一方提出的经济帮助数额，否则，这样的立法规定最终也很难落到实处。

第三，离婚损害赔偿制度。除了前述的离婚经济补偿制度和离婚经济

[①] 按照法律规定，由于涉及当事人的隐私，离婚案件一般不公开审理。本案中，笔者与男方有亲属关系，因此，庭审时，笔者是以男方的亲属身份并经过法庭允许参与旁听的。

帮助制度以外，我国《民法典》第一千零九十一条还规定了离婚损害赔偿制度①。离婚损害赔偿制度也叫离婚过错损害赔偿制度，是指夫妻之间的婚姻由于一方具有法定过错而破裂，由过错方向非过错方赔偿一定的经济损失或给付一定数额抚慰金的民事制度。离婚损害赔偿制度的设立既是保障婚姻中无过错方/弱势方合法权益的要求，也是弘扬社会主义核心价值观的现实需要，是新时代我国婚姻家庭法的公平原则在离婚中的鲜明体现。

为了防止离婚一方当事人滥用权利，《民法典》对离婚损害赔偿设置了严格的条件。一是夫妻一方必须具有法定的过错行为。原《婚姻法》第四十六条规定的夫妻一方在婚姻关系存续期间实施的过错行为主要有重婚、与他人同居、实施家庭暴力和虐待、遗弃家庭成员共四种；但《民法典》在前述四种过错行为的基础上，又增加了一条兜底行为"有其他重大过错行为"。《民法典》增加这一兜底规定，既涵盖了上述四种过错行为以外的其他过错行为，又为司法裁判提供了依据。因为在实际的婚姻家庭生活中，确实存在夫妻一方实施上述四种过错行为以外的其他过错行为，严重损害另一方人格尊严或经济利益的情况。典型的如夫妻一方与他人通奸、卖淫嫖娼等。此外，《民法典婚姻家庭编司法解释（一）》第二十八条②的规定也可以理解为"有其他重大过错行为"，进而能够适用离婚损害赔偿制度。二是夫妻另一方没有过错。如果夫妻双方都有相应的过错行为，那么，一方或双方向对方提起离婚损害赔偿的，法院不予支持。三是一方的过错行为导致离婚，且给无过错方造成现实的精神与物质损害。四是过错行为与损害后果之间必须存在因果关系。五是过错方主观上必须有过错。六是必须以当事人离婚为必要条件。这里的离婚既包括协议离婚，也包括诉讼离婚。根据《民法典婚姻家庭编解释（一）》的规定③，人民法院判决不准离婚的案件，对于当事人基于《民法典》第一千零九十一条规定提出的损害赔偿请求不予支持。此外，在夫妻婚姻关系存续期间，如果当事人不起诉离婚，单独提起离婚损害赔偿请求的，人民法院也不予受理。

虽然《民法典》为保护婚姻关系中弱势一方的合法权益，非常善意地规定了离婚损害赔偿制度，但非常有意思的是，在司法实践中，提起离婚损害赔偿的当事人却很少，即使有当事人提起离婚损害赔偿，法院实际

---

① 参见《民法典》第一千零就是一条规定。
② 参见《民法典婚姻家庭编司法解释（一）》第二十八条第二款规定：夫妻一方擅自处分共同所有的房屋造成另一方损失，离婚时另一请求赔偿损失的，人民法院应予支持。
③ 《民法典婚姻家庭编司法解释（一）》第八十七条规定。

判决支持当事人诉请的也很少。从《民法典》规定的内容来看，"我国的离婚损害赔偿制度是因夫妻一方的过错行为导致双方离婚时所发生的赔偿。它不是因离婚带来损害的赔偿，而是夫妻一方的婚姻过错行为导致双方离婚，过错方依法承担的赔偿责任，因此，一方的过错行为与双方离婚有必然的因果联系"①。在分析离婚损害赔偿制度在司法实践中遭遇"冷落"的原因时，薛宁兰认为，"从立法层面看，原告举证困难和可提起损害赔偿的法定事由过窄，是两个直接障碍"②。实际上，如果从法理角度进行分析，离婚损害赔偿的法理基础在于民法中的过错侵权责任原理，只不过这种过错侵权行为发生在婚姻存续期间或夫妻之间。从《民法典》第一千零九十一条规定的内容来看，在婚姻关系存续期间，如果一方出现了该条规定的几种情形，那么，可以认定该方在婚姻中有过错行为，而这种过错行为给另一方带来相应的精神、心理或身体伤害；而第一千零九十一条规定的前两种情形，即"重婚和有配偶者与他人同居"显然会给另一方造成巨大的心理或精神伤害，而后两者情形，即"实施家庭暴力和虐待、遗弃家庭成员"同样会对另一方造成身体及精神或心理伤害。因此，当夫妻双方离婚时，其中的无过错方就可以根据民法中的侵权责任要求过错方承担损害赔偿责任。那么，离婚损害赔偿在司法实践中遭遇"冷落"的原因是不是像薛宁兰认为的是因为原告举证困难以及《民法典》所规定的提起离婚损害的事由过窄呢？笔者对此不敢苟同。

首先，从原告的举证来看，由于离婚损害赔偿是夫妻在离婚时由原来婚姻中的无过错方针对婚姻中另一方的过错行为对其造成的损害而提起的。实际上，法院在解决无过错方提起的离婚损害赔偿诉请之前，首先应该解决是否允许夫妻二人离婚的问题，因为从时间顺序及逻辑上看，只有解决了夫妻的离婚问题，才可以接下来解决离婚的损害赔偿问题。根据《民法典》第一千零七十九条的规定，共有五种情形是法院经调解无效应该准予离婚的，而这五种情形中的前两种恰恰就是《民法典》第一千零九十一条所规定的无过错方可以提起离婚损害赔偿的情形。如果夫妻是因为前两种情形导致离婚，那么，法院在确定这两种情形下的离婚问题时，实际上已经解决了原告的举证问题。换言之，如果原告对《民法典》第一千零九十一条规定的前两种情形无法举证，则法院根本无法准予夫妻离婚。既然连离婚都无法确定，又何来处理原告当事人的离婚损害赔偿诉请

① 薛宁兰. 离婚法的诉讼实践及其评析 [J]. 法学论坛，2014，4：23.
② 魏建国. 法治现代化不可忽视的环节：非正式制度与本土资源——以普遍信任为视角 [J]. 学术论坛，2010，5：32.

呢？或者也可以反过来说，法院既然已经根据《民法典》第三十二条规定的前两种情形，经调解无效准予当事人离婚了，那么，也就不存在需要当事人再一次举证证明另一方有过错了。

其次，从前述离婚损害赔偿法理基础的分析来看，笔者认为，《民法典》第 1091 条规定的关于无过错方可以提起离婚损害赔偿的情形并非过窄。实际上，根据日常生活经验，在夫妻的婚姻家庭生活中，《民法典》第一千零九十一条规定的几种情形已经是夫妻之间最严重的侵权行为了。一方面，婚姻中的一方当事人在婚姻关系存续期间与他人重婚或同居无疑是对另一方心理、精神及人格尊严等造成重大伤害的过错行为；另一方面，一方对另一方实施家庭暴力或者虐待、遗弃同样是对另一方的身体健康以及精神或心理造成重大伤害的行为。从某种程度上来说，在夫妻的婚姻家庭生活中，只有一方对另一方实施上述几种严重侵权行为，则另一方才可以在离婚时提起损害赔偿的请求。因此，笔者反倒认为，《民法典》第一千零九十一条规定的无过错方可以提起离婚损害赔偿请求的几种情形是恰如其分的，并非过窄。

既然司法实践中离婚损害赔偿制度遭遇"冷落"的主要原因并非立法层面对于可以提起离婚损害赔偿的情形规定范围过窄以及原告举证困难，那么，究竟是什么原因导致离婚损害赔偿制度在现实中遭遇"冷落"的呢？结合现行的立法规定以及笔者的调研情况，下面将分析司法实践中离婚损害赔偿制度没有取得预期立法效果的主要原因。

一是从《民法典》第一千零九十一条规定的无过错方提起离婚损害赔偿的五种情形来看，无过错方当事人因为过错方在婚姻关系存续期间实施的这几种行为而受到严重的心理、精神及身体伤害。对于这些无过错方当事人来说，与对方离婚是其最大的诉求。一旦法院判决自己与对方离婚就已经求之不得并心满意足了，他/她们往往不会再提起离婚损害赔偿请求。例如，在很多家庭暴力案件中，受家暴的妻子希望尽快离婚，但是实施家庭暴力的丈夫却不愿意离婚。往往是在经历很多挫折，经过许多努力以后，妻子才鼓起勇气去法院起诉离婚并最终获得法院的离婚判决。在这种情况下，妻子实际上很少会再次主动请求法院判决对方赔偿自己所受到的损害，除非是妻子因为丈夫的家暴遭受了严重的身体伤害，以至于花费了较多的医疗费用，否则，一般情况下，遭受家庭暴力的妻子在和丈夫离婚后很少有提起离婚损害赔偿请求的。W 市法院一位处理过多起因家庭暴力导致离婚的程黎明法官就和笔者这样说："在很多因为家庭暴力而离婚的案件中，受害人的最大诉求就是希望法院尽快判决离婚，早日离开丈夫。至于还能向丈夫请求离婚损害赔偿，她们才不想呢。我曾经问一些遭受家庭暴力的女性当事人：'他把你打得那么重，你为什么不愿意向对方要求损害赔偿呢？'。她们大都这样和我说：'早一天离婚，早一天离开他就烧高香了，谁还想要什么赔偿啊'。"

二是无论根据日常生活经验还是《民法典》的规定，夫妻双方在离婚时要对家庭共同财产进行分割①。但如果离婚后男方所剩财产不多的话，即使女方提起离婚损害赔偿的请求，法院也很少予以支持；或者即便法院判决过错方承担离婚损害赔偿，但也很难执行。

综上所述，在关于夫妻离婚时的子女及财产等问题的处理中，法律首先赋予了当事人自由处分的权利。《民法典》明确规定了夫妻可以协议离婚，当夫妻双方就离婚及其有关的孩子抚养、家庭财产的分割等问题达成协议，他们就可以直接去婚姻登记机关办理离婚手续。显然，在协议离婚的情况下，有关离婚中的一切交换都是自愿达成的。当然，这样的自愿交换其实也是当事人综合考虑各种因素的一个结果，只不过是当事人自己主动选择的结果。

如果协商不成，则一方当事人可以去法院起诉离婚。实际上，"诉讼离婚案件是最典型、最传统的民事纠纷，也是婚姻家庭关系发展变化的晴雨表。它不仅要对夫妻间的情感、亲子间的亲情做出判断与了断，也要对当事人财产做出清算与分割，更要运用救济手段，弥补离婚给弱势一方带来的损害，以体现离婚法的公平正义观"②。诉讼离婚决定了法庭在处理离婚案件时必须有法律依据，而由于婚姻关系涉及一系列其他社会关系，因此，婚姻立法就要对夫妻诉讼离婚中涉及的人身与财产等关系进行规定。具体来说，离婚阶段同样涉及一系列的交换，一些交换因素决定了夫妻是否能够离婚，如一方当事人在婚姻关系存续期间与他人重婚，这样，法庭在调解无效的情况下就可以判决夫妻离婚，因为这样的婚姻显然再无维持的必要。另一些交换因素则涉及夫妻离婚后某些特定人身关系的稳定，例如，基于血缘延续的原因，父母子女关系并不会因为夫妻离婚而消失，婚姻法就必须对父母子女关系的稳定做出相应的强行性规定。还有一些交换因素则与婚姻关系存续期间特定当事人的权利义务及责任延续到离婚时有关，例如前述离婚时一方可以有权提起的离婚损害赔偿，等等。

上述情况表明，尽管以婚姻法为代表的正式制度在制定时充分考虑了理性因素，也密切关注到婚姻当事人之间权利义务的平衡。但是，婚姻法

---

① 参见《民法典》第一千零八十七条的规定。

② 薛宁兰. 离婚法的诉讼实践及其评析［J］. 法学论坛，2014，4：23.

律制度在适用时却会遭遇到现实生活中具体的人和事，会受到很多非正式制度的影响与制约。无论是离婚时子女的抚养，还是家庭财产的分割以及离婚后经济弱势一方的帮助或者损害赔偿等，婚姻法对上述问题的具体规定在现实生活中总是会打一些折扣。在一些离婚案件中，当事人似乎完全不理解制度设计者的好意，对婚姻法赋予自己的很多合法权利或是根本不知道如何去行使，或是完全不愿意去行使，使得很多法律条款成为"具文"，让立法多少显得有点尴尬。实际上，和众多其他的法律部门相比，婚姻法在适用中会更多地受到习俗惯例、道德伦理等非正式制度的影响，因为婚姻法所调整的婚姻家庭关系直接与一个民族或地方的传统习惯、历史文化及道德伦理等密切相关。从某种意义上来说，上述各种非正式制度在婚姻家庭领域有着更大的适用空间。

在当代中国社会变迁与转型的背景下，极端自由主义与个人主义有着愈演愈烈的趋势。在婚姻家庭领域，婚姻自由思想也反映在相关的婚姻立法中。尽管我国的婚姻立法以"保障离婚自由，防治轻率离婚"为宗旨，但是，在一些具体的制度设计上仍然偏向于"保障离婚自由"，其中，最为典型的就是《民法典》规定的协议离婚制度以及《婚姻登记管理条例》对协议离婚的有关规定。这些宽松的离婚规定使得一些年轻夫妻的离婚变得非常简单，往往一言不合就轻言离婚，并在宽松的离婚法的"帮助下"很容易实现离婚。近年来中国的离婚率逐年攀升不得不说与之存在一定的关系。从一个国家与民族未来发展的大计考虑，婚姻家庭的和谐与国家社会的稳定密不可分，针对日益攀升的离婚率，婚姻立法对离婚制度的改革与完善势在必行。正如薛宁兰所说："降低离婚难度，强调尊重离婚双方意愿的离婚法改革是不可忽视的制度性因素……目前，高度个人自治的协议离婚制度在一定程度上削弱了婚姻家庭的稳定性，并在儿童利益保护等方面存有问题。此不可不谓我国离婚法改革的重要方面和学界研究的重点"[①]。实际上，立法机关已经对协议离婚制度进行了修改，《民法典》已经增加了"离婚冷静期"的规定。相信这一"冷静期"的规定对抑制当代中国社会日常生活中很多夫妻之间的"冲动型离婚"会有一定的帮助。

---

① 魏建国. 法治现代化不可忽视的环节：非正式制度与本土资源——以普遍信任为视角［J］. 学术论坛，2010，5：133.

第七章 结论与讨论

作为人类社会最古老的一种现象，婚姻家庭一直承担着人类种族繁衍与社会稳定的重要功能。无论婚姻的目的与本质为何、意义和价值何在，婚姻制度都是一整套十分复杂的交换安排。婚姻交换既与一系列的社会因素有关，又与许多个体因素有关。在人类社会长期的发展与变迁过程中，这些不同的婚姻交换因素在漫长的人类婚姻史上有着不同的呈现。一些婚姻交换因素恒久不变，甚至是古今中外亦然，具有相当程度的"普适性"，典型的如财产因素，不需要经过多少复杂的推演与论证，仅凭日常观察我们就可以知道，一般情况下，优越的经济条件总是能够更加有利于一桩婚姻的缔结。而另一些婚姻交换因素在不同的地方，以及在同一个地方的不同时期却具有很大的差别，例如，个体的某些身份特征在一些地方可能会成为婚姻缔结的障碍，但同一身份在另外一些地方却无碍于一桩婚姻的达成。或者，个体的同一身份在一个时期会成为婚姻交换的障碍，但在另外一个时期却会有利于促成一桩婚姻。这些种类繁多、表现形式各异的婚姻交换因素既体现了国家与社会对婚姻的强力控制，又彰显了个体对于婚姻生活方式的主动选择或被动适应。

在规范人类社会生活秩序的各种制度中，正式制度与非正式制度历来都是两种最常见的制度形式。在人类社会生活的很多场域中，正式制度与非正式制度都有各自的适用范围与效力。在关于婚姻交换的各种制度中，很多时候，非正式制度比正式制度具有更强的生命力与更大的适用范围。例如，在婚姻实践中，以婚姻法为代表的正式制度在很多时候就不得不屈服于以婚姻风俗习惯为代表的非正式制度。在前文的分析中，关于我国农村社会中"事实婚姻"的长期存在以及国家的婚姻法律与政策对于"事实婚姻"的一再"迁就"，恰恰就是正式制度与非正式制度在婚姻"博弈"中的体现。从法律社会学的观点来说，卢梭认为，风俗习惯也是一种"法律"，并且，他认为这种表现为风俗习惯的"法律"是所有其他类型法律中最重要的一种，"这种法律既不是镌刻在大理石上，也不镌刻在铜表上，而是铭刻在公民的心里。只有它是国家的真正宪法。它每天都将获得新的力量，在其他法律行将衰亡失效的时候，它可以使它们获得新生或者取代它们。它能使一个国家的人民保持他们的创新精神，用习惯的力量不知不觉地去取代权威的力量。我说的这种法律是风俗习惯，尤其是舆论。这一点尚不为我们的政治家所认识，但其他的法律能否有效地实施，却完全取决于它。伟大的立法者无不为实现这一点而不声不响地悄悄地工作着。它看起来好像只不过是一些个别的规章，但实际上，个别的规章只不过是穹隆的支架，而唯有慢慢形成的风俗才是最后构成穹窿顶上的不可动摇的拱顶石"[①]。显然，在卢梭看来，一个国家正式制定的成文法律等正式制度，其有效实施必须以风俗习惯及社会舆论等非正式制度为基础。

　　在前文中，笔者先后讨论了一系列种类各异的婚姻交换因素，为便于分析讨论，笔者将这些婚姻交换因素分为财产因素与非财产因素两个大的类别。在婚姻交换的财产因素中，本文除了研究传统的社会学、人类学及民俗学关于婚姻缔结阶段的彩礼与嫁妆以外，还讨论了当代中国社会变迁背景下夫妻婚姻关系存续期间涉及家庭经济生活的两种重要因素，一是夫妻家庭财产制，二是家务劳动。在关于婚姻交换的非财产因素中，本文分别讨论了爱情（感情或亲情）、性与子女、社会地位与身份，以及婚姻交换中的时间与空间等因素。从控制婚姻交换的各种制度来看，上述关于婚姻交换的各种因素中，有些是由各种非正式制度来决定的，有些则是由各种正式制度予以调整的。通过对调整与规范各种婚姻交换因素的正式制度与非正式制度的意义、适用及变迁的研究，我们可以得出如下一些结论。

　　第一，经济是人类婚姻制度的重要基础，它在人类的婚姻交换中发挥着重要作用。无论在婚姻缔结阶段还是在婚姻关系存续期间，较好的经济条件不但有助于一桩婚姻的有效达成，而且还有益于婚姻关系的维系与稳定。即使在离婚阶段，财产因素同样发挥着重要的作用。通过研究我们发现，首先，随着当代中国社会的变迁与转型，特别是随着我国城市化的飞速发展与人口的高度流动，人们的婚姻家庭生活方式以及家庭的组织形式都相应地发生了巨大变化。在婚姻缔结阶段，人们关于彩礼与嫁妆的观念与实际做法都发生了很大变化。F村近五十年来彩礼与嫁妆的发展历史表明，在当代中国社会青年男女婚姻缔结的阶段，一方面，彩礼与嫁妆的经济价值较以前有了明显增加，种类也日益多样。另一方面，在当代社会

①卢梭. 社会契约论［M］. 李平沤，译. 北京：商务印书馆，2011：61-62.

中，彩礼与嫁妆所承载的婚姻仪式方面的象征意义也发生很大变化。一些人不再对彩礼与嫁妆所承载的婚姻仪式象征意义投入更多的关注，这在一定程度上体现了市场经济社会中人们的实用主义立场。与此同时，另一些人则继续注重彩礼与嫁妆在婚姻缔结阶段所具有的婚姻仪式象征意义。其次，家庭财产的处理问题主要出现在男女结婚以后的家庭生活中。随着家庭经济收入的增加，家庭财产的数量及价值也越来越大，家庭财产的处理对夫妻婚姻关系产生的影响也越来越大，是婚姻家庭矛盾与冲突的重要来源之一。此外，随着人们男女平等意识的逐步增强以及女性越来越多地从事社会劳动，在家庭中，因家务劳动引发的家庭矛盾也逐步增多。

在现有关于调整婚姻交换财产因素的各种社会制度安排中，非正式制度具有很大的适用范围，而正式制度对此却很少涉及。例如，目前我国《民法典》及其司法解释中关于彩礼与嫁妆以及家务劳动等方面的相关规定就寥寥无几，且有关规定还非常笼统。实际上，无论在传统社会还是在当代社会，对婚姻缔结阶段交换中的财产因素进行调整与规范的主要以各种非正式制度为主。如前所述，在当代社会中，财产因素是婚姻缔结阶段以及婚姻关系存续期间的一种重要存在；而又因为婚姻家庭财产是一种家庭共同体财产，必须具有一定的身份伦理属性。因此，笔者认为，以婚姻法律及国家的婚姻家庭政策等为代表的正式制度更加应该注重婚姻家庭财产的"身份属性"，而非仅仅重点关注其"契约属性"。

第二，婚姻中的性交换受各种非正式制度与正式制度的共同规范。关于婚姻中的性交换，各种正式制度与非正式制度不仅予以几乎同等的规范，而且这种规范在人类社会的长期发展过程一直处于十分重要的地位。即使在性自由思潮甚嚣尘上的近现代西方社会中，虽然整个社会对人们的婚前或婚外性行为等表现得十分宽容，但是，在婚姻家庭领域里，夫妻之间的性交换却依然受到各种正式制度与非正式制度即便不是十分严苛，但也是十分严格的限制。不但社会舆论、伦理道德、风俗习惯等非正式制度对夫妻之间的性交换进行严厉的规制，以婚姻法为主要代表的正式制度对夫妻之间的性交换也进行了相当严格的规范。各种正式制度与非正式制度之所以对婚姻中的性交换进行这样的规制，主要原因在于婚姻中的性交换不同于其他的交换。首先，除了嫖娼或者其他短暂的性行为，一般来说，男女之间如果发生性行为这样的最亲密关系，则意味着男女之间可能会产生深厚的情感。而婚姻之外男女之间的深厚情感会对夫妻感情产生严重的消极影响，必定会动摇、破坏原有的婚姻关系，最终使得原来的婚姻解体。其次，男女之间的性行为关系到最重要的生育。夫妻之间发生性关系的后果之一是可能会生儿育女，如果夫妻之中的一人与其他的异性发生性行为，即使有避孕技术，但这种行为也有可能会造成女方生育的子女是婚姻以外的其他男性的。因此，为确保后代的准确无误，夫妻彼此的性行为也必须严格限制在夫妻之间。

此外，孩子在婚姻交换中的意义也呈现出多重面向。在当下婚姻关系十分脆弱、离婚率逐步攀升的时代，对于那些在离婚时育有未成年孩子的怨男怨女们来说，孩子往往会成为离婚交换中的一种重要"筹码"。有时候，孩子是双方拼命争夺的对象，为争夺抚养权，离婚中的双方可以无所不用其极，甚至双方家庭都参与到对孩子的"争夺战"中。而有时候，孩子又会成为双方都想极力摆脱的负担，一方为了自己婚后新生活的顺利开启，甚至不惜以增加抚养费为代价换取另一方对孩子的抚养。针对日渐攀升的离婚率以及在父母的糟糕婚姻中备受煎熬的未成年孩子来说，风俗习惯、社会舆论及道德伦理等非正式制度可以说毫无作为。为此，婚姻法律与政策等正式制度就应该逐步加大对离婚中未成年孩子以及离婚后单亲母亲及其抚养的未成年孩子的保护力度。

F村村民们的婚姻实践告诉我们，虽然婚姻与性和子女之间存在着最传统与最直接的关系，但是，随着社会的发展与时代的进步，尤其是随着现代性的狂飙突进，在我们今天这个多元化的时代，那些在传统婚姻中起着重要作用的性与子女这样的婚姻交换因素，其作用已经日渐式微了。例如，在现实生活中，一方面，人们可以不用单纯为了生孩子而结婚，也很少有男人会因为妻子不能生育而与其离婚。另一方面，人们还可以用"非婚同居"的方式来维持一段长期的性关系。而更多的情况或许是，人们会在婚姻之外与其他的异性发生类型各异的短期性关系。

总之，在现实生活中，虽然非婚性关系一直受到各种正式制度与非正式制度的压制与贬抑，婚姻才是性关系合法化的唯一形式，但近年来，"备受传统道德谴责和社会抑制的非婚同居越来越多地浮出水面，引起社会的广泛关注，例如大学生同居、青年人试婚、农民工婚前同居、老年人搭伴养老等"[1]。这些各种形式的非婚同居现象既有一定的社会根源，又存在诸多的个体原因。前述对F村少数外出打工或经商村民们的婚外性行为的分析表明，一方面，上述新近出现在当代中国社会上的这些非婚性行为虽然在一定程度上彰显了人们在私生活领域中的个体自由，但另一方面，这些非婚性行为却也同时在动摇我们这个社会婚姻与家庭生活的根基。

第三，爱情在婚姻中的交换价值不仅应体现在婚姻缔结阶段，其在婚

---

① 张楠，潘绥铭. 性关系的核心结构及其意义——非婚同居与婚姻的实证比较研究 [J]. 学术界，2016，6：52.

姻关系存续期间应该转化为夫妻之间的感情与家庭成员之间的亲情，转化为夫妻双方对于家庭的共同责任。作为一种十分浪漫但却相对虚幻的男女之间的情感，或者说，作为一种近乎本能的、天性的男女之间的美妙情感，作为男女自由意志的重要体现，法律不能强迫一个人去爱另一个人，也不能去强迫一个人不爱另一个人。但是，一旦男女之间基于神圣的、伟大的爱情（几乎所有热恋中的男女都会这样评价他们之间的爱情）而缔结一桩婚姻，并在组建一个家庭以后，特别是在生儿育女之后，这种基于夫妻二人之间爱情的婚姻生活就会与基于父母子女等多人之间感情及亲情的家庭生活紧密联系在一起。自近现代以来，当基于爱情的婚姻作为一种新型的、有道德的婚姻形式出现在人类婚姻生活的舞台之上，通过自由恋爱而结婚就被整个社会，尤其是那些被爱情冲昏头脑的处于热恋之中的青年男女视为婚姻缔结的"正途"，这本来并没有错，但问题是，结婚以后，如何让婚前发生在夫妻之间的爱情能够继续保持下去却不是一件容易做到的事情。也正是因为难以做到这一点，人们才无奈地用"婚姻是爱情的坟墓"这样一句很"丧"的话语来表达爱情与婚姻之间的关系。而实际上，爱情既非与婚姻"势不两立"，也不是与家庭"水火不容"。相反，爱情应该是婚姻缔结中一段美妙与浪漫的前奏。虽然婚姻法并没有使用"爱情"这样的立法用语，但婚姻自由原则实际上赋予了"爱情"在婚姻缔结中的法律地位。当男女双方基于爱情结婚以后，原先基于心理、精神或感觉、情绪等因素而发生在夫妻之间的爱情会被婚后漫长而烦琐的日常生活逐渐冲淡，婚后的爱情再也不似婚前那般浓烈。如果婚姻当事人中的一方或双方在婚后的日常家庭生活中还一味纠缠于，或者依然"沉醉"于婚前的那种浪漫爱情之中，他们自然会对眼前的现实生活感到失望。

实际上，在F村近半个世纪以来村民们的婚姻实践中，一方面，越来越多的年轻人十分重视爱情在婚姻缔结中的作用，他/她们反对父母包办婚姻，主张并践行自由恋爱。另一方面，他/她们却很少在婚后对爱情进行"保鲜"，对婚后夫妻感情的培养也缺乏关注与耐心，从而导致很多始于爱情的婚姻走向解体。对F村的老一代村民来说，虽然很多婚姻始于父母包办，一些婚姻当事人甚至根本不知爱情为何物，但基于特殊的传统文化以及社会环境，即使婚姻关系存续期间夫妻争吵不断，但这些始于父母包办的婚姻却往往能够持续一辈子，而在笔者看来，让这些婚姻得以持续一辈子的主要原因可能就在于夫妻二人对家庭与孩子的责任心以及脚踏实地"过日子"的平常心等。

虽然婚姻法通过规定婚姻自由原则从而赋予了爱情在婚姻缔结过程中的重要法律地位，但是，鉴于现实生活中有诸多婚姻当事人仅仅因为婚姻中爱情的变少或者消失就轻易离婚，从而置整个家庭生活包括未成年孩子的利益于不顾。对此，笔者认为，婚姻法应该对婚姻关系存续期间男女之间的爱情予以暂时"悬置"，首先应该重点考虑家庭整体利益以及特别要保护未成年孩子的利益。虽然我国现行《民法典》将夫妻"感情确已破裂"作为法院判决当事人离婚的法律依据，并在有关司法解释中具体界定了夫妻"感情确已破裂"的各种情形，但在现实生活中，对无数以"性格不合"或者"感情不和"等为理由而提起离婚诉讼的当事人来说，婚姻法中规定的那些有关夫妻"感情确已破裂"的具体情形显然不够应对。面对逐渐下降的结婚登记率和日益攀升的离婚率，笔者认为，从维护婚姻家庭稳定的角度考虑，适度"收紧"已然十分"宽松"的离婚法应当成为我们未来婚姻立法与司法改革的重点之一。

第四，在近现代社会"法律面前人人平等"的基本法律原则下，从表面来看，人的社会地位与身份差别似乎已经在社会上无所遁形，再无容身之处了，至少在各种正式的法律制度中是这样。在婚姻家庭领域中，基于婚姻自由原则，婚姻法也不再规定不同社会阶层的人不能通婚。在近现代社会，从"身份"到"契约"似乎已经成为一种普遍的社会共识。那么，真实情况是不是这样呢？答案显然是否定的。一方面，人们客观的社会地位与身份差别依然存在；另一方面，在日常生活中，基于不同社会地位与身份之间的通婚，即所谓"社会通婚圈"依然是人们择偶的一个重要标准。不同社会地位与身份的当事人之间的婚姻交换主要还是由各种非正式制度来予以调整和控制的。

就婚姻当事人及其家庭的社会地位与身份对婚姻交换所起的作用而言，F村村民们半个世纪以来的择偶实践很明显受到国家在不同历史阶段实施的宏观社会政策的影响。因为国家在不同历史阶段实施的不同的宏观社会政策会使得人们的社会地位与身份发生相应的变化，而这种社会地位与身份的变化一定会在人们的婚姻家庭生活中体现出来，从而对人们的婚姻家庭产生积极或消极的影响。例如，小集镇户籍制度的改革使得小集镇户口对农村女性的吸引力大大减少，高校扩招以及大学生就业政策的变化导致大学毕业生在婚姻市场上的"要价"也大不如前，等等。在剧烈的社会变迁与转型中，F村中一些人的社会地位与身份下降了，而另一些人的社会地位与身份却上升了，由此，人们的婚姻家庭也会随着这些社会地位与身份的变化而发生相应的变化。

当代中国社会正处于变迁与转型的关键时期。在这个急剧变化的时代，婚姻与家庭也正在经历同样巨大的变化。期间，各种规范婚姻家庭的正式制度与非正式制度也都在经历变迁与转型。在法治现代化的背景下，针对当代中国社会婚姻家庭领域所发生的重大变化，构建何种关于婚姻家庭的法律制度以及如何处理婚姻家庭领域中各种正式制度与非正式制度之间的关系，对于婚姻的和谐与家庭的稳定具有重大的现实意义。在当代社会，我们尤其要加强有关婚姻家庭的非正式制度的研究。有学者认为，"目前中国学术界民主法治观的不完善之处就在于缺少一种对非正式制度、对日常生活世界完善和重建的思考，尤其缺乏对什么样的非正式制度、日常生活世界才能真正有助于现代法治生成与发展的思考"①。具体到婚姻家庭领域，我们到底需要一种什么样的非正式制度？以及，我们关于婚姻家庭的正式制度应该建立在什么样的非正式制度的基础之上？正如波斯纳所说"对于诸如耻辱、放逐、社会规范、声誉、符号象征以及其他的、存在于国家法律之外的、不计其数的秩序渊源之类的事情，立法机关和法院应该怎样处理呢？我们是该假定这些事情是令人向往并且应该尊重和促进的呢？还是该认为它们是病态的并且是应该消除的？"②。尽管波斯纳是从整个法律体系来阐述各种非正式制度的，但巧合的是，他在上述引文中所列举的诸多事项却无意中契合了婚姻家庭领域。在婚姻家庭领域中，各种有关的制度恰恰大都涉及到耻辱、放逐、社会规范以及声誉、象征符号等。例如，婚内出轨一般都会使得当事人的声誉蒙羞，其家庭也会遭受一定的耻辱。而妻子如果因为婚内出轨被丈夫起诉离婚，这一事实其实就意味着出轨的妻子在家庭层面的被"放逐"。又例如，国家的公务人员如果因为性行为不检被开除公职则可被视为是职业层面的一种"放逐"，等等。实际上，对于各种有关婚姻家庭的正式制度与非正式制度来说，其中的很多制度对于婚姻和谐与家庭稳定具有十分重要的意义与价值。

实际上，作为一种较为理性的正式的制度安排，国家制定的婚姻家庭法律与政策与感性的、现实的家庭生活之间还是存在很大的不同，正如有论者所言："家庭生活的亲密性和伦理性决定了家庭法介入家庭关系存在一定的界限，法律应当为家庭的自我管理保留足够的空间。基于家庭法和家庭生活的互动关系，家庭法对家庭关系的介入应当采用'目的性弃权模式'，使国家有针对性地对公民的家庭生活进行法律层面的干预。当家庭关系陷入危机甚至破裂，或者影响到第三人，或者违反保护家庭中弱势群体等底线道德时，家庭生活的亲密环境就让位于当事人权利义务界分的

---

① 魏建国. 法治现代化不可忽视的环节：非正式制度与本土资源——以普遍信任为视角 [J]. 学术论坛，2010，5：133.

② 埃里克·A·波斯纳. 法律与社会规范 [M]. 沈明，译. 北京：中国政法大学出版社，2004：4.

需求，家庭法方可有的放矢地介入"①。在我国，自古以来就有"法不入家门"的传统，对婚姻家庭这样的私人领域进行法律上的强行干预会扰乱家庭生活的宁静，动摇社会稳定的基础。鉴于此，以各地的婚姻习俗、道德伦理以及社会舆论等为主要形式的非正式制度就可以作为控制人类婚姻交换的一种重要的补充。在解决婚姻家庭矛盾与纠纷时，"社会权力可发挥熟人优势，充分利用人情、村规民约，以及家庭道德风俗等非正式约束来消除当事人之间的对立情绪，助其复原情感，以脉脉温情的方式解决家庭问题"②。因此，正式制度与非正式制度二者可以共同担负起控制婚姻交换、维持和谐稳定的婚姻家庭关系的重任。

最后，笔者想以苏力的一段话来结束本研究关于各种正式制度与非正式制度对于人类婚姻交换行为的控制："我们评价一个制度无论如何不能仅仅以个别事件的实质性对错为标准，而是要对一个制度做出总体上的利害权衡，而这种权衡是公众在历史中选择的产物。同时，这还表明，社会的构成在任何时候都不可能依赖某一个制度，而需要的是一套相互制约与补充的制度。这些制度不仅包括成文宪法和法律明确规定的，而且并且可能更重要的是包括了社会中不断形成、发展、变化的惯例、习惯、道德、风俗这样一些非正式的制度"③。对人类婚姻交换进行社会控制的各种正式制度与非正式制度恰恰就是人们在漫长的历史进程中或主动或被动选择的结果。古今中外，在总体的社会构成中，国家、政府、宗教、家庭（族）以及个人等各种社会的与个人的力量等都会以自己的方式对婚姻交换进行各种控制，并总是希望婚姻能够按照自己心仪的方向发展。在人类社会漫长的历史进程中，我们很难说某一种关于婚姻交换的具体制度就是最好的，或者，另一种制度就是最坏的。在特定的历史条件下出现的某一种控制婚姻交换的正式制度或非正式制度一定有它应该出现的道理。随着社会的发展与时代的进步，一些制度被完全淘汰了，一些制度被改进了，而另一些新的制度却出现了。但无论是何种形式的婚姻制度，只要它有利于婚姻的和谐以及家庭与社会的稳定，那这样的制度就是可欲的，不管它是正式制度还是非正式制度。

---

① 夏江皓. 家庭法介入家庭关系的界限及其对婚姻家庭编实施的启示 [J]. 中国法学，2022，1：55.

② 肖新喜. 论民法典婚姻家庭编的社会化 [J]. 中国法学，2019，3：109.

③ 苏力. 制度是如何形成的？——关于马歇尔诉麦迪逊的故事 [J]. 比较法研究，1998，1：71.

参考文献

一、中文参考文献

1.专著类

[1] 安东尼·吉登斯. 亲密关系的变革——现代社会中的性、爱和爱欲 [M]. 陈永国等,译. 北京:社会科学文献出版社,2011.

[2] 埃米尔·涂尔干. 社会分工论 [M]. 渠东,译. 北京:生活·读书·新知三联书店,2000.

[3] 埃米尔·涂尔干. 宗教生活的基本形式 [M]. 渠东,汲喆,译. 北京:商务印书馆,2011.

[4] 埃米尔·涂尔干、莫斯. 原始分类 [M]. 汲喆,译,渠敬东校. 北京:商务印书馆,2015.

[5] 彼得·布劳. 不平等和异质性 [M]. 王春光,谢圣赞,译. 北京:中国社会科学出版社,1991.

[6] 彼得·布劳. 社会生活中的交换与权力 [M]. 李国武,译. 北京:商务印书馆,2012.

[7] B. 盖伊·彼得斯. 政治科学中的制度理论:"新制度主义"[M]. 王向民,段红伟,译. 上海:上海人民出版社,2011.

[8] 陈顾远. 中国婚姻史 [M]. 北京:商务印书馆,2016.

[9] E.A. 韦斯特马克. 人类婚姻史 [M]. 李彬,李毅夫,欧阳觉亚等,译. 北京:商务印书馆,2015.

[10] 方刚. 多元的性别 [M]. 济南:山东人民出版社,2012.

[11] 富勒. 法律的道德性 [M]. 郑戈,译. 北京:商务印书馆,2005.

[12] 费孝通. 乡土中国·生育制度 [M]. 北京:北京大学出版社,1998.

[13] 费孝通. 乡土中国 [M]. 北京:北京大学出版社,2012.

[14] 范芝芬. 流动中国：迁移、国家和家庭 [M]. 邱幼云，黄河，译. 北京：社会科学出版社，2013.

[15] 黑格尔. 法哲学原理 [M]. 范扬，张企泰，译. 北京：商务印书馆，2010.

[16] 加里·斯坦利·贝克尔. 家庭论 [M]. 王献生，王宁，译. 北京：商务印书馆，2014.

[17] 康德. 法的形而上学原理——权利的科学 [M]. 沈书平，译，林荣远，校. 北京：商务印书馆，1991.

[18] 梁鸿. 出梁庄记 [M]. 广州：花城出版社，2013.

[19] 雷洁琼主编. 改革以来中国农村婚姻家庭的新变化——转型期中国农村婚姻家庭的变迁 [M]. 北京：北京大学出版社，1994.

[20] 雷蒙·阿隆. 社会学主要思潮 [M]. 葛志强，胡秉诚，王沪宁，译. 上海：上海译文出版社，2013.

[21] 李培林. 村落的终结——羊城村的故事 [M]. 北京：商务印书馆，2004.

[22] 罗素. 幸福婚姻与性 [M]. 陈小白，译. 北京：华夏出版社，2014.

[23] 马克思·韦伯. 法律社会学——非正当性的支配 [M]. 康乐，简惠美，译，桂林：广西师范大学出版社，2011.

[24] 莫里斯·迪韦尔热. 政治社会学——政治学要素 [M]. 杨祖功，王大东，译，北京：东方出版社，2007.

[25] 米歇尔·福柯. 性经验史 [M]. 余碧平，译. 南京：译林出版社，2005.

[26] 皮埃尔·布迪厄. 实践感 [M]. 蒋梓骅，译. 南京：译林出版社，2012.

[27] 庞文，孙影娟，奚海燕. 西方社会学理论概要 [M]. 哈尔滨：东北林业大学出版社，2011.

[28] 齐格蒙特·鲍曼. 流动的现代性 [M]. 欧阳景根，译. 北京：中国人民大学出版社，2018.

[29] 强世功. 法制与治理：国家转型中的法律 [M]. 北京：中国政法大学出社，2003.

[30] 瞿同组. 中国法律与中国社会 [M]. 北京：中华书局，2003.

[31] 让-克洛德·布洛涅. 西方婚姻史 [M]. 赵克非，译. 北京：中国人民大学出版社，2008.

[32] 施经，张晓路. 性与平等：一部简明的西方性伦理发展史 [M]. 长春：长春出版社，2016.

[33] 萨利·安格尔·梅丽. 诉讼的话语——生活在美国社会底层人的法律意识 [M]. 郭星华，王晓培，王平，译，北京：北京大学出版社，2007.

[34] 孙立平. "过程——事件分析"与当代中国农村国家农民关系的实践形态，载谢立中主编.《结构——制度分析，还是过程—事件分析？》[M]. 北京：社会科学文献出版社，2010.

[35] 乌尔里希·贝克. 风险社会 [M]. 何博闻，译，南京：译林出版社，2004.

[36] 乌尔里希·贝克，伊丽莎白·贝克-格恩斯海姆. 个体化 [M]. 李荣山，范譞，张惠强，译，北京：北京大学出版社，2011.

[37] 肖索未. 欲望与尊严——转型期中国的阶层、性别与亲密关系 [M]. 北京：社会科学文献出版社，2018.

[38] 谢立中主编. 西方社会学名著提要 [M]. 南昌：江西人民出版社，2007.

[39] 熊培云. 一个村庄里的中国 [M]. 北京：新星出版社，2011.

[40] 阎海军. 崖边报告：乡土中国的裂变记录 [M]. 北京：北京大学出版社，2015.

[41] 伊丽莎白·阿伯特. 婚姻史 [M]. 孙璐，译. 北京：中央编译出版社，2014.

[42] 尤伊克、西贝尔. 法律的公共空间——日常生活中的故事 [M]. 陆益龙，译. 北京：商务印书馆，2005.

[43] 阎云翔. 礼物的流动——一个中国村庄中的互惠原则与社会网络 [M]. 上海：上海人民出版社，2000.

[44] 阎云翔. 私人生活的变革：一个中国村庄里的爱情、家庭与亲密关系 [M]. 上海：上海书店出版社，2006.

[45] 张静. 基层政权：乡村制度诸问题 [M]. 北京：北京大学出版社，2000.

[46] 张鹂. 城市里的陌生人——中国流动人口的空间、权力与社会网络的重构 [M]. 袁长庚，译. 南京：凤凰传媒出版集团，2014.

[47] 朱勇. 中国法制史 [M]. 北京：法律出版社，2006.

2. 博士论文类

[1] 李得. 转型期城市农民工的婚姻策略 [D]. 上海大学，2008.

[2] 梁方毅. 我国农民工婚姻状况及法律对策研究 [D]. 贵州大学，2008.

[3] 刘婧. 家庭伦理的松动：婚姻、家庭、"临时夫妻"的生育与性

[D]．武汉大学，2014．

[4] 李晓玲．中国城市农民工婚姻现状及对策研究 [D]．吉林大学，2004．

[5] 栗之强．农村男方婚姻支付：性别比例失衡背景下农民婚姻策略——对豫北 H 镇的田野考察 [D]．上海大学，2012．

[6] 袁源．社会剥夺视角下的城市农民工婚姻模式研究 [D]．黑龙江省社会科学院，2008．

[7] 朱丽娟．当代中国婚姻家庭制度演变的观念基础 [D]．吉林大学，2011．

[8] 张霞．人口迁移对农民婚姻质量的影响 [D]．华中科技大学，2009．

3. 学术论文类

[1] 艾佳慧．婚姻财产制度的博弈分析——基于婚姻稳定与家庭安全的视角 [J]．南京大学法律评论（秋季卷），2016．

[2] 白玉．我国婚内夫妻债务制度研究—以学者的观点和主要争议问题为对象 [J]．重庆交通大学学报（社会科学版），2017，10．

[3] 陈柏峰，董磊明．治理论还是法治伦——当代中国乡村司法的理论建构 [J]．法学研究，2010，9

[4] 陈利娜．新生代农民工婚姻家庭研究的理论与前瞻 [J]．山东青年政治学院学报，2014，7．

[5] 陈庆德，刘锋．婚姻的理论建构与遮蔽 [J]．吉林大学社会科学学报，2006，5．

[6] 曹锐．新生代农民工婚恋模式初探 [J]．南方人口，2010，5．

[7] 曹锐．现代性与传统影响下的当代青年婚恋观——基于阶层认同的解释 [J]．青年探索，2015，3．

[8] 蔡鑫．论两性关系得以建立的规则——由夫妻个人条件的相似性检验社会交换理论 [J]．思想战线，2004，3．

[9] 陈熙．家庭现代化理论与当代中国家庭：一个文献综述 [J]．重庆社会科学，2014，8．

[10] 柴效武．社会化还是现代化—家务劳动演进的路劲抉择与评价 [J]．浙江社会科学，1999，3．

[11] 陈相云，孙艳艳．农民工"临时夫妻"越轨行为的发生机制与成因 [J]．当代青年研究，2016，5．

[13] 崔玉凤．"80 后"青年婚恋观的变迁及走向 [J]．青年探索，

2010，6.

[14] 董晋骞. 场域、惯习与实践活动的"双向模糊关系"——关于布迪厄的实践活动理论 [J]. 社会科学辑刊，2013，4.

[15] 段塔丽. 性别视角下农村留守妇女的家庭抉择及其对女性生存与发展的影响——基于陕南 S 村的调查 [J]. 人文杂志，2010，1.

[16] 邓晓梅. 国内异地联姻研究述评 [J]. 人口与发展，2011，4.

[17] 冯小，陈靖. 闪婚—闪离：农村青年的婚姻异化及其社会基础——赣南 B 村的新型婚姻模式 [J]. 南方人口，2012，1.

[18] 方旭东. 剩女、个体主义及家庭 [J]. 社会科学论坛，2016，7.

[19] 方旭东. "谁"是"剩女"[J]. 兰州文理学院学报（社会科学版），2016，1.

[20] 方旭东. 相亲：成家通途还是两性区隔——基于对"剩女"的访谈 [J]. 社会科学论坛，2016，6.

[21] 方旭东. 过度单身：一项时间社会学的探索 [J]. 中国青年研究，2016，10.

[22] 风笑天. 农村外出打工青年的婚姻家庭：一个值得重视的研究领域 [J]. 人口研究，2006，1.

[23] 方英. 家务劳动分工：女性的"生活实验"与"性别政治"[J]. 广东社会科学，2001，4.

[24] 桂华，余练. 婚姻市场要价：理解农村婚姻交换现象的一个框架 [J]. 青年研究，2010，3.

[25] 郭景萍. 法律情感逻辑形成、运行与功能的三重机制 [J]. 社会科学研究，2013，1.

[26] 郭星华. 无讼、厌讼与抑讼——对中国传统诉讼文化的法社会学分析 [J]. 学术月刊，2015，9.

[27] 龚晓珺. 试析青年农民"因婚返贫"的非正式制度致因及其整体协同治理策略 [J]. 中国青年研究，2018，3.

[28] 勾学玲. 社会交换理论视角下的离婚影响因素分析 [J]. 黑龙江社会科学，2008，1.

[29] 高鑫伟. 社会变迁视野下青年农民工通婚圈变化 [J]. 边疆经济与文化，2013，9.

[30] 高颖，彭宇. 谁在随爱而动——大城市外来人口婚配特点的实证研究 [J]. 青年研究，2014，2.

[31] 郭韫丽、、王小雄，李冬梅等. 新生代农民工研究现状及热点分析 [J]. 情报探索，2015，4.

［32］侯利文．国家与社会：缘起、纷争与整合——兼论肖瑛《从"国家与社会"到"制度与生活"》［J］．社会学评论，2018，2．

［33］贺少峰，陈赓．人民法院参与转型期乡村社会治理的思考［J］．西南政法大学学报，2013，5．

［34］何雯，曹成刚．农民工"临时夫妻"现象的社会心理学分析［J］．广西社会科学，2014，7．

［35］贺雪峰．熟人社会的行动逻辑［J］．华中师范大学学报（人文社会科学版），2014，1．

［36］黄宇．家务劳动的女权主义批判考察［J］．河北法学，2007，5．

［37］胡玉坤．全球化冲击下的农村家庭：困境与出路［J］．人口与发展，2012，1．

［38］黄盈盈．多样化"婚姻"：拓宽社会学研究的想象力［J］．中国青年研究，2014，11．

［39］侯志阳，孙琼如．城乡青年阶层认同现状及影响因素分析［J］．中国青年研究，2010，3．

［40］蒋成凤．解读中国城市农民工的婚姻难题［J］．安徽农业科学，2006，22．

［41］蒋传光，蔺如．习惯进入国家法之国外情况考察［J］．学术交流，2014，10．

［42］吉国秀．婚姻支付变迁与姻亲秩序谋划——辽东 Q 镇的个案研究［J］．社会学研究，2007，7．

［43］江伊．夫妻财产协议之性质与效力——从我国四则司法判决的比较出发［J］．东南大学学报（哲学社会科学版），2017，6．

［44］金一虹．流动的父权：流动农民的家庭变迁［J］．中国社会科学，2010，4．

［45］纪莺莺．文化、制度与结构：中国社会关系研究［J］．社会学研究，2012，2．

［46］康娜．论婚姻的属性——以关系契约为视角［J］．中华女子学院学报，2010，3．

［47］刘爱玉，庄家炽，周扬．什么样的男人做家务——情感表达、经济依赖或平等性别观念？［J］．妇女研究论丛，2015，3．

［48］凌斌．法官如何说理：中国经验与普遍原理［J］．中国法学，2015，5．

［49］李秉奎．婚介、择偶与彩礼：人民公社时期农村青年的婚姻观念及行为［J］．当代中国史研究，2012，4．

［50］李东风，郜萍. 新生代农民工婚恋问题研究［J］. 南昌教育学院学报，2013，10.

［51］李得恩. 农民工"临时夫妻"现象背后的法律问题［J］. 山西师大学报，2013，6.

［52］吕德文. 婚姻形式与村庄性质——转型期乡村婚姻形式的一项考察［J］. 文史博览，2005，12.

［53］李刚，刘养卉. 农民工临时夫妻问题研究——基于公共治理的视角［J］. 邢台学院学报，2014，1.

［54］刘晗. 美国同性婚姻裁决的三重语境［J］. 中外法学，2018，1.

［55］李化斗. 社会生活中的具体与抽象——兼论"过程—事件分析"［J］. 社会，2011，2.

［56］李红婷. 结构与功能：百年中国农村家庭的历史变迁［J］. 民族高等教育研究，2013，4.

［57］李宏伟. 时间观念的源始发生及其社会建构［J］. 自然辩证法通讯，2013，5.

［58］陆静. 当代大陆法系夫妻财产制的发展趋势［J］. 东方论坛，2011，4.

［59］李尽臣，陈志霞. 近10年国内婚外恋研究的回顾与思考［J］. 妇女研究论丛，2010，6.

［60］林聚任，王兰. 时空研究的社会学理论意蕴——社会建构论视角［J］. 人文杂志，2015，7.

［61］李磊. 新生代农民工跨地区婚姻：法律、民俗与亲情的视角［J］. 中国青年研究，2012，11.

［62］李萍. 当前我国农村离婚率趋高的社会学分析［J］. 中国青年研究，2011，5.

［63］李培林，田丰. 中国新生代农民工：社会态度和行为选择［J］. 社会，2011，3.

［64］梁爽. 新生代农民工阶层择偶实践的动力机制［J］. 华中师范大学研究生学报，2015，3.

［65］倪愫襄. 制度概念释义［J］. 武汉科技大学学报（社会科学版），2014，6.

［66］刘维芳. 试论《中华人民共和国婚姻法》的历史演进［J］. 当代中国史研究，2014，1.

［67］罗小芳，卢现祥. 人与制度关系研究的理论演进［J］. 福建论坛·人文社会科学版，2016，5.

[68] 李喜荣. 新生代农民工的婚姻稳定性研究——基于社会交换理论的视角 [J]. 学理论, 2014, 8.

[69] 李煜, 徐安琪. 过度单身: 择偶模式和性别偏好——西方理论和本土资料的解释 [J]. 青年研究, 2004, 10.

[70] 李艳春. 论社会交换的概念与形式 [J]. 求索, 2014, 1.

[71] 李拥军. 当代中国法律对亲属的调整: 文本与实践的背反及统合 [J]. 法制与社会发展, 2017, 4.

[72] 栗峥. 乡土纠纷解决的路径选择与正义表达 [J]. 中外法学, 2011, 2.

[73] 栗峥. 国家治理中的司法策略: 以转型乡村为背景 [J]. 中国法学, 2012, 1.

[74] 栗峥. 流动中的乡村纠纷 [J]. 现代法学, 2013, 1.

[75] 栗峥. 离土中国背景下的乡村纠纷研究 [J]. 南京农业大学学报 (社会科学版), 2013, 2.

[76] 龙正凤. 黔东南苗族婚姻习惯法对新生代苗族农民工婚恋影响弱化研究 [J]. 黑河学刊, 2015, 1.

[77] 刘正强. 缘 "分" 的时代: 异变中的初级关系与民间纠纷 [J]. 社会学评论, 2013, 2.

[78] 刘中一. 法律下乡与离婚自由——一起乡村离婚事件的文化人类学考察 [J]. 东方论坛, 2013, 1.

[79] 刘中一. 乡村在场: 一个华北乡村的婚姻策略 [J]. 北京行政学院学报, 2011, 2.

[80] 马冬玲. 情感劳动——研究劳动性别分工的新视角 [J]. 妇女研究论丛, 2010, 3.

[81] 孟宪范. 家庭: 百年来的三次冲击及我们的选择 [J]. 清华大学学报 (哲学社会科学版), 2008, 3.

[82] 马忆南. 中国婚姻家庭法的传统与现代化 [J]. 北京大学学报 (哲学社会科学版), 2001, 1.

[83] 潘绥铭, 黄盈盈. "主体建构": 性社会学研究视角的革命及本土发展空间 [J]. 社会学研究, 2007, 3.

[84] 彭希哲, 胡湛. 当代中国家庭变迁与家庭政策重构 [J]. 中国社会科学, 2015, 12.

[85] 彭玉生. 当正式制度与非正式制度发生冲突: 计划生育与宗族网络 [J]. 社会, 2009, 1.

[86] 潘允康. 试论婚姻的交换价值 [J]. 社会科学战线, 1985, 4.

[87] 潘允康. "性"与社会 [J]. 江苏社会科学, 2011, 6.

[88] 尧水根. 社会变革转型与中国农村家庭关系的变迁 [J]. 农业考古, 2013, 6.

[89] 桑本谦. 配偶权: 一种"夫对妻、妻对夫"的权利? ——从发生学视角对婚姻制度与配偶权的重新解读 [J]. 山东大学学报 (哲学社会科学版), 2006, 1.

[90] 申晨. 夫妻财产价值本位位移及实现方式——以约定财产制的完善为重点 [J]. 法学家, 2018, 2.

[91] 孙慧芳, 时立荣. 农村流动家庭的夫妻关系研究——来自太原市城乡结合部 H 社区的调查 [J]. 北京科技大学学报, 2007, 4.

[92] 孙谨, 郑风田. 关于中国农村社会冲突的国内外研究述评 [J]. 中国农村观察, 2009, 1.

[93] 苏力. 纠缠于事实与法律之中 [J]. 法律科学, 2000, 3.

[94] 苏力. 纲常、礼仪、称呼与秩序建构 [J]. 中国法学, 2007, 5.

[95] 苏力. 制度是如何形成的? ——关于马歇尔诉麦迪逊的故事 [J]. 比较法研究, 1998, 1.

[96] 苏力. 何为制度? 因何发生 (或未发生)? ——从开伯尔山口看长城 [J]. 比较法研究, 2018, 11.

[97] 孙琼如. 婚姻: 农村女性迁移的跷跷板—农村女性婚姻迁移的社会学分析 [J]. 青年探索, 2004, 6.

[98] 孙琼如, 叶文振. 国外流动人口婚姻家庭研究综述 [J]. 人口与发展, 2010, 6.

[99] 疏仁华. 解析当代农民工的"中国式离婚"——对安徽省 966 例农民工的调查 [J]. 南京人口管理干部学院学报, 2007, 4.

[100] 疏仁华. 青年农民工婚变行为的社会学解读 [J]. 中国青年研究, 2008, 9.

[101] 孙晓娟, 陈维涛, 赵东红. 中国城市化进程与离婚率之间的实证分析 [J]. 长春理工大学学报 (社会科学版), 2012, 3.

[102] 宋学勤. 制度变迁与社会生活新范式的生成——以 1949—1956 年婚姻与家庭变化为视点的考察 [J]. 江海学刊, 2009, 6.

[103] 申艳芳, 郝大海. 外地媳妇的社会支持网络建设——以河北 N 村外地媳妇为例 [J]. 人口杂志, 2014, 1.

[104] 宋月萍, 张龙龙, 段成荣. 传统、冲击与嬗变——新生代农民工婚育行为探析 [J]. 人口与经济, 2012, 6.

[105] 特德·C·卢艾林. 妇女与权力 [J]. 何国强, 张婧璞, 译. 云南

民族大学学报（哲学社会科学版），2015，2.

[106] 童辉杰，张慧. 社会经济地位对婚姻关系的影响 [J]. 广西社会科学，2015，9.

[107] 田华. 西南农村妇女东迁婚配态势探析 [J]. 南方人口，1991，4.

[108] 田岚. 中国改革开放后的离婚率与离婚发生探析 [J]. 比较法研究，2004，6.

[109] 佟新，刘爱玉. 城镇双职工家庭夫妻合作型家务劳动模式——基于 2010 年中国第三期妇女地位调查 [J]. 中国社会科学，2015，10.

[110] 王超恩. 新生代农民工婚恋问题研究 [J]. 当代青年研究，2013，3.

[111] 王德福. 中国乡村社会的面子观及其地域分布特征 [J]. 湖南农业大学学报（社会科学版），2015，4.

[112] 王富超. 青年农民工婚姻问题现状及其分类救济 [J]. 山西农业大学学报（社会科学版），2011，9.

[113] 吴国平. 丈夫外出务工对半流动家庭婚姻关系的影响及其对策 [J]. 榆林学院学报，2014，5.

[114] 吴海龙. 新生代农民工婚姻模式与家庭稳定性研究综述 [J]. 铜陵学院学报，2013，2.

[115] 魏建国. 法治现代化不可忽视的环节：非正式制度与本土资源——以普遍信任为视角 [J]. 学术论坛，2010，5.

[117] 王俊秀. 社会形态：转型社会的社会心理研究 [J]. 社会学研究，2014，1.

[118] 王露露. 伦理视角下中国乡村社会变迁中的"礼"与"法"[J]. 中国社会科学，2015，7.

[119] 王鹏，候钧生. 情感社会学：研究的现状与趋势 [J]. 社会，2005，4.

[120] 王鹏. 基于情感社会学视角的社会秩序与社会控制 [J]. 天津社会科学，2014，4.

[121] 王绍霞. 农村留守妇女离婚案评析 [J]. 民主与法制，2013，3.

[122] 吴新慧. 传统与现代之间——新生代农民工的恋爱与婚姻 [J]. 中国青年研究，2011，1.

[123] 王跃生. 社会变革与当代中国农村婚姻家庭变动——一个初步的理论分析框架 [J]. 中国人口科学，2002，4.

[124] 王宇中. 婚姻的两维度多层次匹配理论的构建 [J]. 南京师大学报（社会科学版），2006，2.

［125］王喆，孔德钰. 基层法院视阈下的乡村法治路径探讨［J］. 山东工会论坛，2015，5.

［126］王占明. 嬗变中的家庭权力及其当代价值——家庭法基础的历史考察［J］. 华东政法大学学报，2008，4.

［127］徐红曼. 社会时间：一种社会学的视角［J］. 北华大学学报（社会科学版），2015，1.

［128］许放明，宁晶."推—拉"合力：新生代农民工返乡婚嫁的一个解释框架［J］. 浙江学刊，2015，5.

［129］徐佳. 布迪厄"婚姻策略"概念评析——一种新的社会学理论视角［J］. 长春理工大学学报（社会科学版），2015，10.

［130］谢立中. 结构—制度分析，还是过程—事件分析？——从多元话语分析的视角看［J］. 中国农业大学学报（社会科学版），2007，1.

［131］薛宁兰. 离婚法的诉讼实践及其评析［J］. 法学论坛，2014，4.

［132］夏沁. 婚姻家庭本质与民法体系中的婚姻家庭法［J］. 四川理工学院学报（社会科学版），2018，1.

［133］肖瑛. 从"国家与社会"到"制度与生活"：中国社会变迁研究的视角转换［J］. 中国社会科学，2014，9.

［134］徐莺. 新生代农民工问题：乡土变迁的社会隐喻［J］. 江淮论坛，2010，6.

［135］扬大文，马忆南. 新中国婚姻家庭法学的发展及我们的思考［J］. 中国法学，1998，6.

［136］衣华亮. 当前我国打工族"搭伙夫妻"现象的社会学透视［J］. 西北人口，2009，1.

［137］杨菊花，何炤华. 社会转型过程中家庭的变迁与延续［J］. 人口研究，2014，2.

［138］杨菊花. 延续还是变迁：社会经济发展与婚居模式关系研究［J］. 人口与发展，2008，2.

［139］杨乐. 制度与习俗的张力：女性政治权利的中国式历史路向与前景［J］. 浙江社会科学，2016，12.

［140］杨嵘均. 论正式制度与非正式制度在乡村治理中的互动关系［J］. 江海学刊，2014，1.

［141］杨善华，侯红蕊. 血缘、姻缘、亲情与利益——现阶段中国农村社会中"差序格局"的"理性化"趋势［J］. 宁夏社会科学，1999，6.

［142］伊士国. 当代中国社会转型中法律制度变革［J］. 甘肃社会科学，2015，1.

［143］叶文振. 论中国婚姻的不平等交换关系［J］. 福建行政学院福建经济管理干部学院学报，2007，2.

［144］钟春华. 农村"留守妇女"维系婚姻关系的经济学分析［J］. 社会科学辑刊，2011，5.

［145］朱冠楠. 2012. 传统到现代：新生代农民工的婚恋转型及困境［J］. 新疆社会科学（3）.

［146］周皓，李丁. 我国不同省份通婚圈概况及其历史变化——将人口学引入通婚圈的研究［J］. 开放时代，2009，7.

［147］左际平. 从婚姻历程看中国传统社会中家庭男权的复杂性［J］. 妇女研究论丛，2012，3.

［148］张丽梅. 西方夫妻权力研究理论述评［J］. 妇女研究论丛，2008，3.

［149］张楠，潘绥铭. 性关系的核心结构及其意义——非婚同居与婚姻的实证比较研究［J］. 学术界，2016，6.

［150］张佩国. 乡村纠纷中国家法与民间法的互动——法律史和法律人类学相关研究评述［J］. 开放时代，2005，2.

［151］张青. 乡村司法的社会结构与诉讼构造——基于锦镇人民法庭的实证分析［J］. 华中科技大学学报（社会科学版），2012，3.

［152］张文宏，雷开春. 城市新移民社会融合的结构、现状与影响因素分析［J］. 社会学研究，2008，5.

［153］周伟文、侯建华. 新生代农民工阶层：城市化与婚姻的双重困境——S市新生代农民工婚姻状况调查分析［J］. 社会科学论坛，2010，18.

［154］张文显. 2014. 法治与国家治理现代化［J］. 中国法学，2014，4.

［155］赵旭东. 闭合性与开放性的循环发展——一种理解乡土中国及其转变的理论解释框架［J］. 开放时代，2011，12.

［156］赵荣辉. 劳动德性论［J］. 教育学术月刊，2016，1.

［157］张学文. 乡村司法策略的日常运作和现实考量［J］. 政法论坛，2012，6.

［158］张翼. 中国阶层内婚制的延续［J］. 中国人口科学，2003，4.

［159］赵玉. 司法视域下夫妻财产制的价值转向［J］. 中国法学，2016，1.

［160］张云喜. 社会交换理论视域下的婚姻与择偶［J］. 山西青年管理干部学院学报，2013，3.

［161］郑震. 空间：一个社会学的概念［J］. 社会学研究，2010，5.

［162］郑作彧. 生命时间的结构性［J］. 华中科技大学学报（社会科学

版）．2018，5.

［163］马磊．新中国成立以来教育婚姻匹配的变迁［J］．《人口研究》．2019，11.

［164］马磊，袁浩，顾大男．婚姻匹配研究：理论与实证［J］．2019，3.

［165］夏江皓．家庭法介入家庭关系的界限及其对婚姻家庭编实施的启示［J］．中国法学．2022，1.

二、英文文献

[1] Banister, Judith and Taylor, Jeffrey R.（1989）"China：surplus labour and migration,"Asian—Pacific Population Journal, 4（4）：3—20.

[2] Bonney, Norman and Love, John（1991）"Gender and migration：Geographical mobility and the wife's sacrifice,"Sociological Review, 39（2）：335—348.

[3] Berger,Bennet. 1968.Working Class Suburb: A study of Auto Workers in Suburbia. Berkeley ,Calif.: University of California Press.

[4] Cecilia L. Ridgeway. Why Status Matters for Inequality. American Sociological Review, 2014, Vol. 79, No.1.

[5] Carothers, T. 1988, "The Rule of Law Revival", Foreign Affairs 77 (2).

[6] Douglas S.Massey. A Brief History of Human Society: The Origin and Role of Emotion in Social Life. American Sociological Review, 2002, Vol. 67.No.2.

[7] Evelyn Nakano Glenn. Constructing Citizenship: Exclusion, Subordination, and Resistance.American Sociological Review, 76, No.1.

[8] George Ritzer ,D.J.Goodman. 2004. Classical Sociology Theory(4th edition). Beijing：Peking University Press.（英文影印本）

[9] George Ritzer ,D.J.Goodman. 2004. Morden Sociology Theory(6th edition). Beijing：Peking University Press.（英文影印本）

[10] Habermas, J. 1987. The Theory of Communicative Action, Vol. Two, Life World and System: A Critique of Functional Reason,.translated by Thomas McCarthy. Boston: Beacon Press.

[11] Harold Garfinkel.1967.Studies in Ethnomethodology.Prencice-Hall, Englewood Cliffs, New Jersey.

[12] Kemper, T.D., Collins, R. 1990. "Dimensions of Microinteraction." American Journal of Sociology, Vol. 96, No.1.

[13] Lawler, E.J. 2001. "An Affect Theory of Social Exchange." American Journal of Sociology, Vol.107, No.2.

[14] Lively, K.J., Heise, D.R. 2004. "Sociological Realms of Emotional Experience." American Journal of Socilogy, Vol. 109, No.5.

[15] Leavitt, L, Power, M.B. 1989. "Emotional Socialization in the Postmodern Era: Children in Day Care." Social Psychology Quarterly, Vol. 52, No.1.

[16] Michael Burawoy. 2005. For Public Sociology. American Sociological Review, Vol. 70, No.2.

[17] Mackenize, Gavin.1973.The Aristocracy of Labor: The Position of Skilled Crafsmen in the American Class structure. London: Cambridge University Press.

[18] Patricia Hill Collins.The New Politics of Community. American Sociological Review, Vol. 75, No. 1.

[19] Pollak, L.H., Thoits, P.A.1989. "Processes of Emotional Socialization." Social Psychology Quarterly, Vol. 52, No.1.

[20] Rebecca Matthews and Victor Nee. Gender Inequality and Property Growth in Rural China. Social Science Research, Vol.29(4).

[21] Ridgeway, C.L. 1982. "Status in Group: The Importance of Emotion." American Sociological Review, Vol. 47, No.1.

[22] Sabino Kornrich, Julie Brines, and Katrina Leupp. Egalitarianism, Housework, and Sexual Frequency in Marriage. American sociological Review, 2012, Vol. 78, No.1.

[23] Shanahan, Michael J. "Pathways to adulthood in change society: Variability and mechanisms in life course perspective", Annual Review of Sociology, 2000, 26: 667-692.

[24] Sheff, T.J. 1983. "Toward Integration in the Social Psychology of Emotion." Annual Review of Sociology, Vol. 9.

[25] Shott, S. 1979. "Emotion and Social life: A Symbolic Interaction Analysis." American Journal of Sociology, Vol. 84, No.6.

[26] Zhao, Z. 2000. Coresidential Patterns in Historical China: A simulation Study. Population and Development Review 26: 263-293.

[27] Zhang, Weiguo. Dynamics of Marriage Change in Chinese Rural Society in Transition: A Study of Northern Chinese Village, Population Study, 2000, 54.